거듭남과
십자가

거듭남과 십자가

© 생명의말씀사 2015

2015년 10월 25일 1판 1쇄 발행
2024년 3월 12일　　　9쇄 발행

펴낸이 | 김창영
펴낸곳 | 생명의말씀사

등록 | 1962. 1. 10. No.300-1962-1
주소 | 서울시 종로구 경희궁1길 6 (03176)
전화 | 02)738-6555(본사)·02)3159-7979(영업)
팩스 | 02)739-3824(본사)·080-022-8585(영업)

지은이 | 박순용

기획편집 | 박혜주
디자인 | 윤보람
인쇄 | 영진문원
제본 | 다온바인텍

ISBN 978-89-04-16529-2 (03230)

저작권자의 허락없이 이 책의 일부 또는 전체를
무단 복제, 전재, 발췌하면 저작권법에 의해 처벌을 받습니다.

거듭남과 십자가

박순용 지음

생명의말씀사

| 추천의 글 |

한가로운 저녁 시간, 침대에 편히 기대어 원고를 읽기 시작하였습니다. 그러다가 저도 모르게 자세를 고치고 갓등의 불을 더 밝혀 단숨에 이 글을 읽었습니다.
그러나 그것은, 이 글에 무엇인가 처음 접하는 신선한 내용이 있었기 때문은 아니었습니다. 오히려 저자의 표현대로 "아무것도 새로울 것 없는" 내용이었습니다. 철학적으로 급변하고 있는 현대 사상과 사람들의 변화된 사고방식을 전혀 고려하지 않은 아주 오래된 내용이었습니다. 너무 오래되어서 진부하게도 느껴질 수 있는 주제들이었고, 책 속에 인용된 저자들 또한 모두 지난 세기를 살았던 사람들이었습니다.
그러나 저는 원고의 마지막 장을 덮으면서 마음속으로 이런 생각을 떠올렸습니다. "복음의 원시림 안에 있는 맑은 샘!"
저자는 단언합니다. 맑은 생수로 해갈을 경험한 사람은 세속주의로 범벅된 설탕물을 찾지 않을 것이며, 그 샘에서 맑은 물을 마실 때까지 영혼의 참된 만족을 결코 얻지 못할 것이라고 말입니다. 그렇기에 아주 오래된 복음의 내용이라 할지라도, 그것은 진리에 목말라 손을 내미는 갈급한 영혼들에게는 생명의 은혜를 누리게 하기에 충분합니다.
저자는 외칩니다. "십자가 앞에서 거듭나라.", "하나님이 사랑하신다.", "거룩한 예배자로 살라." 이 외침이 우리 마음에 울림을 주는 것은 영혼을 사랑하는 한 목회자가 눈물 어린 심정으로 전하고 있기 때문입니다. 이 외침이 이 책을 읽는 여러분의 마음에도 깊은 울림이 되길 바랍니다.

인간의 구원에 대하여 이토록 상세히 써 내려간 책이면, 성경 해석이나 신학적 입장에 있어서 저와 생각을 달리하는 구절이 한두 군데라도 있을 법한데, 그런 것을 전혀 찾지 못했습니다. 오히려 저는 이 책을 읽는 동안, 그 내용에 전적으로 동의하며 감격하고 있는 자신을 발견하였습니다. 이 책을 읽는 모든 사람들이 복음의 유익을 누리길 바랍니다. 지성은 찬란한 지혜의 빛으로, 의지는 순전한 사랑의 불로 타오르게 되기를 진심으로 바랍니다.

김남준 | 열린교회 담임목사

오늘날 조국 교회 안에서 발견하는 많은 문제들의 근본 위인은 복음과 진리에 대한 왜곡되고 피상적인 이해로부터 시작되는 것이라 생각한다. 그러므로 바른 복음에 대한 이해와 그것이 주는 풍성함을 회복하는 것은 오늘 조국 교회가 직면하고 있는 여러 가지 문제들과 도전들을 극복하는 가장 중요하고 우선적인 길이라 할 수 있다.

그런 필요를 잘 섬길 수 있는 귀한 책이 나왔다. 이 책은 『거듭남과 십자가』라는 제목에서도 알 수 있는 것처럼 그저 교회 출석만 하는 것이 아니라 성령과 진리로 거듭나야 성도가 되는 것이며 그런 거듭남은 주님의 십자가 보혈의 공로를 믿음으로 말미암는 것임을 잘 보여 준다.

이 책은 이미 한 지역 교회에서 새가족을 위한 교재로 여러 해 동안 사용된 바 있으며 적지 않은 사람들이 중생과 회심을 경험하는 은혜의 도구로 귀하게 사용된 바 있다. 그러므로 이 책이 다른 교회들에서도 새가족용으로 사용되기에 적절할 것이며, 교회 안에서 성경 공부를 위한 보편적인 교재로 사용하기에도 손색이 없을 것이다. 또한 일반 성도들이 복음을 더 온전히 깨닫고, 새롭게 경험하기 위해서도 좋은 책이라 여겨진다.

이 귀한 책이 성령의 손에 붙들려 많은 사람들을 옳은 데로 돌아오게 하는 귀한 은혜의 통로로 사용되기를 기대하며 적극 추천하는 바이다.

화종부 | 남서울교회 담임목사

거듭남의 필요성과 구원의 도리로서의 십자가의 복음을 깊이 있게 서술해 낸 본서는 일차적으로 새신자용 교재로 만들어졌지만, 이미 믿은 신자가 읽어도 충분히 좋은 책이라고 사료된다.

현대 복음주의는 다양한 방법을 동원해 복음을 널리 유포한 공로는 주장할 수 있을지 모르나, 그 과정에서 복음을 얄팍하게 가공하여 가볍게 제시해 온 과오를 부인하기 어려울 것이다. 그 결과 견디기 어려울 정도의 피상성(superficiality)이 그리스도의 교회 도처에서 발견됨에도 불구하고 현시대의 많은 교회 지도자들이 이를 직시하지 못함은 유감스러운 일이다.

저자는 신약이 말하는 바로 그 십자가의 복음을 다시금 정확히 제시하여 신앙의 첫 단추를 제대로 꿰어 시작할 수 있도록 안내하고 있다. 십자가 위에서 일어난 일을 우리가 온전히 이해함은 불가능함을 겸손히 인정하면서, 동시에 저자는 깊은 묵상과 통찰력으로, 할 수 있는 한 최대한 깊이 이 놀랍고 신비스러운 구속사의 사건 안으로 들어가, 거기서 보고 깨달은 바를 독자가 이해할 수 있는 용어로 설명해 내고 있다.

쉽고 흥미를 유발하는 책을 선호하는 분위기가 지배적인 요즘이지만 본서를 숙독하면 큰 유익이 있으리라 확신한다. 본서를 통해 기독교 신앙에 입문하고자 하는 사람은 진정한 거듭남의 과정을 통과하고, 이미 중생한 그리스도인은 자신의 구원이 얼마나 큰 것임을 확인하여 '십자가의 은혜에 압도당해' 새로워진 신앙생활을 할 수 있기를 기대한다.

오창록 | 광신대학교 조직신학 교수

"당신은 거듭났습니까?", "언제 거듭났습니까?"라는 질문은 때로 교인들을 무척 당혹스럽게 만들곤 한다. 어떤 이단 단체가 거듭남 혹은 중생이라는 단어를 전매특허를 낸 것처럼 사용하기도 한다. 하지만 이런 이유로 거듭남의 진리가 간과되거나 무시당하는 것은 결코 바람직하지 않다. 예수님께서는 거듭남이 천국에 들어가는 길임을 분명하게 말씀하셨기 때문이다.

청교도들이나 에드워즈 시대에는 한 사람이 물과 성령으로 거듭났는지 아닌지, 혹은 진짜 그리스도인이지 유사 그리스도인(Almost Christian)인지에 대해 지나치다 싶을 만큼 깊이 숙고하고 따져 물었다. 심지어 '회심의 형태론'이나 '회심 준비론' 같은 것이 발전하고, 분명히 거듭나고 회심한 자들만 성만찬에 참여시켜야 한다는 엄격주의를 추구하기도 했다. 지금 바라보면 과도한 면이 있기도 하나, 적어도 거듭남의 진리를 성경적으로 바로 알고 그 실재를 경험하고 있는지를 확인하는 건 생사가 걸린 문제라고 생각한다.

불신자들을 교회로 인도한 후 따뜻한 교제와 적당한 교육 정도로 신자가 되었다고 쳐주는 것은 그 영혼을 위해 결코 잘하는 일이 아니다. 교회를 다니기 시작한 이들, 신자가 되고 싶으나 아직 신자가 아닌 구도자들, 하나님의 생명으로 거듭났으나 사태 파악에 둔한 이들을 '거듭남과 십자가'의 교리로 굳세게 세워 주는 일은 비록 힘이 들어도 그 영혼들에게 선한 봉사라 할 것이다. 이 책은 이를 위해 성경의 진리를 올바르게 해명하며, 거듭남과 십자가를 선명하게 해설하고 있다.

저자 박순용 목사는 청교도신학과 목회를 깊이 연구해 온 청교도형 목사이며, 목회 현장 역시 그러한 소신을 잘 반영하고 있다. 달콤한 솜사탕류의 반쪽짜리 복음이 무성한 이 시대에 박순용 목사는 타협하지 아니하고 성경적 진리를 전달하는 일에 매진하고 있다. 매 주일 60분씩 농도 진한 설교를 하고, 회중들은 차분하게 그 설교를 듣는다. 때로 조직신학 교수인 본인의 신학교 강의보다 더 농도가 진하다고 느끼곤 한다. 그의 설교에는 마음을 열기 위한 도입부도 없고, 흥미를 유발하기 위한 에피소드도 없다. 자기 이야기나 소회도 거의 말하지 않는다. 오로지 그 시간에 전달해야 할 성경 주제에 집중하여 강론할 뿐이다.

이런 저자가 쓴 책이기에 본서의 내용 역시 순수한 진리 강해로 엮어져 있음을 확인하게 될 것이다. 하지만 저자는 최선을 다해 기독교의 기본진리인 거듭남과 십자가, 그리고 그 전제로서의 죄와 회개 문제를 설명하고 있다. 또한 거듭난 신자들이 어떻게 하나님을 예배하고 말씀을 듣고자 해야 하는지에 대해서 자세하게 안내해 준다.

초신자들뿐 아니라 어떤 유형의 독자가 되었든지 간에 이 책을 손에 들고 찬찬히 읽어 나가다 보면 기독교의 위대한 진리인 '거듭남과 십자가'에 대한 진수를 만끽할 수 있을 것이다. 또 우리가 거듭난 신자로서 마땅히 어떻게 하나님을 예배하고, 어떻게 순종하는 삶을 살아야 하는지에 대해서도 배울 수 있을 것이라 생각한다. 모든 그리스도인들의 정독을 권하는 바이다.

이상웅 | 총신대학교 신학대학원 교수

목차

추천의 글 4
들어가는 글 12

1부 거듭남의 은혜를 구하라

01 모든 사람이 맞이할 오직 두 가지 결론 21
02 가장 긴급한 필요, 거듭남 40
03 거듭남을 막는 장애물 64

2부 십자가 앞에 서라

04 그리스도께서 흘리신 피가 말하는 것 91
05 겟세마네에서 예수님이 놀라고 두려워하신 이유 112
06 십자가상에서 받으신 고통의 진실 138
07 '오늘' 돌이키라 165

3부 거듭난 자는

08 어린 양의 피 값으로 산 자 193
09 거듭난 자의 증거 218
10 예배를 준비하라 240

나가는 글 271

| 들어가는 글 |

먼저 알고 소유해야 할 거듭남과 십자가

　근래에 교회 안에서 볼 수 있는 특이한 현상 중 하나는 많은 사람들이 '거듭남'에 대한 말씀을 생소하게 여기고, 관심도 없다는 것입니다. 교회에 처음 나온 사람들은 그렇다 해도 교회를 좀 다녔다고 하는 사람들이 그런 반응을 보이는 것은 오늘날 교회들의 상태를 보여 주는 단적인 증거입니다. 어쩌면 조국 교회 안에 위선적인 신자들이 많은 것도 그들이 '거듭남'과 관련된 말씀을 잘 모르는 것 정도를 넘어 아예 거듭나지 않았기 때문일지도 모릅니다.

　누구든지 기독교의 중심으로 들어오려면, 예수님께서 자기를 찾아온 니고데모에게 "거듭나야 한다"(요 3:3, 5, 7)고 말씀하신 대로, 거듭나는 일이 있어야 합니다. 또, 뒤이어 주님께서 자신이 "들려야 하리라"(요 3:14), 곧 십자가에 달려 죽으셔야 하리라고 말씀하신 대로 십자가에 달리신 대속자 예수 그리스도를 믿어야 합니다. 기독교의 중심으로 들어와 하나님 나라에 들어가기 위해서는 예수님께서 요한복음 3장에서 니고데모에게 말씀하신 이 두 가지, 곧 거듭남과 십자가 복음을 알고 소유하는 일이 먼저 있어야 합니다.

그런데 오늘날 교회의 현실은 거듭남과 십자가의 증거를 건너뛰고 번영과 심리 치유 그리고 다양한 체험으로 사람들을 이끌며 그것을 진짜 기독교인 것처럼 말하는 지경에 이르렀습니다. 그런 분위기 아래서 신비주의적인 체험과 이 땅에서의 번영과 성공 등 진리의 변두리에 있는 것들을 향한 추구를 기독교 신앙생활로 여기며 교회 안에 머무는 이들이 많아지고 있습니다.

그러나 거듭남과 그리스도의 십자가를 알고 그 진리를 자신의 것으로 소유하지 않는 사람은 아무리 다양한 기독교의 문화와 사상을 접하고 맛본다 하더라도(히 6:4-5) 아직 기독교 안으로 들어온 것이 아닙니다. 그는 장차 구원의 복을 누리지 못할 뿐만 아니라, 현재에도 자신의 존재와 삶에 실제로 그 어떤 거룩한 변화도 갖지 못할 것입니다.

거듭남과 십자가를 전할 때

호주의 한인교회에 청빙받아 처음 담임목회를 시작한 후, 그곳에서 회중의 모습과 상태를 보면서 진지하게 고민하게 된 것이 한 가지 있었습니다. 교회를 어느 정도 다녔다고 하는 사람들 중에 납득하기 어려운 신앙과 삶의 태도를 보이고, 말씀을 들어도 잘 변화되거나 다루어지지 않는 내면과 인격을 가진 이들로 말미암은 것이었습니다.

그때 니고데모에게 예수님께서 말씀하신 두 가지, 곧 '거듭남'과 '십자가'를 주목하게 되었습니다. 그리고 예수님의 가르침을 따라 거듭남과 십자가에 대한 말씀을 시리즈로 설교하였습니다. 이 두 가지 말씀을 전하는 가운데서 회심하는 일이 일어나기도 했습니다.

그 후 한국에 돌아와 교회를 개척하여 섬길 때에도 이런 신앙의 기초 위에 모든 사람을 세우고자 힘썼습니다. 그래서 호주에서 전했던 말씀 가운데 일부를 뽑아 새가족들을 위한 교재로 만들어 사용했습니다. 교회에 등록한 사람들이 이 교재를 통해 '거듭남'과 '십자가'라는 기독교의 근간을 이루는 두 진리를 먼저 접하도록 한 것입니다.

이에 대한 사람들의 반응은 다양했습니다. 이전부터 교회에 다니며 나름대로 신앙생활을 해왔음을 자부하던 사람들은 이미 아는 내용으로 여기며 다시 공부하는 것을 거북해 하기도 했습니다. 그러나 대부분은 이 교재로 공부하는 과정을 통해 자신의 거듭남을 진지하게 점검하며 하나님 앞에 서는 모습을 보였습니다.

특히 지금까지 그리스도의 십자가를 너무 피상적으로 알아 왔음을 깨달았다고 고백하는 이들이 많았습니다. 이 공부 과정을 계기로 신앙과 삶의 기초와 방향을 바르게 하여, 피상적인 신앙생활에서 벗어나 복음 중심의 신앙생활로 돌아서는 사람들이 여럿 있었습니다. 심지어 이 공부가 계기가 되어 회심하는 이들도 있었습니다.

이런 사실을 여러 경로를 통해 알게 된 다른 교회 목회자들이 그동안 이 책을 자신들도 교재로 사용하고 싶다고 요청해 왔습니다. 그러나 손보지 않고 녹취된 설교문을 그대로 활용한 교재였기에 외부에 나누어 주기도 어려웠고, 분명한 공감 없이 이것을 교재로 사용하는 것도 별로 도움이 되지 않을 듯해서 우리 교회 내에서만 활용해 왔습니다. 그러다가 '참·교·추(참된 교회를 추구하는 목회자 모임)' 목회자들의 계속된 요청에 마침내 출판을 결정하게 되었습니다.

사실 이 책은 새로울 게 없는 내용입니다. 가장 기본적인 진리가 무시되는 현실 때문에 마치 새로운 것처럼 느낄 수 있지만, 그럼에도 이것은 새로운 진리가 아닙니다. 거듭남과 십자가는 하나님 나라에 들어가려면 누구든지 알고 소유해야 할 기독교의 중심이요 기본입니다.

최근 많은 이단들이 소위 '구원'에 관한 교리로 사람들을 혼란케 하고 기독교 진리를 왜곡시켜 교회 안에 많은 해를 끼치는 것은 정말 안타까운 일입니다. 교회에 열심히 다니던 사람들마저 그런 엉터리 가르침에 미혹되는 것은 매우 가슴 아픈 일입니다. 그런데 이런 안타까운 현실 이면에 오늘날 교회들이 구원에 대한 진리를 바르게 가르치지 않는다는 아주 중요한 원인이 있음을 알아야 합니다. 특히 예수님께서 기독교의 첫 관문으로 말씀하신 '거듭남'과 '십자가'를 바르게 전하지 않는 것이 치명적인 결과를 낳고 있습니다.

그러므로 모든 교회는, 또 교회로 들어오는 모든 사람은 제일 먼저 '거듭남'과 '그리스도의 십자가'부터 듣고 직면하여 소유하기를 힘써야 합니다. 기독교는 이 진리 위에서 구원의 복을 누리고 성숙으로 나아가는 종교입니다. 부족하지만 이 책이 기독교 신앙의 첫 걸음을 내딛고 견고한 신앙과 삶으로 나아가는 그 귀한 일에 조금이라도 유익하게 사용되기를 소원합니다.

이 책의 유익한 활용을 위해

'거듭남'과 '십자가'라는 주제를 별도로 다루어 전했던 설교들은 더 여러 편이 있지만, 그 중에 몇 편만 뽑아서 압축해 책으로 구성한 것은 기독교의 핵심을 최대한 밀도 있고 간략하게 제시하기 위해서입니다. 따라서 이 책은 그동안 우리 교회에서 그랬던 것처럼 '새가족'을 위한 교재로도 사용될 수 있을 것입니다. 교재로 활용할 때 도움이 될 만한 질문들도 각 장의 끝에 덧붙여 놓았습니다.

이전까지의 신앙의 이력이 어떻든 상관없이 교회를 찾은 사람들에게 필요한 것은 교회 생활을 어떻게 할 것인지에 대한 내용이 아닙니다. 교회에 찾아온 모든 이들에게 진정한 '시작'은 예수님께서 니고데모에게 말씀하셨던 기독교의 두 가지 핵심을 알고 직면함으로써 일어납니다. 이 책을 통해 더 많은 사람들이 참된 의미에서 기독교의 신앙과 삶의 시작이 있기를 기도합니다.

물론 이 책의 내용을 접한다고 해서 그것만으로 기독교의 중심으로 들어오게 되고 자동으로 구원을 얻게 되는 것은 아닙니다. '거듭남'과 '그리스도의 십자가'가 정말 자신의 것이 되기 위해서는 성령님의 역사가 있어야 합니다. 이 책을 개인적으로 읽든, 소그룹 모임에서 다른 사람들과 함께 나누든 가장 중요한 것은 이 모든 내용을 우리 안에 소유하게 하시는 성령 하나님의 역사입니다. 말씀을 통해 우리를 변화시키시는 성령 하나님의 역사가 없다면 이 책의 내용은 아무에게도 도움을 주지 못할 것입니다. 모쪼록 성령에 의지하여 신중하게 책의 내용을 읽어 나가시기를 부탁드립니다.

이 책을 읽거나 나눌 때 주의해야 할 것이 한 가지 더 있습니다. 그것은 이 책의 내용 가운데 '거듭남의 증거'를 가지고 자신과 다른 사람들을 판단하며 정죄하거나 자학하는 일입니다. 누구든지 거듭난 자는 자신이 새롭게 얻은 생명을 나타내게 됩니다. 그리스도의 십자가의 은혜를 받은 사람들은 감사로 반응하며 열매를 맺게 됩니다. 그러나 그 증거들을 마치 율법의 잣대처럼 다른 사람을 판단하거나 자신을 자학하는 근거로 사용해선 안 됩니다. 우리는 다만 그런 생명의 나타남을 겸손히 구하며 우리의 삶에서 보고자 해야 합니다. 이런 말씀은 정죄의 도구가 아니라 '은혜'의 방편으로 우리에게 허락된 것입니다.

이 책에 담긴 말씀들은 아주 오래 전에 전했던 것이라, 그때 참고했던 책들을 일일이 다 기억하지는 못합니다. 하지만 그때 보았던 다양한 주석들과 제레마이어 버로우즈(Jeremiah Burroughs)를 위시한 여러 청교도들의 글, 조지 휫필드(George Whitefield), 찰스 스펄전(Charles Haddon Spurgeon), 라일(John Charles Ryle), 아더 핑크(Arthur Pink), 마틴 로이드 존스(Martyn Lloyd Jones) 등의 설교에서 통찰력과 도움을 받은 것으로 기억합니다. 특히 로이드 존스의 요한일서와 하나님 나라, 십자가, 복음전도 설교 등에서 많은 통찰력을 얻었습니다. 이런 선배들을 통해 귀한 신앙의 유산을 허락해 주신 하나님께 감사드립니다.

바라건대 주님께서 이 책을 읽는 모든 분들에게 같은 감동과 은혜의 역사를 허락해 주시기를 구합니다. 이 책이 진리와 은혜를 구하는 이들에게 참된 생명의 시작뿐 아니라 그 생명 안에서의 견고한 신앙과 삶을 갖도록 하는 좋은 도구가 되길 기도합니다.

01 모든 사람이 맞이할 오직 두 가지 결론
오직 두 가지 가능성 : 사망 또는 영생 | 가장 우선적이고 현재적인 문제 | 죽음을 얻기 위해 애쓰는 인생 | 세 종류의 사망 | 사망을 가져오는 원인인 '죄'의 정체 | 죄의 강력함 | 죄인 스스로는 피할 수 없는 죄의 결과, 사망 | 죽음 외에 다른 하나의 길, 영생 | 영생은 하나님의 선물 | 영생의 진정한 의미와 가치 | 이 땅에서부터 시작되는 영생 | 성경이 말하는 영생 얻는 자들 | 생명의 길로 나아오라

02 가장 긴급한 필요, 거듭남
진단의 우선적인 필요성 | 갑작스러운 말씀 | 니고데모의 영적인 상태 | 생명을 위해 지적받아야 할 자신의 상태 | 모든 약속과 진리를 소유하기 위한 기초, 거듭남 | 거듭남이 아닌 것 | 진정한 거듭남이란 | 탁월한 사람도 거듭나야 한다 | 우리도 거듭나야 한다 | 어떻게 거듭날 수 있는가 | 조지 휫필드의 거듭남

03 거듭남을 막는 장애물
거듭남을 위한 간구 | 천국과 말씀 | 천국과 마음 | 말씀을 듣지만 구원을 얻지 못하는 이유 | 새 생명의 원리 | 말씀의 역사를 가로막는 장애물을 찾으라 | 두 가지 장애물 1. 길가와 같이 단단한 마음 | 흥분은 있지만 말씀을 깊이 생각하고 깨닫지 못함 | 강철심장을 가진 자여 들으라 | 두 가지 장애물 2. 마귀의 역사 | 마귀의 농간에 당하는 이유 | 말씀을 들은 자여, 깨어 반응하라

1부
거듭남의 은혜를 구하라

01

모든 사람이 맞이할 오직 두 가지 결론

죄의 삯은 사망이요 하나님의 은사는 그리스도 예수 우리 주 안에 있는 영생이니라(롬 6:23).

오직 두 가지 가능성 : 사망 또는 영생

이 땅에 사는 모든 사람은 오직 두 가지, 곧 사망과 영생 두 가지 중 하나의 끝을 맞게 됩니다. 다른 가능성은 없습니다. 이는 긴급하게 전해져야 할 말씀입니다.

모든 인간이 예외 없이 죽음을 맞는다는 사실은 모두가 인정하는 바입니다. 그러나 성경은 그 정도만을 말하지 않습니다. 우리 앞에 있는 죽음의 적나라한 실체와 함께 하나님의 말씀을 듣는 자들에게는 그것과 다른 결말이 있다고 말합니다. 그것이 바로 영생입니다. 인간은 누구든지 사망과 영생이라는 두 가지 중 하나의 결론에 이르게 되리라는 것을 성경은 분명하게 증거합니다.

가장 우선적이고 현재적인 문제

인간 앞에 놓인 이 두 가지 가능성은 우리 모두가 가장 우선적으로 생각해야 할 아주 현실적인 문제입니다. 그 어떤 사람도 죽음을 피해 갈 수 없습니다. 그리고 그 죽음 앞에서는 그동안 중요하게 여겼던 다른 모든 현실 문제들을 뒤로 하게 됩니다. 결국 남는 것은 사망과 영생의 문제입니다. 살아생전 씨름하던 직장 문제, 자식 문제, 경제적인 문제들은 죽음 앞에서 더 이상 '중요한 현실'이 아닙니다. 죽음보다 더 크고 우선적인 문제는 없습니다. 죽음의 당사자들뿐 아니라 주변 사람들에게도, 죽음과 함께 분명하게 인식되는 생명의 문제보다 더 중요하게 여길 만한 것은 없습니다.

혹 이런 이야기가 마음에 깊이 와 닿지 않는 독자가 있을지 모르겠습니다. 여전히 다른 것들이 더 커 보일 수도 있습니다. 아마도 그것은 아직 자신의 육체에 생명의 기운이 남아 있어 죽음을 실제적인 것으로 느끼지 못하기 때문일 것입니다. 그러나 그런 무감각함은 일시적인 것이며 기만입니다. 아무리 지금 당장 죽음에 대해 무감각하고, 자신도 죽게 되리라는 사실을 부인하며 태연하고자 해도 실제로는 아무도 죽음과 무관할 수 없습니다. 이 땅에서 누리는 우리의 삶이 영원하지 않다는 사실은 모두가 알고 인정하는 바입니다. 결국 모든 인생은 사망과 영생이라는 두 가지 가능성을 앞에 두고 살아가고 있는 것입니다.

그러므로 모든 사람은 이 문제 앞에 진지하게 서야 합니다. 우리의 인생의 결국은 둘 중 하나, 곧 사망 아니면 영생이 될 것입니다. 이 둘 사이에 중간 지대는 없습니다. 사망이 있는 곳에는 영생이 없고, 영생이 있는 곳에는 사망이 없습니다. 그동안 이런 사실에 무관심했거나 그것을 부정해 왔다면, 더 이상 지체하지 말고 이 두 개의 가능성 앞에 서서 자신도 둘 중 한 길을 가야 함을 인정해야 합니다.

우리 모두 오래지 않아 저 두 가지 결론 중 하나에 이를 것입니다. 누가 먼저가 될지는 알 수 없습니다. 나이가 젊다고 더 멀다 할 수는 없습니다. 우리 주변에는 이른 나이에 죽음을 맞은 사람들이 있습니다. 그런데도 아직 생명의 기운이 있는 자들은 일반적으로 사망과 영생이라는 두 가지 결론을 자신과는 관계없는 먼 문제로 여깁니다. 그것은 명백히 현실을 부인하며 자기를 기만하는 일입니다.

사실 지금 이 순간에도 우리는 이 두 가지 가능성 앞에서 살고 있습니다. 그것은 그저 먼 미래에 속한 일이 아닙니다. 우리는 잠시 후의 미래도 알 수 없습니다. 죽음은 어느 때에 찾아올지 모릅니다. 다만 우리 모두 예외 없이 죽는다는 사실만은 분명합니다. 죽음은 오늘을 사는 우리와 무관한 일도, 아주 먼 미래에 속한 일도 아닌 모두에게 아주 가까이 있는 현실입니다.

죽음을 얻기 위해 애쓰는 인생

그런데 로마서 6장 23절은 우리에게 이 문제에 대해 한 가지 아주 놀라운 비밀을 말해 줍니다. 그 비밀은 사람들이 죽음을 싫어하고 두려워하는 듯하지만, 실상 평생을 죽음을 얻기 위해 애쓰며 산다는 것입니다.

바울은 이 본문에서 사람에게 사망이 어떻게 임하는지 아주 생생하게 말해 줍니다. 사망은 죄의 삯으로 임한다는 것입니다. 여기서 "삯"이라고 번역된 헬라어 단어는 바울 당시 로마 병사들이 받는 봉급을 말할 때 쓰였습니다. 당시 병사들은 봉급으로 하루 치의 양식을 받기도 하고, 의복을 받기도 하고, 돈을 받기도 했습니다. "삯"은 노동에 대한 이런 보상, 또는 보수를 가리키는 말이었습니다. 바울이 "죄의 삯"이란 말을 쓴 것은 이렇게 노동을 통해 하루 양식을 벌듯, 모든 인간이 죄를 지음으로써 사망을 번다는 사실을 말하기 위한 것이었습니다. 모든 인간은 죄를 짓는 노동에 대한 대가로 사망을 얻는다는 것입니다.

인간은 사망을 삯으로 얻기 위해 노동하듯 죄를 짓습니다. 고용주가 사람을 고용하여 노동을 시킨 후 그 노동에 합당한 삯을 주듯이 죄는 그에 합당한 삯으로 우리에게 사망을 줍니다. 우리가 사망에 처하게 되는 원인은 다른 것이 아닙니다. 사망은 우리가 죄에 속하여 열심히 일한 것에 합당한 대가요 삯으로 주어집니다.

세 종류의 사망

그러면 이렇듯 죄의 삯으로 주어지는 '사망'이란 무엇일까요? 우리는 일반적으로 사망이라고 하면, 육신의 죽음만을 생각합니다. 그러나 성경이 말하는 사망의 의미는 그것이 전부가 아닙니다. 성경은 죽음의 실상을 세 가지로 이야기합니다.

영적인 죽음 : 하나님으로부터의 분리

성경이 말하는 죽음의 일차적인 의미는 '하나님으로부터의 분리'입니다. 성경은 하나님을 믿지 않고, 하나님과의 관계를 무시하며 이 세상을 살아가는 자, 곧 하나님으로부터 분리되어 있는 자를 "죽었다"고 말합니다. 지금은 예수님을 믿는 성도들도 예수님을 믿기 이전에는 "허물과 죄로 죽었던 자들"(엡 2:1)이었다고 말합니다. 생명의 근원이신 하나님으로부터 분리되어 그분을 의식하지 못하는 상태를 영적인 죽음으로 말한 것입니다.

육체적인 죽음 : 몸과 영혼의 분리

물론 우리가 잘 알고 있는 '육체적인 죽음'도 죽음입니다. 성경은 몸에서 영혼이 분리되어서 떠나가는 것 또한 죽음이라고 말합니다. 의학적인 관점에서는 호흡이 끊어지고 심장이 멈추는 것에 주목하여 이 죽음을 말합니다. 그러나 성경적으로 더 중요한 것은 몸에서 영혼이 떠나는 것입니다. 예수 그리스도께서도 십자가에서 죽으실 때 "내 영혼을 아버지께 부탁하나이다"라고 말씀하셨습니다. 이렇게 몸에서 영혼이 분리되는 것이 성경이 말하는 육체의 죽음입니다. 우리 육체의 죽음은 단순히 호흡이 끊기는 것이 아니고 영혼이 분리되는 것입니다.

영원한 죽음 : 둘째 사망

성경은 여기에 덧붙여 죽음에 대하여 한 가지를 더 말합니다. 그것은 성경의 제일 끝 부분인 계시록에서 말하는 "둘째 사망"입니다. 혹 둘째 사망이란 말이 익숙하지 않은 분들이 있을지도 모릅니다. 하지만 성경은 분명히 둘째 사망이 있음을 말합니다. 둘째 사망은 그리스도를 믿지 않고, 하나님의 뜻을 거스른 모든 인간이 영원히 처하게 될 최후 사망의 상태를 말합니다. 최후 심판으로써 하나님과 영원하고 완전하게 분리되어 영원한 사망에 처하게 되는 것입니다.

로마서 6장 23절에서 "죄의 삯"으로 일컬어지는 '사망'은 위의 세 가지 내용을 다 포괄하는 말입니다. 성경에서 사망은 그저 인생 70, 80세까지 살다가 죽는 것만을 말하지 않습니다. 그 후에 또 사망이 있습니다. 둘째 사망 곧 하나님의 심판이 있습니다. 그러므로 우리는 죽음을 막연하게 두려워하거나 모른 척하고만 있을 것이 아니라, 우리의 영원한 운명을 결정하는 중대한 문제로 여기고 대면해야 합니다.

사망을 가져오는 원인인 '죄'의 정체

이렇게 영원하고 치명적인 문제인 사망의 원인은 무엇입니까? 앞서 살펴보았듯이 사도 바울은 "죄의 삯은 사망"이라고 말합니다. 곧 사망은 죄에 대한 보수로 얻는 것입니다. 그러면 그 영원한 사망을 가져오는 죄란 무엇일까요? 우리는 죄의 성경적인 개념 또한 바르게 알아야 합니다. 죄는 인간들끼리 합의된 사회적인 법률과 윤리를 어겨 타인에게 피해를 끼치는 것만을 말하지 않습니다. 그것은 죄의 근본적인 의미가 아닙니다.

죄는 무엇보다 하나님의 뜻에 대한 불순종입니다. 하나님을 거스르고 그의 뜻을 거부하고 사는 불순종이 죄의 본래 의미입니다. 하나님을 알지 못하고 그분의 뜻을 따르지 않고 살아가는 모든 생각, 모든 행동, 모든 마음이 다 죄입니다. 그리고 그 죄가 결국 사망을 가져오게 되는 원인이 됩니다.

세상 사람들은 자신의 죄를 부정하며 자신은 죄인이 아니라고 생각합니다. "나는 그렇게 많은 죄를 짓지 않았는데 기독교에서는 왜 다짜고짜 나를 죄인 취급합니까?" 하고 반응합니다. 물론 어떤 사람들은 상대적으로 법과 윤리에 충실해 남들에게 큰 폐가 되는 행동을 하지 않고 살아가기도 합니다.

그러나 성경이 말하는 죄는 그런 것만을 가리키지 않습니다. 성경은 인간이 가진 본성적인 죄를 말합니다. 가르치지 않아도 알아서 죄를 짓는 추하고 부패한 본성을 지적합니다. 그래서 인간은 하나님 쪽으로 가기보다는 하나님의 존엄과 절대적인 권위를 거부하고, 그의 영광과 말씀을 거슬러 자기 생각과 욕구대로 살아가기를 밥 먹듯이 합니다. 그것이 성경이 말하는 죄의 일차적인 의미입니다.

우리는 모두 나면서부터 하나님의 뜻에는 무관심하고 그저 자기 본성대로, 자기 욕심대로 살아갑니다. 이것은 부인할 수 없는 사실입니다. 남들보다 비교적 착하게 살며, 선행을 많이 하고, 타인에게 피해를 끼치지 않은 자라고 해서 죄가 없다 할 수는 없습니다. 하나님을 하나님으로 인정하지 않고 그 말씀을 좇아 살지 않은 것 자체가 죄이기 때문입니다(롬 1:18-32).

죄의 강력함

이처럼 죄로부터 자유로울 수 있는 사람은 이 세상에 아무도 없습니다. 하나님을 거스르는 부패한 본성을 타고난 모든 인류는 예외 없이 사망이라는 삯을 얻기에 충분한 죄인입니다. 사망이라는 삯은 엄청나게 많은 죄들을 지어야 비로소 주어지는 것이 아닙니다. 그저 하루분의 죄를 짓는 수고만 해도 충분합니다. 아무리 자신을 합리화하고, 선행으로 감추려 해보아도 사망은 그가 지은 하루분의 죄만으로도 주어집니다. 죄의 힘은 그만큼 강력합니다.

사람들은 죽음을 싫어하고 두려워하지만, 사실 그보다 더 무서운 것은 죄입니다. 죄는 그 범한 자에게 반드시 사망을 삯으로 안겨 주는 무서운 고용주이기 때문입니다. 이 세상에 죽음이 들어와 모든 인간이 예외 없이 다 죽음을 맞게 된 것은 다 죄로 인해서입니다. 죄가 주인입니다. 사망은 그저 주인이 주는 삯에 지나지 않습니다. 죄가 더 강력합니다. 사망의 문제를 다루기 위해서는 먼저 이 사실을 인정해야 합니다.

죄인 스스로는 피할 수 없는 죄의 결과, 사망

물론 사망이 죄의 삯이라는 이런 성경의 가르침을 거부할 수는 있습니다. 그러나 어떤 사람도 스스로 사망의 문제를 실제로 해결할 수는 없습니다. 지금까지 어느 누구도 해결하지 못했습니다. 성경의 가르침을 거부했던 사람은 많지만 그 누구도 사망이 임하게 된 다른 원인이 무엇인지 찾아내거나 사망을 해결할 다른 방도를 찾지 못했습니다. 다른 원인과 해결 방도는 애초에 있을 수 없기 때문입니다.

성경의 증언대로 사망은 죄의 삯입니다. 우리는 강력한 죄의 결과를 피해갈 수 없고 사망이 언제 어떻게 임할지 알 수 없습니다. 다만 분명한 사실은 사망이 기어코 모든 죄인들에게 임하고야 만다는 것입니다.

우리는 얼마나 죽음과 가까운 자들입니까? 인간은 겨울 빙판에 미끄러지기만 해도 죽을 수 있고, 진드기에 물려서 죽기도 하며, 메르스 같은 바이러스에 의해서도 죽을 수 있는 존재입니다.

루터는 학생 시절의 어느 날 학교를 마치고 친구와 함께 천둥번개가 치는 빗속을 뚫고 뛰어가고 있었습니다. 그런데 별안간 벼락이 친구에게 떨어졌고 친구는 그 자리에서 즉사했습니다. 루터는 그 장면을 보고 기겁했습니다. 죽은 친구를 부둥켜안고 울며 '생명이라는 것이 무엇인가? 마치 종잇조각 같구나!' 하고 생각했습니다.

죽음은 이처럼 쉽게 찾아옵니다. 누구도 그것을 거부할 수 없습니다. 왜냐하면 사망은 죄의 보수이기 때문입니다. 사망은 죄인 된 누구에게나 예외 없이, 그리고 거침없이 찾아옵니다. 이렇게 우리가 사망을 피할 수 없는 것은 우리의 죄 때문입니다. 죄는 육체적인 죽음뿐만 아니라 앞서 말한 세 가지 사망을 모두 가져옵니다. 그러므로 우리는 죽음을 두려워하는 만큼 죄도 두려워해야 합니다. 죽음은 죄의 삯이기 때문입니다. 만일 누가 영원한 사망에 이르게 된다면, 그가 죄에 힘쓴 결과로 품삯을 얻은 것입니다.

어떤 이가 온 평생을 다해서 벌어 남긴 것이 사망밖에 없다고 생각해 보십시오. 물론 이 땅에서 많이 배워 많은 지식을 쌓고, 많은 돈과 좋은 친구, 아내, 남편, 자식을 두었을 수도 있습니다. 그러나 그런 것들은 영원한 삶이 될 수 없습니다. 모두 일시적인 것들입니다. 일시적인 것들을 좇던 자연인이 일생을 마감할 때 남는 것은 영원한 사망밖에 없습니다. 정말 끔찍한 일입니다. 만약 우리가 70, 80 평생을 살며 결국 얻는 것이 사망밖에 없다면, 그것만큼 허무하고 후회스러운 일은 없을 것입니다.

죽음 외에 다른 하나의 길, 영생

그러나 지금까지의 내용이 성경 가르침의 전부는 아닙니다. 우리에게는 더 중요한 이야기가 남아 있습니다. 이제 우리는 그것을 주목해야 합니다. 로마서 6장 23절 본문은 죽음 이외에 또 다른 가능성이 있음을 말해 줍니다. 그것은 바로 영원한 생명, 곧 영생입니다. 이것은 스스로 사망의 길을 피해갈 수 없고, 사망밖에 얻을 것이 없는 죄 있는 자들이 들을 수 있는 가장 기쁜 소식입니다.

영원한 생명을 얻는 것을 하찮게 여기고 그것을 위한 수고를 마다하는 것은 어리석은 일입니다. 예전에 생명의 연장을 위해 지리산에서 구더기까지 가져와 먹는 사람도 보았습니다. 몸의 아픈 곳을 치료하기 위해, 조금 더 건강해지고 조금 더 살기 위해 사람들은 그런 것까지 먹기도 합니다. 그렇게 해서라도 자기 생명을 보존하고 싶어 합니다. 그런데 그 정도의 생명 연장과는 비교할 수 없는 영원한 생명을 얻을 길이 있다면 어떻게 하겠습니까? 그 이상의 수고를 해서라도 얻기를 구하고, 그것을 얻는 길이 무엇인지 묻는 것이 마땅하지 않겠습니까?

영생은 하나님의 선물

로마서 6장 23절은 그 길에 대해 말해 줍니다. 놀랍게도 바울은 이 구절에서 사망은 우리 죄의 삯인 반면, 영생은 우리가 수고한 결과가 아닌 "하나님의 은사"라고 말합니다. '은사'란 선물이라는 말입니다. 사망은 우리의 죄의 결과로 임합니다. 그러나 영생은 인간의 수고에 대한 삯이나, 인간의 공로에 따른 결과가 아닙니다. 오직 하나님의 사랑의 은사, 선물로 주어지는 것입니다. 그러므로 영생을 얻고자 하는 자들은 자기의 공로를 의지하는 마음을 버려야 합니다. 스스로 이런저런 노력으로 영생을 얻겠다는 태도부터 꺾어야 합니다.

바울은 "죄의 삯은 사망, 의의 삯은 영생"이라고 말하지 않습니다. 영생은 의의 삯이 아닙니다. 의롭게 산 것에 대한 대가로서 주어지는 것이 아닙니다. 생명은 전혀 다른 원리로 주어집니다. 인간의 파멸과 사망은 자업자득이지만 영생은 자신의 힘으로 얻는 것이 아닙니다. 아무리 선행을 많이 하고, 남에게 해를 끼치지 않고 살았다 할지라도 영생을 얻을 수는 없습니다. 영생은 하나님의 선물입니다.

하나님의 선물이 아니면 우리가 영생을 얻을 가능성은 전혀 없습니다. 우리에게 죄가 있기 때문만이 아닙니다. 인간은 처음부터 유한한 존재이기 때문에 '영원'이란 개념 자체가 매우 낯선 것입니다. 우리 중 누구도 영원을 스스로 소유할 수도, 알 수도, 경험할 수도 없습니다. 더구나 죄로 인해 죽을 수밖에 없는 인간은 더더욱 영생을 만들 수도 없고, 다른 사람에게 줄 수도 없습니다. 영생은 오직 하나님에 의해서만 주어지는, 하나님의 선물입니다.

영생의 진정한 의미와 가치

그러면 영생의 의미는 무엇일까요? 영생은 단순히 끝없이 계속 살아가는 것만을 말하지 않습니다. 성경이 말하는 영생은 이 땅에서의 70, 80 인생 이후로도 지속될 영원하고 안락한 삶 정도를 의미하지 않습니다. 물론 영생은 영원무궁하게 산다는 의미를 포함하지만 성경은 영생을 단순히 그 정도로 말하지 않습니다.

성경은 '하나님을 아는 것이 영생'이라고 정의합니다. 하나님을 아는 가운데 영원히 사는 것입니다. 흙으로 만들어진 유한한 피조물인 인간이 하나님의 존전에서 그분을 직접 뵈며, 그와 함께 영원히 사는 것입니다. 시작도 끝도 없이 영원히 계신 하나님과 함께 더러움이나 쇠하는 것 없이 거룩함과 영광 가운데 영원히 그와 교제하며 그분의 것을 누리며 사는 것입니다. 이 땅에서 우리가 겪는 결핍이나, 연약함, 질병과 슬픔, 그리고 아주 조그만 죄악조차 없는 거룩함 가운데 하나님과 함께 그분의 면전에서 영원토록 하나님의 생명을 가지고 사는 것이 바로 성경이 말하는 영생입니다.

이와 같은 영생은 사람이 수고해서 또는 남들보다 잘나거나 무언가를 더 잘해서 얻어지는 것이 아니고, 그럴 수도 없는 것입니다. 오직 하나님의 선물로 주어집니다. 진실로 이 영생은 너무나 귀중한 것이어서 값을 주고 살 수 없고, 너무나 신성한 것이어서 사람이 만들 수도 없습니다. 만일 영생이 우리의 수고로 얻는 것이라면 자기 죄로 사망을 버는 우리에게 그 가능성은 영원히 요원한 것이 될 것입니다. 영생은 오직 거룩하시고 영원하신 하나님께서 속죄의 은혜로써 자기와의 교제 가운데로 이끄실 때에만 우리가 경험하고 소유할 수 있는 거룩한 생명입니다.

이 땅에서부터 시작되는 영생

여기에 덧붙여 영생에 관하여 한 가지 더 언급해야 할 사실이 있습니다. 그것은 영생이 이 땅에서부터 시작된다는 것입니다. 이것은 예수님의 가르침이기도 합니다. 예수님은 "나 보내신 이를 믿는 자는 영생을 얻었고"(요 5:24)라고 말씀하셨습니다. 얻을 것이라고 말씀하지 않으시고 완료형으로 얻었다고 말씀하셨습니다. 하나님을 믿는 자에게는 이미 영생이 있다고 말씀하신 것입니다.

장차 하나님의 면전에서 온전한 영생을 누릴 사람은 이 땅에서부터 이미 영생을 얻은 자로 삽니다. 천국 백성은 이 땅에서 예수님을 믿어 구원받은 사람으로 구별되어 살다가 하나님께로 돌아가게 됩니다. 이 땅에서 영생을 얻은 자로 구별되지 않은 자가 죽은 후에 구원을 얻게 되는 법은 없습니다.

이 땅에서 살아가는 동안 영생을 얻지 못하면 더 이상의 기회는 없습니다. 세상에 남은 자들이 죽은 시체를 붙들고 세례를 주고 기도를 해주어도 죽은 자는 구원을 얻을 수 없습니다. 영생은 죽기 전에 이 땅에서 예수님을 믿어 얻는 것입니다. 이 땅을 사는 동안 영생을 주실 수 있는 그분을 믿고 만나야 합니다. 영생을 소유하지 못하고 죽은 자가 그 후에 하나님과 함께하는 영생을 얻을 방법은 없습니다.

성경이 말하는 영생 얻는 자들

그러면 과연 누가 영원한 사망이 아닌 영원한 생명을 선물로 얻게 될까요? 이것은 우리가 이 세상을 살면서 가장 중요하게 생각해 보아야 할 문제입니다. 로마서 6장 23절 본문은 이에 관하여 "그리스도 예수 우리 주 안에 있는 영생"이라는 중요한 답을 제시해 줍니다. 이 말씀으로 우리는 영원한 사망에 처할 사람인지 영원한 생명을 얻을 자인지를 어느 정도 가늠해 볼 수 있습니다.

독자들 중에는 오랫동안 교회를 다니며 나름대로 하나님과 예수님에 대한 지식을 가지고 신앙생활을 해온 분도 있을 것입니다. 또 독실한 기독교 가정이라는 좋은 배경을 가지고 있거나, 많은 사람들에게 착하다고 인정받아 온 분도 있을 것입니다. 그러나 말씀에 비추어 보면, 그런 것들로는 영생을 얻을 수 없다는 것을 알게 됩니다.

우리는 그런 것들을 다 내려놓고 성경의 가르침으로 가늠해 이 문제를 생각해 보아야 합니다. 즉 "영생은 우리 주 예수 그리스도 안에 있다"는 말씀에 우리 자신을 비추어 보아야 합니다. 이 말씀으로부터 두 가지 기준을 도출하여 제시해 보겠습니다. 우리는 최소한 이 두 가지 기준을 가지고 자신을 돌아보아야 합니다.

① 예수 그리스도를 진실로 믿는 자

우리가 하나님의 선물로 얻을 영생은 '예수 그리스도 안에 있는' 것입니다. '예수 그리스도 안에 있다'는 말은 성경에서 굉장히 많은 의미로 쓰입니다. 그러나 여기서는 아주 기초적인 의미 한 가지만 말씀 드리고자 합니다. 어떤 사람이 예수 그리스도 안에 있다는 말은 진실로 그분을 믿는다는 것입니다. 특히 나를 위해서, 나의 죄를 사하기 위해서 십자가에서 죽으신 예수 그리스도의 구속의 은혜를 믿는 것입니다.

예수 그리스도께서는 무엇보다 우리를 죄에서 구원하시는 분이십니다. 그런 예수 그리스도 안에 있는 사람은 다름 아니라 '나'를 구원하시기 위해서 십자가에서 죽으신 그분을 믿고, 그 믿음을 매일의 삶에서 드러내는 자를 말합니다. 그분 앞에 자신의 죄를 내어 놓는 자, 자신의 삶에서 그분에 대한 신앙의 중심을 드러내는 자가 바로 예수 그리스도를 믿는 사람이요 예수 그리스도 안에 있는 사람입니다. 그렇게 예수 그리스도 안에 있는 사람이 바로 이 땅에서부터 영생을 소유한 자입니다.

만일 예수님이 자신을 죄에서 구원하시는 분이심을 믿지 않는다면 그는 영생과 거리가 먼 사람입니다. 그는 예수 그리스도의 십자가가 바로 자신의 죄 때문에 있었다는 점을 절절하게 알지 못합니다. 따라서 자신의 의와 생각과 판단을 그 십자가 앞에 내려놓고, 십자가를 의지하여 도움을 구하며, 십자가에서 죽으신 그분 앞에 자신을 굴복시키는 삶도 갖지 못합니다.

그렇게 예수 그리스도의 구원하심에 대한 실제적인 믿음이 없고, 그것을 대수롭지 않게 여기며 그 은혜를 의지하지 않는 자는 그리스도 안에 있는 자가 아닙니다. 그는 영생은커녕 영원한 사망을 삯으로 받게 될 것입니다. 그러므로 영생을 얻고자 한다면 예수 그리스도를 믿어야 합니다. 자존심을 버리고 솔직히 구원이 필요하다고 말하며 믿기를 구해야 합니다.

② 예수 그리스도를 '주'라고 고백하는 자

영원한 생명을 얻는 사람에 대해 본문이 말하는 또 한 가지 기준은 '우리 주'라는 말 속에 있습니다. 여기서 '주'라는 단어는 매우 중요한 말입니다. 이 말의 엄밀한 의미는 '이 세상의 유일한 주인'입니다. 본문 말씀은 영생을 얻는 사람은 예수 그리스도를 '우리 주', 즉 구약에서 하나님을 '주'(the Lord)로 불렀던 것의 연장선상에서 예수 그리스도를 자신의 하나님이요, 유일한 구원주요, 주인으로 믿고 고백한다는 것을 시사합니다.

1세기 당시 예수 그리스도를 자신의 유일한 '주'로 믿고 고백하는 것은 쉽게 취급할 문제가 아니었습니다. 왜냐하면 그 시기에 일반적으로 이 세상의 유일한 '주'로 인정되는 자는 로마 황제였기 때문입니다. '주'라는 말은 황제를 지칭하는 공적인 표현으로 사용되었습니다. 그러므로 예수를 '주'로 고백하는 것은 "로마 황제가 아니라 그리스도가 이 세상의 유일한 주"라는 의미였습니다. 아주 간단한 표현이지만 "우리 주 예수 그리스도"라는 말에는 이런 의미심장함이 담겨 있습니다. 이런 고백은 그 당시 생명을 좌우하는 것이었습니다. 실제로 이런 고백 때문에 죽임당하는 일도 있었습니다.

이처럼 예수 그리스도를 자신의 '주'로 믿는 믿음은 영생을 얻는 자에게 있는 특별한 특징입니다. "예수는 우리 주"라는 말에는 "예수 그리스도는 나의 전 존재와 생명과 삶의 주인이십니다"라는 외적 시인과 실제로 예수님을 '주'로 모시고 사는 내면의 진실한 믿음이 담겨 있습니다.

영생을 선물로 받은 자는 모두 위와 같은 두 가지 특징을 갖습니다. 이런 특징이 없는 사람들은 설령 교회당을 오가고 있어도 사망의 삯밖에 받을 것이 없는 자들입니다. 그들은 지금도 스스로 사망이라는 삯을 벌기 위해 애쓰고 있을 뿐입니다.

생명의 길로 나아오라

지금까지 살펴본 하나님의 진리를 무시하고 거부하고 있다면 영생과 무관한 길, 곧 사망의 길로 가고 있는 것입니다. 저는 여러분들 모두가 이 진리를 가볍게 여기지 말고 신중하게 생각하기를 바랍니다. 어쩌면 다시 기회가 없을지도 모릅니다. 여러분 앞에 있는 이 두 개의 가능성, 사망과 영원한 생명이라는 결론을 생각해 보십시오. 아직 호흡이 붙어 있을 때가 기회입니다. 그 이후에는 어떤 선택도 변화의 가능성도 없습니다.

만일 여러분 중에 영생을 얻은 자에게서 나타나는 위와 같은 두 가지 특징이 없다면, 자신이 지금까지 예수를 거부해 왔던 이유를 찾아서 그것을 꺾어야 합니다. 그것은 나름대로 축적해 온 지식과 신념, 그리고 그에 따른 자부심 따위일 수도 있고 그저 괜한 고집일 수도 있습니다. 그것이 무엇이든 예수 그리스도 앞에서 자신의 교만한 마음을 꺾어 버려야 합니다. 그리고 사망을 삯으로 주는 죄로부터 나를 구원하시기 위해서 십자가에 죽으신 예수 그리스도를 겸손히 믿어야 합니다. 마음에 영접해야 합니다. 그분을 주로 섬겨야 합니다. 그분께 자비를 구하고 인격적으로 굴복해야 합니다. 십자가를 바라보며, 지금껏 자신이 가지고 있던 생각과 높은 마음이 너무나 허무맹랑한 것이었다는 사실을 솔직히 고백해야 합니다. 예수 그리스도를 믿어 그 안에 있는 것 외에, 사망을 삯으로 얻게 되는 결론을 피할 다른 길은 없습니다.

지금까지 예수를 믿어 온 사람이든, 안 믿던 사람이든 이 내용을 반드시 기억해야 합니다. 지금 당장 이 진리가 믿어지지 않는다 해도 하나님의 말씀을 무시하지 말고 끝까지 붙들고 씨름하십시오. 병석에서든 죽는 순간이든 이 말씀을 기억하고 그것을 붙드십시오. 만일 호흡이 멈출 때까지 계속해서 말씀을 무시하며 그리스도를 거부하고 죽는다면, 하나님의 심판대 앞에 설 때에 이 말씀이 정죄하는 근거가 될 것입니다. 법정에서 사용되는 증거 자료처럼 이 말씀이 여러분을 정죄할 것입니다. 그러니 이 진리의 말씀을 외면하지 말고, 포기하지 말고 믿고 붙드십시오.

정녕 우리에게는 사망과 영생이라는 두 가지 끝이 있습니다. 외면하지 마십시오. 이 중요한 문제를 뒷전으로 미루어 두지 마십시오. 우리 자신의 인간적이고 알량한 자존심과 얕은 생각들을 주 앞에 굴복시키고 십자가의 은혜와 영광스러움을 보십시오. 보이지 않으면 보기를 구해야 합니다. 그 은혜의 영광을 보기까지 갈망하며 구하십시오!

그리고 하나님의 말씀인 성경을 읽으십시오. 그러면서 구원의 길이요, 진리요, 생명이신 예수 그리스도를 발견하고 믿기를 구하십시오. 구하고 찾는 자는 주를 만나 값없이 주시는 영생을 분명히 얻게 될 것입니다. 영원이 달린 일에 후회가 없으시길 바랍니다.

함께 생각해 볼 질문

1. 성경이 가르치는 우리 인생의 마지막에 맞이할 두 가지 가능성은 무엇과 무엇입니까? 이것을 현실적이고 긴급한 문제로 여기십니까?

2. 성경이 말하는 세 종류의 사망은 무엇입니까?

3. 죄의 본질은 무엇이며, 우리가 죄를 두려워해야 하는 이유는 무엇입니까?

4. 영생은 사망과 다르게 우리에게 임합니다. 그 차이는 무엇입니까?

5. 성경이 말하는 영생의 의미는 무엇입니까? 그것은 언제 어떻게 시작됩니까?

6. 당신의 인생이 오늘 끝을 맞이한다면, 당신이 이르게 될 결론은 어느 쪽이 되리라 생각합니까? 그렇게 생각하는 이유는 무엇입니까?

02

가장 긴급한 필요, 거듭남

그런데 바리새인 중에 니고데모라 하는 사람이 있으니 유대인의 지도자라 그가 밤에 예수께 와서 이르되 랍비여 우리가 당신은 하나님께로부터 오신 선생인 줄 아나이다 하나님이 함께 하시지 아니하시면 당신이 행하시는 이 표적을 아무도 할 수 없음이니이다 예수께서 대답하여 이르시되 진실로 진실로 네게 이르노니 사람이 거듭나지 아니하면 하나님의 나라를 볼 수 없느니라 니고데모가 이르되 사람이 늙으면 어떻게 날 수 있사옵나이까 두 번째 모태에 들어갔다가 날 수 있사옵나이까 예수께서 대답하시되 진실로 진실로 네게 이르노니 사람이 물과 성령으로 나지 아니하면 하나님의 나라에 들어갈 수 없느니라(요 3:1–5).

진단의 우선적인 필요성

참된 그리스도인은 이 땅에서부터 영생을 얻은 자로 살아갑니다. 그러나 누구든 저절로 그렇게 되지는 않습니다. 그리스도 안에서 영생의 길을 가고자 하는 자에게는 우선 영적인 회복 또는 살아남이 필요합니다. 그런데 그 영적인 회복은 보통 기독교의 근본 진리에 따라 자신의 영적인 상태를 진단하는 것으로부터 시작됩니다. 마치 얽힌 실타래를 풀기 위해서 실의 첫머리를 찾아 풀어 가야 하듯이 말입니다.

유능한 의사들은 환자를 대할 때 증상 자체를 해결하는 것보다 그 증상의 원인이 되는 질병을 찾는 데 주안점을 둡니다. 우리 영혼의 문제도 이와 같습니다. 우리는 영혼의 문제를 다루기 위해 먼저 자신의 영적인 상태를 근본적으로 점검해 볼 필요가 있습니다.

이런 맥락에서 의사였다가 목사가 된 로이드 존스(David Martyn Lloyd-Jones, 1899~1981)의 말은 주목할 만합니다. 그는 목사가 되기 이전, 영국에서 가장 촉망 받는 의사였습니다. 그는 25세 때 이미 영국 국왕의 주치의였던 호더 경 아래에서 주목받던 인물이었습니다. 그러나 그는 27세에 하나님의 부르심을 받아 목사가 되었습니다. 이런 이력 때문에 로이드 존스는 목회 사역을 하면서도 종종 자신이 가지고 있는 의학 지식을 사용하여 하나님의 말씀을 전하곤 하였습니다. 그는 기독교의 근본진리의 중요성을 강조하며 다음과 같이 말한 바 있습니다.

환자들은 보통 증상에만 관심을 갖습니다. 그것은 당연한 일입니다. 환자는 병에 대한 지식이 거의 없고 두통처럼 자신에게 느껴지는 통증에만 관심을 갖습니다. 그리고 그들이 원하는 것은 그저 그 통증에서 벗어나는 것입니다. 그 외의 일에는 관심이 없습니다. 그러나 그것은 환자가 의학적 사실에 무지하기 때문입니다. 증상은 병이 아니라 병으로 인해서 나타나는 현상입니다. 정말 중요한 것은 증상이 아니라 병입니다. 증상은 병에 걸렸음을 깨닫게 하는 신호와 같은 것입니다. 의사는 그러한 증상을 살펴보고 필요한 절차를 따라 진찰하여 환자가 앓고 있는 병명을 알아내야 합니다. 의사가 다루어야 할 것은 바로 진찰을 통해 발견한 그 병입니다.

의사는 증상을 다루는 것에만 그쳐서는 안 됩니다. 만약 그렇게 한다면 환자에게 심각한 잘못을 범하는 것입니다. 경우에 따라서는 그로 인해 환자의 생명이 위태로워질 수도 있습니다. 증상만을 다루고자 한다면 의사는 환자에게 몰핀을 주사할 수도 있습니다. 그러면 고통은 사라지고 완전히 나아진 듯 보일 것입니다. 그러나 그것만으로 치료가 잘 되었다고 볼 수는 없습니다. 그 병이 암이라면 암세포는 여전히 자라나고 있을 것입니다. 조만간 환자는 "고통이 더 심해졌다"고 호소해 올 것입니다. 그에게 또다시 진통 효과가 있는 약물을 주입했다고 생각해 봅시다. 환자는 그가 친절한 의사라고 생각할 것입니다. 그러나 사실 그의 암은 전혀 치료되지 않았고 그의 몸은 죽어 가고 있을 뿐입니다.

의사의 임무는 이렇게 주사로 증상을 없애는 데 있지 않습니다. 그가 해야 할 일은 우선 그 증상의 원인이 무엇에 있는지 밝히는 것입니다. 그리고 진찰을 통해 밝혀낸 바에 따라 병을 다루어야 합니다. 증상의 제거는 병을 치료하며 따라오는 부수적인 효과입니다. 병을 치료하면 증상도 없어진다는 말입니다.

이어서 그는 육체의 의사가 아니라 영혼의 의사인 목사로서 자신이 이런 원리를 어떻게 적용하는지를 말합니다.

영적인 의사로서 해야 할 첫 번째 일은, 지금 내가 상담하고 있는 사람이 그리스도인인지 여부를 파악하는 것입니다. 그가 만일 그리스도인이라면 나는 곧바로 그에서 도움을 줄 수 있는 방도를 생각합니다. 그러나 그가 그리스도인이 아니라면 나는 그가 그리스도인이 될 때까지는 결코 도움을 주지 못할 것입니다.

로이드 존스 목사의 말처럼 우리는 다른 무엇보다 먼저 기독교의 근본 진리 위에서 '나는 과연 그리스도인인가?' 하는 자신의 영적인 상태를 진단해 보아야 합니다. 바른 진단 없이는 제대로 된 처방이 불가능하기 때문입니다.

이번 장에서는 우리의 영적인 문제를 다루기 위한 첫걸음으로써, 영적 상태의 진단을 위해 하나님 나라와 거듭남에 대한 본문 말씀을 살펴보고자 합니다.

갑작스러운 말씀

요한복음 3장 본문은 하나님 나라에 들어가는 유일한 길이 무엇인지를 제시해 줍니다. 예수님께서는 성경의 다른 곳에서도 하나님 나라와 관련된 말씀을 많이 하셨습니다. 하나님 나라란 무엇인지, 장차 그 나라는 어떤 모습으로 임하게 될 것인지에 대해 많이 말씀하셨습니다. 그러나 예수님께서 우리가 그 나라에 들어갈 수 있는 방법에 대해서 말씀하신 것은 이 본문이 유일합니다. 물론 다른 본문에서도 천국에 들어가려면 어린아이와 같아야 한다는 등의 말씀을 하시기도 했지만, 하나님 나라에 들어가는 구체적이고 정확한 방법이 제시된 말씀은 니고데모와의 대화를 담고 있는 이 본문뿐이라고 할 수 있습니다.

본문에 나타난 예수님과 니고데모와의 대화는 조금 특이하게 전개됩니다. 먼저 바리새인이요 유대인의 지도자였던 니고데모라는 사람이 밤에 예수님을 찾아와 이렇게 말합니다. "랍비여 우리가 당신은 하나님께로부터 오신 선생인 줄 아나이다 하나님이 함께하시지 아니하시면 당신이 행하시는 이 표적을 아무도 할 수 없음이니이다"(요 3:2).

니고데모는 주님께서 행하신 표적을 보고 그분이 하나님께로부터 오셨다는 것을 확신했습니다. 그가 주님을 찾아온 것은 아마도 하나님께로부터 오신 그분께 묻고 싶은 것이나 드리고 싶은 말씀이 있었기 때문일 것입니다. 니고데모는 이렇게 나름의 의도를 가지고 예수님을 찾아와 이제 자신의 용건을 막 이야기하려던 참이었습니다.

그런데 주님께서는 니고데모가 자신이 찾아온 이유를 말하기도 전에 갑자기 그의 말을 가로막고 이렇게 말씀하십니다. "진실로 진실로 네게 이르노니 사람이 거듭나지 아니하면 하나님의 나라를 볼 수 없느니라"(요 3:3). 니고데모는 아직 자신이 어떤 의도로 찾아왔는지를 말하거나, 무엇을 묻지도 않았습니다. 단지 예수님에게서 받은 좋은 인상과 그에 대한 자신의 이해를 말씀드렸을 뿐입니다. 그런데 주님께서는 갑자기 그의 말을 가로막고 하나님 나라에 들어가는 방법에 대한 심오한 영적 진리를 언급하신 것입니다.

니고데모의 영적인 상태

주님께서 이렇게 니고데모가 찾아와 먼저 무엇인가를 묻거나 말하기도 전에 불쑥 하나님 나라에 들어가는 것에 관한 말씀을 하신 이유는 무엇일까요?

먼저 예수님께서는 자신에 대한 니고데모의 그릇된 판단을 수정해 주시고자 했던 것으로 보입니다. 물론 예수님을 그저 목수의 아들로만 보았던 다른 종교지도자들과 달리 니고데모는 그분을 높이고 있었습니다. 그는 예수님을 하나님께로부터 온 탁월한 선생이요, 선지자로 여겼습니다. 그러나 예수님에 대한 니고데모의 생각이 정확하지 않았습니다. 예수님께서는 바로 그런 그의 생각을 먼저 바로잡아 주시고자 하셨습니다. 그래서 니고데모의 말을 가로채 갑작스럽게 주제를 전환하신 것입니다. 예수님이 누구이신지를 바르게 이해하지 않은 채로 제대로 된 대화를 이어나갈 수 없었기 때문입니다.

예수님은 니고데모의 마음을 간파하고 계셨습니다. 이 본문 바로 앞에 위치한 요한복음 2장 끝부분에도 비슷한 말씀이 나옵니다. 유월절에 예수님께서 예루살렘에 계실 때에 많은 사람들이 그분이 행하시는 표적을 보고 그의 이름을 믿었습니다. 그러나 예수님께서는 자신을 따르는 그들에게 자신을 의탁하지 않으셨습니다. 왜냐하면 그분은 친히 모든 사람을 아셨기 때문입니다. 주님은 그 사람들 속에 있는 의중을 다 간파하고 계셨습니다.

같은 맥락에서 예수님께서는 니고데모가 무엇을 말하려고 하는지, 그가 지금 어떤 상태에 있으며 어떤 이해를 가지고 자신에게 나아왔는지도 다 아셨습니다. 니고데모는 바리새인이요, 유대인의 지도자로서 나름대로 탁월하고 훌륭한 이스라엘의 선생이었습니다. 그는 다른 사람들에게 하나님의 율법을 가르칠 수 있는 특권을 가진 사람이었습니다. 그런 그가 예수님을 선지자, 곧 하나님께로부터 오신 선생이라고 말하는 의도는 다른 것이 아니었습니다. 자신도 선생인 자로서 또 다른 탁월한 선생에게 학생처럼 배움으로써 무언가 새로운 것을 더 얻고자 했던 것입니다. 그에게 예수님이 하나님의 아들이라는 참된 지식은 전혀 없었습니다. 주님께서는 그런 니고데모의 중심을 아셨습니다. 그리고 그가 무엇을 말하고자 하는지를 아셨습니다.

예수님은 니고데모의 중심을 아셨기 때문에 그가 주님의 말씀을 들을 수 있는 상태에 있지 않다는 것도 아셨습니다. 그에게는 주님의 말씀을 듣고 그것을 바르게 이해하기 위해 반드시 있어야 할 것이 결여되어 있었습니다. 주님께서는 그런 사실을 간파하시고 그것을 지적하시기 위해 거듭남의 문제를 단도직입적으로 말씀하신 것입니다. "사람이 거듭나지 아니하면….'

분명 이런 상황이 니고데모에게 유쾌하지는 않았을 것입니다. 이스라엘의 위대한 선생이었던 자신에 대한 결례라고 느꼈을지도 모릅니다. 하지만 주님께서는 그가 아무리 위대한 선생이라도 이런 말씀이 그에게 꼭 필요하다는 사실을 아셨습니다. 주님께서 그의 질문에 일일이 답해 주시고 아무리 많은 교훈을 말해 주신다고 해도, 니고데모 자신이 그 말씀들을 이해할 수 없는 상태에 있다는 사실을 아셨습니다. 그래서 그의 말을 듣고 계시기보다 그의 말을 가로채 우선적으로 그에게 있어야 할 것, 곧 거듭남의 문제를 말씀하셨습니다.

생명을 위해 지적받아야 할 자신의 상태

여기서 우리는 한 가지 중요한 교훈을 얻을 수 있습니다. 오늘날 많은 그리스도인들이 과학의 시대를 사는 현대인들에게 복음을 전하려면 고리타분한 성경의 용어들을 빼버리고 그들과 어울려 앉아 먹고 마시며 함께 많은 시간을 보내야 한다고 말합니다. 그렇게 그들의 수준과 생각에 우리를 맞추어 주어야 전도가 되리라는 것입니다. 그러나 그것은 예수님께서 보이신 모습과는 다릅니다. 주님께서는 친히 상대의 수준에 맞추어 많은 이야기를 나누어야 복음이 전해지는 것이 아니라는 것을 보여 주셨습니다.

상대가 거듭남을 알지 못하면, 그 사람의 수준에서 아무리 많은 이야기를 나눈들 소용이 없습니다. 오히려 현대인들은 니고데모처럼 자신들의 생각에 방해를 받을 필요가 있습니다. 아무리 명석하고 전문지식을 가지고 있다 하더라도, 그들은 이 생명의 문제에 대해서는 철저히 무지합니다. 그들에게 필요한 것은 "잘 하고 있다, 잘 알고 있다"는 칭찬과 아첨이 아닙니다. 오히려 스스로 옳게 여기는 그들의 생각이 하나님의 진리로 무너져야 합니다. 우리는 예수님처럼 거듭남이 없이는 하나님 나라를 볼 수도 없고 들어갈 수도 없다는 것을 깨우쳐 주어야 합니다.

본문에서 주님께서는 니고데모의 말을 막고 거듭나야 한다고 말씀하셨습니다. "진실로 진실로 네게 이르노니 사람이 거듭나지 아니하면 하나님 나라를 볼 수 없느니라"(요 3:3), "진실로 진실로 네게 이르노니 사람이 물과 성령으로 나지 아니하면 하나님 나라에 들어갈 수 없느니라"(요 3:5). 결국 주님께서는 "나는 네가 무슨 말을 하고자 하는지 안다. 너의 의중을 안다. 그러나 우선 너는 다시 태어나야 한다. 그것이 먼저다. 다시 태어나지 않는 한 네가 알고자 하는 모든 것들은 네게 아무 쓸모가 없다. 네 자신의 상태가 잘못되었기 때문이다"라고 말씀하신 것입니다.

모든 약속과 진리를 소유하기 위한 기초, 거듭남

여기서 주님께서 니고데모에게 하신 말씀은 매우 중요한 진리입니다. 주님께서는 아주 중요한 말씀을 하실 때 종종 "진실로 진실로 이르노니"라는 말을 덧붙이셨습니다. 니고데모와의 대화 중에도 이 말을 반복해서 사용하십니다. 예수님은 여기서 기독교의 핵심이 되는 말씀을 하고 계신 것입니다. 그것은 바로 '거듭나야 한다'는 말씀입니다.

'거듭나다'라는 말은 '위로부터 태어나다', '새롭게 태어나다', '다시 나다' 등으로 다양하게 해석될 수 있습니다. 그러나 어떤 해석이든 공통적으로 '처음부터 다시 출발해야 한다'는 의미를 갖습니다. 즉, 주님께서는 니고데모에게 "너는 새로 태어나야 한다. 이것이 없이는 네가 알고자 하는 모든 내용이 쓸모가 없다"라고 말씀하신 것입니다.

어느 정도 기독교의 배경을 가지고 있다면, 예수님께서 니고데모에게 하셨던 이 거듭남에 대한 말씀을 많이 들어보셨을 것입니다. 그러나 정말 이 문제를 진지하게 생각해 보신 적이 있으십니까? 살면서 이것이 자신에게 있는지, 없다면 그것이 얼마나 비극적인 일인지를 생각하며 이 말씀을 가지고 진지하게 씨름해 본 적이 있습니까?

만일 거듭나지 않았다면, 얼마나 오랜 시간 열심을 가지고 많은 일을 하였든 여러분은 기독교와는 아무 상관이 없는 사람입니다. 예수 그리스도와도, 그분 안에서 얻는 영생과도 아무 상관이 없는 사람입니다. 거듭나지 않으면 하나님 나라에 들어갈 수 없습니다. 거듭나지 않으면 영생을 비롯한 기독교의 모든 약속은 아무 의미가 없습니다.

거듭남이 시작입니다. 소위 '모태 신앙'의 배경을 가진 사람들도 이에 대해 진지하게 생각해 보아야 합니다. '모태 신앙인'이라 하는 사람들 중에도 중생과 상관이 없는 사람들이 많이 있기 때문입니다.

중생의 문제는 성경의 핵심 되는 진리입니다. 이것이 근본이며 시작입니다. 이것이 없으면, 기독교의 모든 은혜의 내용은 아무 의미도 쓸모도 없게 됩니다. 기독교의 모든 진리가 무색해집니다. 아무리 하나님을 위해 일한다고 한들 하나님 나라에 들어갈 수도 없고, 그분의 영광과도 무관한 자가 됩니다. 그러므로 우리 모두는 자신이 거듭났는가를 진단해 보아야 합니다. 우리의 신앙에서 이보다 우선되는 말씀은 없습니다.

거듭남이 아닌 것

거듭남은 우리가 살아왔던 삶에 무엇인가 새로운 것을 더하는 것이 아닙니다. 기존의 삶에 교회에서 배운 새로운 사고방식과 생활양식을 덧붙이는 것이 아닙니다. 자신의 삶의 어떤 부분을 개선하고, 좀 더 착하게 살고자 마음먹는 것도 아닙니다. 거듭남은 말 그대로 다시 태어나는 것입니다. 새로운 생명으로 태어나는 것입니다. 예수님께서는 니고데모에게 완전히 새 생명을 가지고 출발하지 않으면 하나님 나라에 들어갈 수 없고, 하나님과 무관한 자일뿐이라고 말씀하신 것입니다.

니고데모는 유대인의 선생으로서 자신이 가지고 있던 어떤 생각과 삶의 방식에 새로운 무언가를 더해 줄 교훈을 얻기 위해 예수님을 찾아온 것이 분명합니다. 그러나 주님은 니고데모에게 우선적으로 있어야 할 것을 지적해 주셨습니다. 니고데모의 말을 가로채 "거듭나야 한다"고 말씀하셨습니다. 새로운 기초가 있어야 한다고 말씀하셨습니다. "너는 죽어 있다. 다시 살아나야 한다. 그렇지 않으면 너는 나의 교훈을 이해할 수도 없고, 쓸모도 없을 것이다"라고 말씀하신 것입니다.

기독교 신앙은 주님께서 니고데모에게 하신 이 말씀과 같은 원리에 따라서만 시작됩니다. 즉, 이전의 것들을 가지고는 하나님 나라에 들어가지 못합니다. 우리가 예수님을 믿기 이전에 가지고 있던 것들에 무엇을 더하는 정도로는 하나님 나라에 들어갈 수가 없다는 것입니다. 거듭남은 단순히 교회에 나와 생활방식을 바꾸는 정도가 아니라 다시 태어나 예수를 만나서 구원을 받는 것을 말합니다. 이전에 가지고 있는 것들은 그것이 높은 신분이든, 존경받는 지위이든, 나름대로 도덕적이고 바른 생활이든, 종교적 열심이든, 많은 재물이든, 지식이든, 탁월해 보이는 지혜이든, 명성이든, 우리를 진정한 그리스도인이 되도록 하는 데 아무런 도움도 주지 못합니다. 그런 것들은 하나님 나라에 들어가는 데 기여하지 못합니다. 하나님 나라를 보게 할 수도 없습니다. 이것을 아셔야 합니다. 이전까지 가지고 있던 것에 좋은 말씀, 새로운 성경지식을 배우고 더하는 것 정도로는 하나님 나라를 들어갈 수 없습니다.

진정한 거듭남이란

교회는 단순히 성경을 가르치고 배우는 곳이 아니라, 그 말씀을 통해서 새 생명을 얻는 곳입니다. 새 생명을 얻지 못하면, 곧 거듭나지 못하면 교회 안에서 오랜 시간 동안 많은 활동을 하더라도 그리스도인이 될 수 없습니다.

그런 면에서 그리스도께로 나아오는 자들은 먼저 자신에게 있던 이전 것들을 무시해야 합니다. 이전의 것을 버리고 새롭게 태어나는 중생을 통해서만 천국에 들어갈 수 있기 때문입니다. 우리가 원래 있던 곳에서는 그리스도인이 될 수 없습니다. 다시 태어나야 합니다. 이것을 건축으로 말하면 새로운 집이나 빌딩을 짓는 것과 같습니다. 새 집이나 새 빌딩은 이전 것들을 다 무너뜨린 후 다시 기초를 닦고 그 위에 지어야 합니다. 중생도 그와 같습니다. 반드시 이전 것들이 없어져야 합니다. 이전의 모든 것이 없어지고 거기에 새롭게 짓는 것을 중생, 거듭남이라고 합니다.

이런 과정이 자신에게 있었는지 진지하게 살펴보십시오. 페인트를 칠하는 것 정도로는 안 됩니다. 유리창 몇 개를 갈고 지붕을 수리하는 것으로도 안 됩니다. 건축물 전체를 철거하고 거기에 새로운 건물을 지어야 합니다. '거듭난다'는 것은 그렇게 완전히 새롭게 시작하는 것을 말합니다. 예수님은 그렇게 하지 않으면 "천국에 들어갈 수가 없다"고 말씀하셨습니다. 다시 태어나서 새로운 생명을 가진 새로운 사람이 되지 않으면, 이전의 본성 그대로는 하나님 나라에 들어갈 수가 없습니다. 본성을 대충 개조하거나 수선하는 것이 아니라 새로운 본성을 갖는 거듭남이 있어야만 합니다.

그렇게 해서 거듭난 자는 새로운 삶의 원리와 새로운 성향을 가지고 살게 됩니다. 이전에는 다른 것을 따르던 자였지만 이제는 하나님만을 향해서 살게 됩니다. 하나님이 중심이 되어서 사는 삶의 원리를 갖게 됩니다. 이것이 거듭남입니다. 전혀 새로워지는 것입니다. 그래서 바울은 "누구든지 그리스도 안에 있으면 새로운 피조물이라 이전 것은 지나갔으니 보라 새것이 되었도다"(고후 5:17)라고 말했습니다. 그렇습니다. 이전 것은 버리고 그 위에 새로운 피조물로서 새로운 삶의 원리, 인생의 새로운 목적과 방향을 갖게 되는 것이 거듭남입니다.

탁월한 사람도 거듭나야 한다

우리는 본문에서 주님께서 거듭나야 한다고 말씀하신 대상인 니고데모가 어떤 사람인지 눈여겨볼 필요가 있습니다. 그는 이스라엘의 선생이요 산헤드린의 공회원이었습니다. 산헤드린 공의회는 이스라엘에서 종교적 정치적으로 최고의 영향력을 가진 의결 기관이었습니다. 니고데모는 동시에 바리새인이었습니다. 이런 그의 배경은 그가 상대적으로 무지하거나 부도덕했기 때문에 거듭나야 한다는 말씀을 들은 것이 아님을 짐작하게 합니다. 그는 오히려 여러 모로 완벽해 보이고 존경할 만한 사람이었습니다.

주님은 그런 니고데모에게 "네가 거듭나지 아니하면 하나님 나라에 들어갈 수가 없다"고 말씀하셨습니다. 존경 받는 종교인으로서 엄격한 삶을 살았던 바리새인이었던 니고데모 같은 사람조차 거듭나지 않으면 하나님 나라에 들어 갈 수 없다고 말씀하신 것입니다. 더구나 그는 좋은 마음을 가지고 예수님께 찾아왔습니다. 그러나 주님은 그런 것에 개의치 않고 다시 태어나지 않으면 천국과 상관이 없다고 말씀하셨습니다.

니고데모는 자기 능력과 자기 상태에 대한 확신이 있었습니다. 다만 그는 거기에 추가적인 무언가가 필요하다고 생각해 주님께 나아왔습니다. 그러나 주님의 생각은 달랐습니다. 탕자나 창녀와 같은 공공연한 죄인들과 똑같이 니고데모도 거듭나지 않으면 하나님 나라에 들어갈 수가 없다고 말씀하셨습니다.

우리도 거듭나야 한다

우리도 모두 거듭나지 않으면 하나님 나라에 들어갈 수 없습니다. 이것은 저의 말이 아니라 주님의 말씀입니다. 독자들 중에 니고데모만큼 구약성경에 밝은 분이 있을지 모릅니다. 엄격한 바리새인 전통을 가지고 일주일에 금식을 몇 번씩 하고, 바르게 십일조를 드리고, 일어나서부터 기도를 하루에 몇 번씩 드리는 생활을 하고 있는 분이 있을지 모릅니다. 만일 여러분이 그런 사람이라고 할지라도 거듭나지 않으면 하나님 나라에 들어갈 수 없습니다. 성경에 기록된 어떤 약속이나 영광도 그와는 상관이 없습니다.

심지어 거듭나기 전에는 바른 신앙의 시작조차 있을 수 없습니다. 스스로 그렇다고 착각할 수 있지만 하나님이 보시기에 바른 신앙은 불가능합니다. 거듭나기 전에는 하나님의 말씀을 통한 은혜의 세계를 경험할 수 없습니다. 이에 대하여 스펄전 목사(Charles Haddon Spurgeon, 1834~1892)는 "중생하지 못한 자의 마음은 말(馬)이 천문학을 이해할 수 없는 것 이상으로 복음을 이해할 수 없다. 중생하기 전까지는 아무리 귀한 복음과 영생의 말씀, 은혜의 메시지가 있다할지라도 이해하지 못한다"라고 말했습니다. 우리가 그리스도인으로서 구원의 영광과 하나님의 모든 은혜의 풍성함을 경험하게 되는 것은 거듭나 하나님 나라를 보고, 하나님 나라에 들어가는 것에서부터 시작됩니다.

여러분은 어떻습니까? 지금까지 예수를 믿어 온 세월이 얼마나 되었는지는 중요하지 않습니다. 여러분은 정말 하나님의 은혜가 무엇이며, 주의 백성 됨의 기쁨이 무엇인지 아십니까? 특히 예수 그리스도의 구속의 은혜로 인한 감사와 삶의 참된 의미를 갖게 되었습니까? 또 자신 안에 어떤 새로운 삶의 원리가 있습니까?

이에 대해 "아니오"라고 대답할 수밖에 없는 분이 있다면 저는 분명하게 말씀드릴 수 있습니다. 당신은 거듭나야 합니다. 예수님을 믿노라 하면서도 하나님의 백성 됨의 영광스러움과 하나님의 자녀로서의 새로운 삶의 방식을 알지를 못한다면, 그리고 그러한 앎이 삶의 열매로 드러나지 않는다면 당신은 거듭나야 합니다. 이 중대한 시작이 필요합니다.

여러분은 다른 무엇보다 이것을 점검해야 합니다. 오랜 신앙생활의 기간이나 모태신앙과 같은 이력으로 거듭남을 대신할 수는 없습니다. 그런 것들은 거듭나는 데 있어서 니고데모가 가진 화려한 배경만큼이나 아무 소용이 없습니다. 주님은 단도직입적으로 "거듭나는 문제부터 시작해야 한다. 이것이 없으면 하나님 나라를 볼 수 없다. 하나님 나라와 무관한 사람이다"라고 말씀하셨습니다. 백여 년 전 스펄전 목사도 요한복음 3장의 니고데모 본문을 가지고 거듭남의 문제에 관하여 이렇게 설교했습니다.

천국 문 앞에 섰을 때, 만일 여러분이 새로 태어났다는 증거와 표를 내어 놓을 수 있다면 천국에 들어갈 수 있습니다. 그러나 만일 내어 놓을 수 없다면 다른 무슨 수를 쓴다고 해도 들어갈 수 없습니다. 중생은 여러분 모두에게 절대적으로 요구됩니다. 저는 여러분에게 간절한 심정으로 거듭나야 된다고 말합니다. 저는 다가올 심판에 대해서 반복적으로 말씀을 드렸지만 이것이 여러분들을 감동시키지 못하였습니다. 저는 또한 그리스도의 삶과, 죽음과 그리고 부활에 대해서 설교를 해왔지만 이것도 여러분을 움직이지 못하고 있습니다. 그러나 머지않아 여러분은 죽음을 맞이하게 될 것입니다. 그때 여러분이 거듭나지 않았다면 어느 누구도 여러분들을 도울 수 없을 것입니다. 여러분이 거듭나지 않았다면 하나님 앞에서 바깥 어두운 곳으로 영원히 쫓김을 당할 것이고, 거기서 슬피 울며 이를 갈게 될 것입니다. 오, 여러분! 여러분은 거듭나야 합니다. 그렇지 않으면 여러분은 저주를 받을 것입니다. 거듭나지 않으면 안 됩니다. 거듭나지 않으면 여러분은 하나님의 영광을 찬양하는 흰옷을 입은 무리들 중에 함께 설 수가 없습니다. 사랑으로 여러분을 권면합니다. 여러분은 거듭나야 합니다.

어떻게 거듭날 수 있는가

그러면 우리는 어떻게 거듭날 수 있습니까? 우리 자신이 스스로를 거듭나게 할 수 없습니다. 하나님께서 우리를 거듭나게 하십니다. 만일 여러분이 거듭날 필요가 있다는 사실을 깨달았다면 그것은 시작점이 될 뿐입니다. 설교를 듣거나 말씀을 읽음으로써 누군가는 그때부터 거듭남의 필요성을 깨닫고 거듭나기 위한 씨름을 하게 됩니다.[1] 물론 그 과정에서 자신이 거듭나야 할 죄인임을 하나님 앞에 인정하게 되고, 스스로를 중생케 할 능력이 없는 전적으로 무능력한 자임을 하나님 앞에 시인하게 됩니다. 그래서 하나님 없이는 아무런 소망이 없는 자로서 "하나님이여 긍휼을 베푸시옵소서!"라고 부르짖게 될 것인데, 그것이 거듭남의 출발점입니다.

그러므로 천국에 들어가기를 원한다면, 곧 구원받고자 한다면, 하나님께 자신의 죄악 됨을 고하고 용서를 구해야 합니다. 또 하나님께서 나를 받아주시고 새로운 생명을 주시기를 구해야 합니다. 스스로 무엇을 해보겠다는 생각을 버려야 합니다. 우리는 스스로를 구원할 수 없습니다. 우리가 지금까지 의존해 온 것들을 버려야 합니다. "나는 전적으로 무력하고 무능합니다. 하나님께서 생명을 주소서. 나를 거듭나게 하소서. 그렇지 아니하시면 나는 소생될 수 없고, 하나님 나라에 들어

---

[1] 구원의 순서를 효과적인 부르심, 거듭남과 회심(회개, 믿음) 등으로 나누어 설명하는 구원론의 교리는 논리적인 순서를 나타내는 것일 뿐 시간적으로는 엄격하게 구분하기 어렵다. 그래서 일반적으로 이상의 내용은 하나님에 의한 생명의 역사로서 함께 언급되는 경우가 많다. 특히 이 책은 거듭남 교리를 논리적으로 설명하는 데 목적을 두고 있지 않고, 다만 거듭남의 실제적인 필요성을 전하여 각인시키는 데에 초점이 맞추어져 있기 때문에 교리적인 설명을 엄격하게 하지 않았다.

갈 수도 없습니다"라고 간절하게 하나님 앞에 간구해야 합니다.

여러분이 지금까지 얼마나 우수하다 인정받고 대접받는 인물이었는지, 어떤 탁월함이 있는지는 중요하지 않습니다. 어쩌면 직장과 가정과 학교에서 탁월하고 우수한 사람이었거나, 현재 그런 사람인지 모릅니다. 그러나 그런 사실이 여러분을 구원할 수 없습니다. 니고데모의 탁월함도 그가 거듭나야 한다는 사실에 아무런 영향을 주지 못했습니다. 거듭나야 합니다. 거듭나지 않으면 하나님 나라에 들어갈 수 없습니다. 이 시작이 명확해야 합니다. "하나님, 주님의 은혜가 아니면 나는 아무것도 할 수 없고 아무 소망도 없는 자입니다." 이렇게 부르짖으며 자신의 한계를 시인하고 겸손히 구원을 구해야 합니다.

조지 휫필드의 거듭남

이런 거듭남에 대한 갈망과 관련하여 조지 휫필드(George Whitefield, 1714~1770)의 회심 이야기를 나누고자 합니다. 그의 회심에 대한 이야기는 거듭남에 관한 가장 인상적인 이야기 중 하나입니다.

그는 18세기에 영국과 미국을 깨웠던 위대한 설교자였고, 수많은 사람들을 주님께로 이끌었던 하나님의 사람이었습니다. 그는 마이크가 없던 시절에 옥외에 모인 수많은 사람들에게 설교하며 그리스도를 강력하게 증거했습니다. 그의 이런 놀라운 사역의 시작점에는 바로 휫필드 자신의 거듭남이 있었습니다.

휫필드는 옥스퍼드 대학에서 공부할 때에 '홀리클럽'이라는 경건한 삶을 위한 학생들 모임에 존 웨슬리, 찰스 웨슬리 등과 함께 참여하고 있었습니다. 그는 거기서 엄격한 훈련을 받으며, 학업에 열중했습니다. 그러다 그는 『인간의 영혼 속에 있는 하나님의 생명』이라는 스쿠걸(Henry Scougal, 1650~1678)의 책을 읽고 거기서 중생에 관한 큰 충격과 도전을 받았습니다. 그때까지 휫필드는 엄격한 삶을 살기는 했지만 중생에 대해서는 별로 아는 바가 없었습니다. 홀리클럽에 속해서 열심히 금욕 생활과 경건의 훈련을 하고, 성경 공부도 했지만 중생에 대해서는 모르고 있었던 것입니다. 그 책을 읽고 그는 근심에 휩싸였습니다. 그는 그때의 심정을 이렇게 기록합니다.

하나님께서는 내가 거듭나야 하며 그렇지 않을 경우 저주를 받게 된다는 사실을 보여 주셨다. 나는 교회에 나가 기도를 하고 성찬에 참여할지라도 사실은 그리스도인이 아닐 수도 있다는 것을 알게 되었다. 이 책을 태워 버릴까? 던져 버릴까? 아니면 이 책이 말하는 것을 추구해 볼까? 그러다가 나는 그 책을 더 연구했고 책을 손에 쥔 채 하늘과 땅의 하나님께 말씀을 드렸다. "하나님, 제가 그리스도인이 아니라면 제가 마지막에 멸망당하지 않도록, 예수 그리스도를 위해 제게 기독교가 무엇인지를 보여주십시오." … 하나님께서는 곧 내 기도에 응답하셨다. 책을 몇 줄 더 읽어 나가다가 나는 참된 기독교 신앙이란 영원히 그리스도와 연합하는 것, 우리 안에 그리스도의 형상이 형성되는 것이라는 구절을 발견하였다. 그 구절을 읽자 거룩한 광선이 즉시 내 영혼 속으로 뚫고 들어왔으며 그 순간부터 나는 내가 새로운 피조물이 되어야 한다는 것을 알게 되었다.

이때부터 휫필드는 그의 영혼 안에 있어야 할 하나님의 생명을 찾고 구하기 시작했습니다. 영원히 잃어버린 자가 될지도 모른다는 두려움 가운데서 그는 이상하고도 무서운 감정에 휩싸여 기도하였습니다. 그는 그때를 또한 이렇게 회고합니다.

　편안한 마음이 곧 사라지고 끔찍할 정도의 두려움과 공포가 내 영혼을 압도했다. 어느 날 아침 나는 내적 어두움 속에서 내 가슴이 무엇인가에 짓눌리는 듯한 이상한 느낌을 받았다. 얼마나 많은 밤을 그 이상한 무게에 짓눌려 침상에서 신음하며, 또 사탄에게 나를 떠날 것을 명령하면서 지냈는지 오직 하나님만이 아신다. 몇 날 몇 주를 땅에 엎드린 채로 보냈다.[2]

　휫필드는 이런 고생에도 불구하고 하나님의 생명을 체험하지 못하자 더 극심한 자기 부인을 수행했습니다. 과일 등의 단맛 나는 음식을 끊고, 말수를 최대한 줄여 수업 시간에도 꼭 필요한 말 외에는 하지 않았습니다. 그는 무거운 마음의 짐을 지고 긴 시간을 보냈습니다. 두 시간씩 캠퍼스의 잔디밭에서 기도하며 중생을 위해 씨름했습니다. 홀리

---

2) 여기 인용한 휫필드의 경험은 '거듭남'의 전형으로 말한 것이 아니다. 휫필드나 존 번연, 존 웨슬리 등 오랫동안 거듭남과 회심의 경험을 구한 사례들이 체험의 전형으로 종종 언급되는데, 성경은 바울 같은 경험을 말하기도 하고 디모데처럼 언제 회심했는지 모르지만 믿는 부모 밑에서 자라면서 믿게 된 경우도 말하고 있어서 어떤 것을 거듭남 또는 회심의 전형적인 체험으로 말할 수는 없다. 단지 여기서 휫필드의 경험을 소개하는 것은 누구든지 거듭나야 한다는 '거듭남의 필요'를 강조하고, 그 필요를 알고 바라고 하나님께 구하는 것이 있어야 한다는 것을 말하기 위함이다.

클럽과도 결별하고 이 문제에 매진했습니다. 그런 가운데 그의 몸은 위험할 정도로 허약해져 계단을 기어 올라갈 정도가 되었습니다. 그럼에도 그는 틈틈이 헬라어 신약성경을 읽으며 "하나님이여! 중생을 알게 하옵소서! 새 생명이 내게 있는 것을 알게 하옵소서!" 하고 격렬히 부르짖으며 눈물로 기도했습니다. 특별히 사순절의 6주 이상의 기간을 하나님 앞에서 기도하였습니다.

의사는 그에게 더 이상 움직이지 말고 침상에 누워 있으라고 권했습니다. 그래서 그는 7주 동안을 침상에 누워 있었습니다. 그토록 몸이 약해진 상태였음에도 불구하고 그는 침상에서 자신이 과거와 현재에 지은 죄의 목록을 작성하고 아침저녁으로 매일같이 하나님 앞에 회개하였습니다. 그리고 "하나님이여, 새 생명을 알게 하옵소서!" 하고 구했습니다.

하나님의 역사는 바로 그때 일어났습니다. 자기 힘과 노력으로는 아무것도 할 수 없다고 느끼던 어느 날, 더 이상 수고할 힘조차 없을 바로 그때, 하나님께서는 은혜의 빛을 그에게 비추시기 시작하셨습니다. 그는 예수 그리스도를 통하여 자신을 하나님의 자비하심에 맡겼습니다. 하나님 은혜가 아니고서는 아무것도 할 수 없다는 깊은 자기 절망과 좌절 속에서 하나님의 자비에 자신을 내어 맡기고 하나님께 은혜를 구했습니다. 그러자 위에서 내려오는 한줄기 믿음의 빛이 그에게 결코 버림받지 않으리라는 확신을 주었습니다. 조지 휫필드는 대학 병원의 병상에 누워 있던 그때 영원한 생명, 인간의 영혼 속에 있는 하나님의 생명을 체험합니다. 그는 이 체험을 이렇게 고백합니다.

하나님께서는 그 무거운 짐을 치워 주사 나로 하여금 살아 있는 믿음으로 그분의 존귀하신 아들을 붙잡을 수 있게 하셨다. 나에게 양자의 영을 허락하셨다. 영혼이 구속을 받을 날까지 나를 인치시기를 기뻐하셨다. 오! 죄의 무게가 사라지고, 수심에 잠긴 내 영혼에 하나님의 사랑에 대한 의식이 자리 잡게 되었다. 항상 자리 잡게 되었다. 내 영혼은 얼마나 큰 기쁨으로 가득하였던지 그것은 말로 설명할 수 없는 기쁨이었다. 영광으로 가득 찬 기쁨이었다. 그날은 영원히 기억에 남을 날이었다. 분명히 내 기쁨은 마치 홍수처럼 강둑을 넘쳐 범람하였다.

횟필드는 이렇게 거듭나야 한다는 주님의 말씀에 도전을 받고 나서 줄곧 영적인 씨름에 매달렸습니다. 오랜 시간의 씨름 속에서 그는 거듭남이 자기 힘으로 되지 않고 오직 하나님께 달려 있는 것임을 깨닫고 더욱 하나님께 의지했습니다. 그리고 마침내 하나님께로부터 비추어지는 새 생명의 빛을 보았습니다. 마치 홍수로 둑이 범람하여 무너지듯 그의 영혼에서 기쁨이 솟아났습니다. 그는 이것을 감출 수 없었습니다.

그는 자신의 믿음과 감격을 감추지 못하고 하나님 말씀을 설교했습니다. 교회에서 그가 설교하는 것을 막자, 밖으로 뛰쳐나가 설교했습니다. 그가 설교하는 곳에 이만 명이나 모이기도 했습니다. 브리스톨의 광부들도 점심을 먹어야 할 시간에 점심을 포기하고 들로 모였습니다. 횟필드는 그들을 향해 외쳤습니다.

"거듭나야 합니다! 거듭나야 합니다!"

그는 이 진리를 계속 전했습니다. 한 전기 작가는 그때의 장면을 묘사하며 광부들의 새까만 얼굴에 두 개의 터널이 생겼다고 전합니다. 휫필드의 설교를 듣고 광부들이 감격해 눈물을 흘렸던 것입니다.

휫필드는 이처럼 거듭남 없이는 아무것도 안 된다는 것을 깨닫고 하나님께 구했습니다. 그리고 거듭남의 역사, 곧 하나님의 생명의 역사를 자신 안에서 확신하고 그 진리를 열렬히 전했습니다. '거듭나야 한다! 여기에 모든 생명이 있다! 하나님의 기쁨이 여기에 있다! 중생으로부터 모든 은혜의 둑이 터진다!'는 자신이 확신한 진리를 전했습니다.

여러분도 모두 거듭나야 합니다. 거듭남 없이는 하나님 나라에 들어갈 수가 없습니다. 천국의 기쁨을 맛볼 수 없습니다. 거듭남으로 하나님의 은혜가 무엇인지 맛보아야 합니다. 여러분도 휫필드처럼 겸손히 구하여 중생의 그 값진 은혜와 기쁨을 얻기 바랍니다. 거듭나야 합니다! 이것이 가장 우선입니다!

함께 생각해 볼 질문

1. 예수님께서는 니고데모가 어떤 질문을 하기도 전에 심오한 진리를 먼저 말씀하십니다. 그렇게 하신 이유는 무엇입니까?

2. 예수님께서 니고데모에게 하신 말씀은 복음 전도에 관한 어떤 시사점을 줍니까?

3. 기독교 신앙에서 거듭남이 강조되어야 하는 이유는 무엇입니까?

4. 거듭남이 아닌 것과 진정한 거듭남의 차이는 무엇입니까?

5. 니고데모의 외적인 조건들은 그를 구원할 수 없었습니다. 여러분에게도 니고데모와 같은 좋은 조건이 있습니까? 그것은 여러분의 영적인 생명에 어떤 영향을 미칩니까?

6. 여러분의 삶에는 거듭난 자로서의 새로운 삶의 방식과 태도가 있습니까?

7. 거듭나고자 하는 자에게 필요한 것은 무엇입니까?

03

거듭남을 막는 장애물

각 동네 사람들이 예수께로 나아와 큰 무리를 이루니 예수께서 비유로 말씀하시되 씨를 뿌리는 자가 그 씨를 뿌리러 나가서 뿌릴새 더러는 길가에 떨어지매 밟히며 공중의 새들이 먹어 버렸고 더러는 바위 위에 떨어지매 싹이 났다가 습기가 없으므로 말랐고 더러는 가시떨기 속에 떨어지매 가시가 함께 자라서 기운을 막았고 더러는 좋은 땅에 떨어지매 나서 백 배의 결실을 하였느니라 이 말씀을 하시고 외치시되 들을 귀 있는 자는 들을지어다 제자들이 이 비유의 뜻을 물으니 이르시되 하나님 나라의 비밀을 아는 것이 너희에게는 허락되었으나 다른 사람에게는 비유로 하나니 이는 그들로 보아도 보지 못하고 들어도 깨닫지 못하게 하려 함이니라 이 비유는 이러하니라 씨는 하나님의 말씀이요 길가에 있다는 것은 말씀을 들은 자니 이에 마귀가 와서 그들이 믿어 구원을 얻지 못하게 하려고 말씀을 그 마음에서 빼앗는 것이요(눅 8:4-12).

거듭남을 위한 간구

우리는 앞 장에서 하나님의 나라에 들어가려면 거듭나야 한다는 예수님의 말씀을 살펴보았습니다. 이것이 사망이 아닌 그리스도 안에 있는 영생을 얻기 위한 첫걸음입니다. 이번 장에서도 거듭남의 역사, 하나님께서 이루시는 그 놀라운 일을 분명히 보기를 소원하는 마음으로 계속 거듭남에 관한 말씀을 살펴보려고 합니다.

주님께서 니고데모에게 말씀해 주셨듯이 우리에게는 거듭남이 먼저 있어야 합니다. 거듭남은 이러한 말씀 앞에 도전을 받아 그것으로부터 시작하여 거듭나야 할 자신의 상태에 대한 깨우침과 깊은 고민, 그리고 절박한 간구와 함께 이루어집니다. 이전까지 어둠 가운데 있어 하나님의 은혜가 무엇인지 알지 못했던 영혼이 하나님의 은혜를 알고 구원을 받을 때 이런 경험을 하게 됩니다.

참된 믿음은 거듭나지 않으면 하나님 나라에 들어갈 수 없다는 절박한 마음으로 하나님 앞에 손을 내밀어 도움을 구하는 간구와 함께 시작됩니다. 구원을 얻고자 하는 자는 우선 자신은 거듭나야 할 사람이며 그렇지 않으면 하나님 나라에 들어갈 수 없다는 사실을 깨닫고, 하나님 앞에 거듭남의 역사를 위해 간구해야 합니다.

천국과 말씀

이번 장에서는 사람을 거듭나게 하는 이런 구원의 역사를 막는 장애물에 대해서 살펴보겠습니다. 이를 위해 먼저 누가복음 8장에서 예수님께서 하나님 나라에 대해 말씀하신 씨 뿌리는 비유를 살펴보고, 다시 요한복음 3장으로 되돌아갈 것입니다.

누가복음의 씨 뿌리는 비유에서 뿌려진 씨는 네 종류의 땅에 떨어집니다. 씨가 뿌려진 각각의 땅들은 말씀을 듣는 사람들이 가진 다양한 마음의 상태를 가리킵니다. 예수님은 그 중 하나만 하나님의 말씀을 듣고 깨달아 마침내 열매를 맺어 구원에 이르게 되는 마음 상태임을 분명히 가르쳐 주셨습니다. 나머지 세 종류의 마음에도 하나님 나라에 들어가게 할 천국의 씨가 뿌려지지만 그 말씀을 듣고 깨닫지 못하고, 온전히 받아 결실치 못하여 결국 구원에 이르지 못합니다.

여기서 우리는 하나님 나라를 소유하게 되는 것, 즉 구원에 이르는 것이 하나님의 말씀을 듣는 것으로부터 시작된다는 사실을 알 수 있습니다. 예수님은 "씨"가 "하나님의 말씀"을 의미한다고 직접 해석해 주셨고(눅 8:11) 마귀가 와서 구원을 얻지 못하게 하려고 말씀을 그 마음에서 빼앗는다는 사실도 말씀해 주셨습니다(눅 8:12). 구원을 얻는 데 있어서 말씀이 그만큼 중요하다는 것입니다. 말씀 없이는 구원을 얻지 못합니다. 구원에 이르는 것, 또는 요한복음 3장의 표현대로 거듭나는 것은 무엇보다 하나님의 말씀과 직접적인 관련이 있습니다.

천국과 마음

구원을 얻는 것, 즉 거듭나는 것은 하나님의 말씀을 듣는 것뿐 아니라 듣고 반응하는 사람의 마음과도 밀접한 관련이 있습니다. 씨가 뿌려진 각각의 땅들은 모두 '말씀을 듣는 사람의 마음'을 의미합니다. 이 비유는 사람이 천국을 소유하게 되는 것이 말씀을 어떤 마음으로 듣느냐 하는 문제와도 깊이 관련되어 있음을 가르쳐 줍니다.

모든 인생이 마찬가지입니다. 천국의 씨가 뿌려질 때, 즉 하나님의 말씀이 전해질 때 우리가 어떤 마음 상태로 그 말씀을 듣느냐에 따라 천국을 소유할 수도, 소유하지 못할 수도 있습니다. 씨 뿌리는 비유는 말씀을 들었음에도 불구하고 천국을 소유하지 못하는 경우들을 말해 줍니다.

여기서 사람이 구원을 받아 천국 백성이 되는 것을 막는 어떤 장애물이 있다는 것을 보게 됩니다. 그 장애물은 구원의 말씀이 우리 마음

안에서 역사하지 못하도록 가로막습니다. 우리의 거듭남을 가로막습니다.

말씀을 듣지만 구원을 얻지 못하는 이유

씨 뿌리는 비유는 마태, 마가, 누가의 세 복음서에서 공통적으로 기록하고 있을 만큼 중요한 말씀입니다. 이 비유는 1세기 당시 팔레스타인 지역의 원시적인 농사법에 따라 씨를 뿌리는 농부의 모습을 보여줍니다. 농부는 씨를 담은 주머니 같은 것을 목에 달고 다니며 씨를 뿌립니다. 그리고 씨가 뿌려진 곳에 흙을 덮습니다.

그런데 밭 사이사이에는 사람들이 많이 다니는 길도 나 있고, 밭의 곳곳에 캐내지 못한 돌들과 일구지 못한 가시덤불도 있습니다. 그래서 농부가 밭에 뿌린 씨는 다양한 곳에 떨어집니다. 길가에도 떨어지고, 돌 위에도 떨어지고, 한쪽에 있는 가시덤불 아래에도 떨어집니다.

그 중 이번 장에서는 길가에 떨어진 씨에 대해서만 생각해 보고자 합니다. 길가에 떨어진 씨는 땅이 너무 단단해 뿌리를 내리지 못하고 사람들에게 밟혀 결국 새의 먹이가 됩니다. 예수님은 여기서 씨는 하나님의 말씀, 길가는 그 말씀을 듣는 자의 마음의 상태, 새들이 먹는다는 것은 마귀가 와서 말씀을 그 마음에서 빼앗아 가는 것이라고 설명해 주십니다. 결과적으로 길가와 같은 마음을 가진 사람은 구원을 얻지 못하고, 천국 백성이 되지 못한다는 말씀입니다.

우리는 본문을 통해 구원의 말씀을 들었음에도 불구하고 천국 백성이 되지 못하는 경우가 있다는 것 정도를 아는 데서 그쳐서는 안 됩니다. 그 이유가 무엇인지를 보아야 합니다. 무엇이 구원의 장애물이 되는지를 보아야 합니다.

동일한 내용을 다루고 있는 마태복음 13장에서 예수님은 길가에 떨어진 씨에 대해서 "아무나 천국 말씀을 듣고 깨닫지 못할 때는 악한 자가 와서 그 마음에 뿌려진 것을 빼앗나니 이는 곧 길가에 뿌려진 자요"(마 13:19)라고 말씀하십니다. 씨가 뿌려졌음에도 열매를 결실하지 못한 것은 "듣고 깨닫지 못하였기" 때문이라는 말씀입니다. 다시 말해, 하나님의 말씀을 듣고 그 말씀을 자기의 것으로 삼지 못하였기 때문에 천국 백성이 되지 못했다는 것입니다.

새 생명의 원리

잠시 이 내용을 앞 장에서 살펴본 요한복음과 비교해서 생각해 봅시다. 요한복음 3장에서 예수님은 니고데모에게 "거듭나야 한다. 거듭나야 하나님 나라에 들어갈 수 있다"고 하셨습니다. 즉, 거듭나야 천국 백성이 된다는 말씀입니다. 그런데 공관복음의 씨 뿌리는 비유는 천국 백성이 되는 문제를 하나님의 말씀을 듣고 깨닫는 것과 연결시킵니다. 하나님의 말씀을 듣고 깨달아야 천국 백성이 된다는 것입니다.

예수님은 요한복음에서 천국 백성이 되기 위해서는 거듭나는 역사가 있어야 한다고 말씀하신 것처럼, 공관복음에서는 하나님의 말씀을 듣고 깨닫는 역사가 있어야 한다고 말씀하신 것입니다. 그러므로 거듭나는 것과 하나님의 말씀을 듣고 깨닫는 것은 거의 같은 맥락에서 생각해 볼 수 있는 일입니다. 하나님의 구원의 역사는 씨가 뿌려지듯 하나님의 말씀이 뿌려지는 것에서부터 시작됩니다. 전해진 하나님의 말씀을 듣는 것입니다. 마태, 누가와 동일한 비유를 전하는 마가는 "뿌리는 자는 말씀을 뿌리는 것이라"(막 4:14)고 기록합니다. 이렇게 뿌려진 하나님의 말씀을 듣지 못하면 어떤 천국의 역사도 일어나지 않습니다. 거기에는 거듭남의 역사도 있을 수 없습니다. 성령께서 눈을 뜨게 하셔서 전해진 그 하나님의 말씀을 듣고 깨닫게 되는 일이 없으면 누구도 천국에 들어가지 못합니다.

이것이 새 생명의 원리입니다. 그래서 주님께서는 니고데모에게도 말씀을 뿌리셨습니다. 거듭나야 한다고 하시며 천국으로 초청하는 말씀을 하셨습니다. 그에게 말씀을 전하신 것입니다. 이렇게 전해지는 말씀이 없이는 누구에게도 거듭나는 역사가 일어날 수 없습니다.

말씀의 역사를 가로막는 장애물을 찾으라

그러면 생명의 씨앗인 하나님의 말씀을 들었음에도 불구하고 천국 백성이 되지 못하는 사람은 무엇이 문제일까요? 예수님께서 지적하시는 문제는 뿌려진 말씀에 있지 않습니다. 문제는 말씀에 대한 반응에 있습니다. 그 반응에 따라 어떤 사람은 거듭나서 하나님 나라에 들어가고 어떤 사람들은 들어가지 못합니다. 우리 입장에서 보면 어떤 마음으로 하나님의 말씀을 듣느냐 하는 것이 하나님 나라에 들어가는 문제를 좌우합니다. 씨 뿌리는 비유의 네 종류의 마음 상태 중 오직 하나만이 천국의 열매를 결실하게 됩니다. 다른 마음 상태를 가진 자들은 거듭날 수 없고 천국 백성도 될 수 없습니다. 이것이 현실입니다.

예수님의 비유가 지적하는 이런 현실은 오늘날에도 유효합니다. 지금도 사람들의 귀와 마음에 하나님의 말씀이라는 씨가 계속 뿌려지고 있습니다. 그러나 여전히 말씀을 듣는 수많은 사람들 중 상당수가 결실하지 못하고 있습니다. 무엇이 문제입니까? 무엇이 그들의 구원을 가로막는 것입니까? 그들의 반응입니다. 그것이 거듭남의 장애물입니다.

여러분 중에도 누군가는 이런 장애물을 가지고 있을 수 있습니다. 많은 사람들이 하나님의 말씀, 구원의 복음을 듣고도 아직까지 거듭나지 못하고, 하나님의 나라를 보지 못하고, 하나님의 은혜가 무엇인지 알지 못하는 이유가 무엇입니까? 하나님의 은혜에 대한 감격과, 은혜에 합당하지 못한 죄악된 행실에 대한 아픔과 슬픔이 없는 이유가 무엇입니까? 거듭나지 않았기 때문입니다. 아니 거듭나게 하는 말씀의 역사를 가로막는 어떤 장애물이 있기 때문입니다.

두 가지 장애물 1. 길가와 같이 단단한 마음

저는 본문을 통해 그 장애물을 두 가지로 설명하고자 합니다. 사실은 한 가지이지만 더 세부적으로 나누어 두 가지로 말할 수 있습니다. 거듭나지 못하게 하는 첫 번째 장애물은 길가와 같은 마음 상태입니다. 그리고 다른 하나는 그런 마음 상태에 뒤따르는 사탄의 방해입니다.

거듭나지 못하게 하는 장애물로서 먼저 생각해 볼 것은 길가와 같은 사람의 단단한 마음입니다. 사람의 이런 마음 상태는 그가 거듭나지 못하게 방해합니다. 그런 마음으로는 하나님의 말씀을 들어도 그것을 깨달아 자기의 것으로 받아들일 수 없습니다. 그래서 거듭나지도, 천국에 들어가지도 못하는 것입니다.

주님께서 씨 뿌리는 비유를 말씀하실 때에도 그 말씀을 듣는 이들 중에는 길가와 같은 마음 상태를 가진 자가 있었을 것입니다. 길가와 같은 마음을 가진 자들도 분명히 주님의 말씀을 들은 자들입니다. 예수님도 그런 자들을 가리켜 "말씀을 들은 자니"(눅 8:11)라고 말씀하셨습니다. 그들은 말씀을 들었고, 또 마귀가 그 말씀을 빼앗아 가기까지 얼마동안 그 마음에 말씀이 머물러 있었습니다. 말씀의 씨가 심령에 떨어져 머물며 어느 정도의 소용돌이를 일으켰을지도 모릅니다. 적지 않은 감동이 있었을지도 모릅니다. 그의 생각과 생활에 일정한 영향을 끼쳤을지도 모릅니다. 그러나 땅이 너무 단단하여 그 씨가 뿌리를 내리지는 못했습니다. 잠시 머무르다 말았을 뿐입니다.

심령이 단단하여 길가와 같다는 것은 하나님의 말씀이 아닌 다른 것들로 이미 굳어진 마음을 말합니다. 우리의 마음은 우리가 빈번하게 생각하는 것들로 다져지고 굳어지기 쉽습니다. 하나님의 말씀이 아닌 다른 것들로 이미 굳게 다져진 마음 상태는 하나님의 말씀이 뿌려졌을 때, 그것이 생명과 진리의 말씀이라고 하더라도 기꺼이 들으려 하지 않고 받아들이려 하지 않습니다.

여러분의 마음에 가장 빈번하게 오고가는 것들은 무엇입니까? 지금까지의 인생에서 무엇이 가장 빈번하게 여러분의 마음의 길을 밟고 지나다니며 마음 밭을 단단하게 했습니까? 어려서부터 아주 많은 것들이 드나들었을 것입니다. 그것들은 대부분이 불신앙적이고 하나님과 상관이 없는 것들이어서 하나님의 말씀에 대하여 마음이 굳어지도록

합니다. 재물에 대한 욕심이나 개인적인 성취욕 등의 정욕과 기타 거짓되고 죄악된 것들이 이 세상을 살아가는 우리의 마음을 계속해서 다져놓습니다. 이 때문에 그 마음에 떨어진 씨가 뿌리를 내리지 못합니다.

자기를 중심으로 생각하고 판단해 온 그 오랜 시간은 이미 여러분의 마음이 좋은 씨가 뿌리내리지 못할 만큼 굳어지게 만들었을지도 모릅니다. 아집으로 굳게 다져진 자리에 천국 말씀은 뿌리를 내리지 못합니다. 하나님의 말씀은 온갖 죄악된 습관들로 다져진 마음에 뿌리내릴 수 없습니다.

여러분 중에도 이런 마음의 상태를 가진 자가 있을 수 있습니다. 그러나 기억하십시오. 그렇게 세상적인 것으로 다져진 상태로 말씀의 씨앗이 그 마음에 뿌리를 내리고 싹을 틔우길 기대하는 것은 오산입니다. 죄악된 습관들과 아집으로 이미 다져진 마음에서는 전해진 말씀이 결실할 수 없습니다. 혹 하나님의 말씀의 씨가 뿌려져도 여전히 그 마음을 빈번하게 오가는 탐욕과 아집과 온갖 세상적인 것이 씨를 밟고 지나가며 심령을 더욱 굳어지게 할 것입니다. 이로써 오히려 마음이 더 단단해지는 것입니다.

흥분은 있지만 말씀을 깊이 생각하고 깨닫지 못함

여러분이 거듭나기 위해서는 이런 저런 것들에 말씀의 씨앗이 짓밟히도록 하는 마음의 상태, 이전에까지 단단케 했던 그 마음의 상태에 변화가 있어야 합니다. 하나님 앞에 심히 단단한 자신의 마음 상태를 깨닫고 바꾸기를 구해야 합니다. 여러분 자신을 하나님 앞에 내놓아야 합니다. 그렇지 않으면 마음에 뿌려진 씨는 뿌리내리지 못합니다. 우리의 마음은 전해진 말씀에 진실하게 반응할 수 없습니다. 여전히 굳어진 마음으로는 거듭남이 무엇인지, 천국이 무엇인지 진정으로 깨닫지 못하고, 결국 천국과 무관하게 될 것입니다.

길가에 뿌려진 씨가 그 위에 한동안 머무는 것처럼 굳은 마음에도 잠깐 동안의 감동은 있을 수 있습니다. 그러나 깊은 깨우침은 있을 수 없습니다. 전해진 말씀의 진리를 정확히 이해하고 그 진리에 대해 온전하게 반응하는 것은 불가능합니다.

하나님 말씀의 참된 역사는 우리의 마음에 얼마간의 흥분을 가져오는 것으로 그치지 않습니다. 더욱 중요한 것은 하나님의 말씀을 듣고 깊이 깨우치는 것입니다. 깨우침 없는 믿음은 얼마 못갑니다. 그래서 사탄이 교회 안에서 자주 사용하는 전략이 바로 감정주의입니다. 어떤 식으로든 사람들을 흥분시키는 것입니다. 찬송을 열광적으로 부르게 하거나, 괴성으로 기도를 하게 함으로써 사람을 흥분시킵니다. 그리고 마치 그것이 하나님의 은혜인 양 착각하게 합니다.

그러나 하나님의 진리가 없고 그를 향한 거룩한 정서가 없는 흥분은 가짜입니다. 그것은 매우 위험합니다. 흥분은 그때뿐이며, 소금물을 마신 것과 같이 또 다시 갈증이 일어납니다. 흥분 상태가 아니면 은혜가 없는 것처럼 흥분된 분위기를 좇는 신앙의 풍토를 갖게 됩니다.

이와는 달리 진정한 하나님의 역사는 감정에 앞서 뿌려진 하나님의 말씀에 대한 깊은 깨우침을 갖습니다. 자신의 상태와 문제를 분명하게 인식하고 그것을 해결해야 할 절대적인 필요에 직면합니다. 이런 깨우침에 따라 하나님을 향한 거룩한 정서가 뒤따르는 것입니다. 감정이 앞서지 않습니다. 깊은 깨우침과 이해가 없이 생겨나는 감정이나 정서는 다 시험해 보아야 합니다. 그런 것은 얼마든지 사탄에 의해 조작될 수 있습니다. 예수님은 본문에서 마귀에 대해 말씀하시기를 "말씀을 들어도 감동 받지 못하게 한다"고 하지 않으시고 "말씀을 들어도 깨닫지 못하게 한다"고 하셨습니다.

길가와 같은 심령은 하나님의 말씀을 듣고 일시적으로 마음이 동요하더라도 거기서 멈춥니다. 이런 사람들은 뿌려진 하나님의 말씀을 듣고 멈추어 서서 '왜 그리스도께서 나를 위해서 죽으셨는가? 왜 내게 그분을 통한 구원이 필요한가? 구원받지 않은 상태는 무엇인가?'를 깊이 생각하고 깨우쳐 하나님 앞으로 나오지 않습니다. 그저 '아, 오늘 말씀은 좋았어!' 하는 일시적인 감정으로 그칩니다. 깊이 깨닫지 못하는 신앙은 뿌리내리지 못하는 씨와 같습니다. 하나님의 말씀이 전해져도 그때뿐입니다. 그 내용을 기억하지도 못하고 자신의 삶에 깊이 적용하지도 않습니다. 교회 밖을 나가자마자 다시 제 멋대로 살면서 전해진 말씀이 온갖 세상적인 것에 짓밟혀 상하도록 마음을 엽니다.

길가와 같은 마음은 뿌려진 씨가 그저 땅 표면에 놓여 있듯 하나님의 말씀을 들어도 깊이 이해하지 못하고 진리에 대하여 피상적인 상태에 머물러 있는 것을 말합니다. 어느 정도의 지식적인 앎이 있더라도 그에 대한 진실한 믿음의 고백이 없는 상태입니다. 들은 말씀대로 하나님은 참으로 그러하시다는 것을 고백하지 못합니다. "주께서는 내가 어떤 상황에 있어도 돌아보시고 건지시는 분이십니다!", "그분이 나의 구원주이십니다!", "하나님만이 온 세상의 유일한 주(the Lord)이십니다!" 하는 진지한 개인적 고백이 없습니다. 오늘날 교회 안의 많은 사람들이 이와 같습니다.

모든 진리가 자기 마음의 표면에, 아니 자기 마음 밖에 있습니다. 그러다 보니 그에게 뿌려진 하나님의 말씀은 다른 사람들에게 밟히지 않을 수 없습니다. 말씀을 듣고 교회 밖에 나가서 만나는 친구와의 세속적인 일들을 이야기하는 동안 금방 짓밟힙니다. 분명히 생명의 씨가 뿌려졌지만 자기 마음 밖에 둠으로써 다른 사람들에 의해서 짓밟히고 열매를 맺지 못합니다. 들은 말씀을 담대하게 나타내거나 적용하기는커녕 오히려 조롱거리로 만듭니다. 그가 거듭남의 역사를 전혀 경험하지 못했기 때문입니다. 그런 사람은 하나님 나라에 들어갈 수 없는 상태에 머물러 있는 것입니다.

잊지 마십시오! 지금 이 책을 통해 여러분에게 전해지는 말씀 또한 생명의 씨입니다. 이 책은 여러분에게 하나님의 말씀을 전하는 도구입니다. 뿐만 아니라 여러분이 교회에 나와서 듣는 모든 하나님의 말씀들도 천국의 말씀이요 천국의 비밀입니다. 여러분은 그 말씀을 듣고 선택해야 합니다. 하나님의 말씀에 대한 반응은 두 가지로 나뉩니다. 말씀대로 믿고 하나님의 은혜를 사모하며 구하거나, 아니면 은혜를 무시하고 지옥을 선택을 하는 것입니다. 여러분의 마음에 뿌려진 생명의 씨를 짓밟히도록 두는 길가와 같이 단단한 마음 상태가 계속된다면 장차 들어가게 될 곳은 하나님 나라가 아니라 불못입니다.

강철심장을 가진 자여, 들으라!

말씀을 전하는 자로서 제가 하나님 앞에서 갖게 되는 간절한 소원은, 하나님의 말씀을 듣는 이들이 주께로 돌아오는 것입니다. 말씀을 듣고 구원을 받는 것입니다. 오늘날 교회 안에는 아직도 하나님의 역사가 무엇인지, 구원의 참된 기쁨이 무엇인지, 거듭남의 가치가 무엇인지 모르는 사람들이 많습니다. 그래서 말씀을 전할 때마다 늘 이런 현실에 절박한 책임감을 갖게 됩니다.

만일 여러분 중에도 교회를 다니지만 여전히 단단한 길가와 같은 마음 상태를 고집한다면 소망이 없습니다. 그 상태로는 하나님 나라에 들어갈 수 없습니다. 천국 복음이 참되고 간절하게 전해져도 갖고 있는 마음 상태에 따라서 천국문은 허락되지 않을 수도 있습니다. 길가와 같은 마음 상태로는 거듭날 수 없기 때문입니다.

길가와 같이 단단한 마음으로 계속 하나님의 말씀을 듣는 것은 정말 무서운 일입니다. 말씀을 듣는 것이 전환점이 되어야 하는데 오히려 그 말씀으로 마음이 더 단단해질 것이기 때문입니다.

여러분은 옆 사람의 말도 들리지 않을 만큼 소음이 심하게 나는 작업장에 들어가 보셨습니까? 처음에는 큰 소리에 압도되어 다른 일을 하기 어렵습니다. 그러나 얼마 후 적응이 되면 그 시끄러운 곳에서 별 어려움 없이 낮잠까지 잘 수 있습니다. 길가와 같은 심령을 가지고 하나님께 돌이키지 않은 채 이 목사 저 목사, 이 교회 저 교회의 말씀을 계속 듣는 것은 심령을 더 단단하게 굳어지게 할 수 있습니다. 들려오는 그 어떤 천국의 메시지도 천국의 결실을 맺기는커녕 그 마음을 더 단단하게 할 뿐입니다.

모든 씨앗이 그 자체에 생명을 가지고 있는 것처럼 모든 하나님의 말씀은 생명을 가지고 있습니다. 그것이 은혜에 관한 말씀이든, 심판에 관한 말씀이든, 섬김에 관한 말씀이든, 교제에 관한 말씀이든 모든 말씀은 그 자체로 생명의 기운을 가지고 있습니다. 그래서 교회에 나와 처음 말씀을 듣고도 변화를 경험하는 사람이 있는 것입니다. 어떤 사람은 한마디의 말씀으로도 생명의 기운을 맛보기도 합니다. 모든 말씀에는 생명의 기운이 있기 때문입니다.

문제는 씨앗의 생명이 싹틀 수 있는 토양입니다. 길가와 같이 단단한 마음에는 생명의 씨가 뿌리를 내릴 수 없습니다. 하나님의 말씀을 건성으로 듣는 사람의 영혼에는 그 어떤 말씀도 뿌리를 내릴 수 없습니다. 말씀이 그의 심령 속을 뚫고 들어가지 못하고, 전혀 유익을 주지 못합니다.

이에 대해 스펄전 목사는 이런 질문을 던졌습니다. "이 사람들은 무엇 때문에 말씀을 듣고 있는 것일까요?" 그리고 다음과 같은 말씀을 전했습니다.

이런 사실은 종종 저를 당황하게 만듭니다. 우리 가운데는 주일날 결코 빠지지 않는 사람들이 있습니다. 그들은 다른 성도들과 나란히 예배드리는 것을 기뻐하는 것 같습니다만, 그들의 얼굴에는 눈물 한 방울 흘러내리지 않습니다. 그들의 영혼은 찬양의 날개를 타고 하늘에까지 오르지도 않는 것 같고, 죄를 고백할 때도 진실하게 참여하지 않는 것 같습니다. 그들은 언제쯤 장차 올 진노나, 자신들의 영혼이 미래에 처할 상태에 대해서 생각하게 될까요? 그들의 심령은 쇠입니다. 목사들은 그들에게 설교를 하느니 차라리 돌무더기에 하는 것이 더 낫습니다. 이 무감각한 죄인들은 무엇 때문에 이곳에 오는 것입니까? 놋으로 된 이마와 강철 심장을 향해 우리가 무슨 말을 해야 할까요? 이 길들여지지 않고 무감동한 심령들을 개종시키려는 것은 사자와 표범들을 개종시키려는 것과 같습니다. 그들은 옳은 일을 행하고 있다고 자부합니다. 그들은 하나님의 집과 하나님의 종들에 대해서 무관심한 것도 아닙니다. 그들은 꾸준히 교회에 나옵니다. 그러나 그들의 마음은 점점 더 굳어져 갑니다. 죄와 무감각 속에 점점 빠져들어 갑니다.

오! 여러분들이여 그것은 천사가 슬퍼할 만한 처지입니다. 복음의 태양이 여러분의 얼굴 위에 빛나고 있는데 여러분의 눈은 그 빛을 전혀 볼 수 없는 소경의 눈입니다. 천국의 음악이 감미롭게 울려 퍼지고 있지만 여러분의 귀는 멀었고 그 어떤 목소리도 여러분의 가련한 영혼까지 미치지 못하고 있습니다. 목사는 여러분에게 있어서 좋은 악기를 연주하는 연주자와 같습니다. 그러나 들을 수 없는 귀를 가진 조각상 앞에서 연주를 하고 있을 뿐입니다. 여러분은 성경구절의 뜻을 파악할 수 있고 여러 표현의 의미를 이해할 수가 있습니다. 하지만 거기에 감추어진 의미, 거룩한 생명은 여러분에게 발견되지 않습니다. 여러분은 혼인 잔치 자리에 앉아 있습니다. 하지만 진미를 먹지도 않고 포도주도 마시지 않고 있습니다. 여러분은 구속 받은 영혼들을 위해서 울려 퍼지는 천국의 종소리를 듣고 있습니다. 하지만 여러분 자신은 하나님도 없고 그리스도도 없이 구속 받지 못한 가운데 살고 있습니다. 여러분은 좁은 길에, 바로 그 좁은 문 앞에 서 있습니다. 하지만 그 문 안으로 들어가지는 않습니다. 여러분은 은혜의 보좌 가까이에 있고 그 문은 열려 있습니다. 하지만 안을 들여다볼 뿐 최종적이고 결정적인 발걸음은 내딛지 않습니다. 여러분은 아직도 이전과 마찬가지로 완고하고도 부주의하고 생각이 없는 상태로 머물러 있습니다.

오! 하나님께서 여러분에게 은혜를 베푸시기를 원하며 이 악한 상태에서 여러분을 건지셔서 구원받게 되시기를 원합니다. 성령님이여, 이 단단한 길가를 부서뜨려 주옵소서! 풍성한 결실을 하게 하옵소서!

스펄전 당시에도 무쇠와 같은 마음을 가진 사람이 있었습니다. 그는 회중 가운데 있는 길가와 같은 마음을 가진 자들에게 구원의 은혜가 베풀어지기를 간절히 바라며 말씀을 전했습니다. 우리도 그의 외침에 귀를 기울여야 합니다. 길가와 같은 마음 상태는 거듭나지 못한 마음이며, 거듭나지 못하게 하는 커다란 장애물입니다.

두 가지 장애물 2. 마귀의 역사

이제 영혼을 거듭나지 못하게 하는 또 다른 장애물을 살펴볼 차례입니다. 그것은 길가에 떨어져 뿌리를 내리지 못한 씨를 먹어버리는 공중의 새와 같은 마귀의 역사입니다.

여러분은 마귀가 예수 믿는 역사에, 또 신자들의 삶에 깊이 관여한다는 사실을 알고 있습니까? 어떤 사람은 '오늘날과 같은 과학 시대에 무슨 마귀 이야기람?' 하고 생각할지도 모릅니다. 그러나 우리에게 눈에 보이는 육신뿐만 아니라 영혼이 있듯이, 눈에 보이지는 않지만 마귀와 같은 영적인 존재는 실재합니다. 예수님께서도 공생애 초기부터 사탄의 시험을 받으면서 사역을 시작하셨습니다. 이후에도 마귀를 쫓아내는 일을 하셨고, 우리에게 마귀에 대해 말씀하시며 그를 경계해야 함을 말씀하셨습니다.

우리는 씨 뿌리는 비유에서도 한 영혼이 거듭나기 위한 첫걸음에서부터 마귀가 어떻게 방해하는지를 볼 수 있습니다. 예수님은 한 영혼이 구원받기 위한 첫 관문에서부터 마귀가 지키고 있다가 말씀을 깨닫지 못하도록 방해한다는 사실을 말씀해 주십니다. 이 말씀은 마귀가 거듭나는 역사의 지독한 방해자라는 것을 가르쳐 줍니다. 이처럼 마귀의 관심사는 특히 예수님을 믿거나 믿고자 하는 사람들에게 있습니다. 예수를 알지도 못하는 자들은 애초에 마귀의 수하에 있기 때문에 그의 큰 관심사가 아닙니다. 마귀는 모든 궤계를 동원하여 누구든지 예수님을 믿는 자, 하나님의 말씀을 접하고 하나님의 나라에 접근하는 자를 넘어뜨리려고 혈안이 되어 있습니다.

여기서 마귀에 대해 길게 설명할 수는 없지만, 분명한 것은 우리의 생활에서 아주 익숙하게, 별 생각 없이 행하고 결정하는 모든 부분에 마귀의 집요한 역사가 개입될 수 있다는 것입니다. 우리는 그것을 깨닫고 경계해야 합니다. 성경은 이것을 굉장히 중요하게 다룹니다. 특히 에베소서 6장 후반부에서는 마귀의 역사에 대한 영적 무장을 직접적으로 권하며 명령합니다. "구원받았다. 은혜를 경험했다. 기뻤다. 감격했다" 하면 끝이 아닙니다. 믿는 자에게는 이런 영적인 무장이 필요합니다. 그렇지 않으면 잠깐의 감격은 금방 식어 시험에 빠지게 됩니다. 성경은 우리가 전신에 갑주를 취하지 않으면 시험과 영적인 침체에 빠질 수 있음을 가르칩니다.

예수님이 말씀하신 것처럼 마귀는 우리의 영혼이 구원받는 일을 끈질기게 막아서는 자입니다. 단지 우리가 그것을 마귀의 역사라고 인정하고 싶지 않을 뿐입니다. 여러분은 하나님의 말씀을 거부하는 자기중심적인 태도가 그저 자신의 고유한 성향을 따라 나타나는 것으로 생각할지도 모릅니다. 그러나 그렇지 않습니다. 하나님을 거스르는 일에는 항상 마귀의 적극적인 개입이 있습니다.

마귀는 하나님의 말씀이 없고, 하나님을 알지 못하던 자가 하나님의 통치로 넘어가려할 때 온갖 지혜와 능력을 다 발휘하여 그를 자기 휘하에 묶어 두려 합니다. 이 사실을 인정해야 우리는 마귀의 간계에 효과적으로 대응할 수 있습니다.

천국의 씨가 어떤 사람의 마음에 떨어집니다. 그는 한동안 그 말씀의 영향을 받을 수 있습니다. 마음을 흔드는 감동을 경험하기도 합니다. 그러나 마귀는 뿌리내리려는 그 씨를 내버려 두지 않습니다. 적극적으로 생명의 역사를 방해합니다. 마귀가 그렇게 하는 목적이 무엇입니까? 방해의 대상이 이미 하나님의 자녀 된 자라면 죄를 짓게 하여 시험에 빠뜨리는 정도에 그칠 것입니다. 그러나 아직 거듭나지 못한 자라면 그보다 더 커다란 목적이 있습니다. 즉, 믿어 구원을 얻지 못하게 하려는 것입니다(고후 4:2).

마귀의 농간에 당하는 이유

하나님의 말씀을 들어도 마귀의 방해를 받아 믿지 못하고 구원을 얻지 못하는 사람이 있습니다. 마귀가 유독 그들의 구원을 훼방하기 위해 더 특별한 조치를 취하기 때문이 아닙니다. 마귀는 차별 없이 모든 사람들의 구원을 싫어하고 모든 사람의 구원을 방해합니다. 다만 마귀의 방해가 어떤 이들에게 특히 유효한 것은 그들의 마음이 길가와 같기 때문입니다. 길가와 같은 그들의 마음에 뿌려진 하나님의 말씀이 뿌리내리지 못하고 그대로 남아 있기 때문입니다. 마귀는 그것을 보자마자 그 말씀을 빼앗아 버립니다. 마귀는 이런 일을 반복합니다.

앞서 말한 대로 한 영혼이 구원받는 데 하나님의 말씀은 결정적입니다. 그렇게 중요한 말씀이 뿌리를 내리지 못하는 것은 커다란 문제입니다. 우리의 심령이 열리지 않으면 다른 방도가 없습니다. 우리의 심령이 하나님의 말씀에 순복하지 않으면 그 어떤 구원의 역사도 시작되지 않습니다. 마귀는 뿌려졌으나 뿌리내리지 못한 말씀을 마음에서 빼앗아 영혼의 거듭남을 방해하기 위해 지칠 줄 모르는 열심을 냅니다.

그러나 여기서 오해하지 마십시오. '아, 내 잘못이 아니구나! 마귀가 나를 방해했기 때문에 내 마음이 이렇고, 구원도 받지 못하는구나!' 하는 생각은 그릇된 것입니다. 이 비유에는 일련의 시간적인 순서가 있습니다. 뿌려진 씨는 먼저 길가에 떨어집니다. 그리고 씨는 한동안 길가 위에 머물러 있으며 이리저리 밟힙니다. 그리고 마침내 공중의 새에게 발견되어 먹힙니다. 즉, 사람이 말씀을 듣는 것이 먼저입니다. 그 후 말씀은 그의 마음에 한동안 머무르며 일정한 동요를 일으키기도 합니다. 그러나 그 말씀의 씨가 뿌리를 내리지 못하면 길가에 그대로 있게 됩니다. 마귀는 그것을 보고 깨우침이 없는 그 마음에서 하나님의 말씀을 빼앗아 가는 것입니다.

주도권은 마귀에게 있지 않습니다. 하나님의 말씀이 전해질 때 우리가 듣고 깨달아 회개한다면 그 말씀은 이미 땅에 뿌리를 내린 씨와 같습니다. 그런 말씀에 대해서는 마귀가 어떻게 할 수 없습니다. 다만 깨닫지 못하고 그 말씀이 이리저리 밟히도록 방치해 두었을 때 마귀에게 기회를 제공하는 것입니다. 마귀가 아무리 능력이 크고 강해도 이 생명의 역사를 처음부터 차단할 수는 없습니다. 생명의 씨를 뿌리는 일은 하나님의 일입니다. 마귀는 그것을 막을 수 없습니다. 그가 할 수 있는 것은 뿌려진 씨가 마음에 뿌리내리지 못했을 때 그것을 재빨리 빼앗는 일입니다.

마귀는 전해진 말씀을 빼앗으려고 부지런히 힘쓰며 구원을 방해합니다. 여러분이 하나님의 말씀을 듣고 일어나 교회 밖을 나가자마자 그 일에 힘씁니다. 교회 밖을 나서 이 사람 저 사람에게 세상의 흥미로운 이야기를 들을 때, 마음에 갖가지 정욕과 탐욕이 일어날 때 사탄은 그 마음에서 말씀을 빼앗으려고 시도합니다. 여러분이 말씀을 깨닫고 그 감동으로 자신의 삶에 말씀을 적용하는 데까지 가지 않으면, 말씀이 마음에 뿌리내리는 데까지 가지 않으면, 들은 말씀을 가지고 씨름하지 않고 듣는 것으로 멈추면 마귀의 방해는 목표를 달성할 것입니다.

먼저 말씀이 무시되고 짓밟히는 것을 주의하십시오. 뿌려진 말씀이 내 주변 사람들에 의해 짓밟힐 수 있습니다. 말씀을 짓밟는 것이 친구를 통해서일 수도 있고, 남편과 아내를 통해, 또 직장 동료를 통해서일 수도 있습니다. 마귀는 그들을 수단으로 이용하여 말씀을 빼앗아 갑니다. 마귀는 우리의 마음에 떨어진 생명의 씨를 삼키려고 교회 문 앞에 서서 기다리는 맹수와 같습니다.

말씀을 듣는 자여, 깨어 반응하라

여러분에게 뿌려진 천국의 씨가 마귀의 먹이가 된다고 생각해 보십시오. 교회를 오가면서도 아무 생각 없이 이런 일을 반복해서 당하고 있다고 생각해 보십시오. 얼마나 큰 비극입니까? 만일 여러분 중에 하나님의 생명의 말씀을 젊어서부터 들어왔지만 아직 그 씨가 뿌리를 내리고 싹을 틔우고 열매를 맺지 못하고 있는 사람이 있다면, 그 수많은 씨들은 다 어디로 갔을까요? 모두 마귀에게 먹힌 것입니다.

이 사실을 곰곰이 생각해 보십시오. 여러분의 마음에 뿌려진 씨들은 뿌리를 내리고 열매를 맺었습니까? 수많은 예배에 참석하고 말씀을 듣고 맺은 열매가 있었습니까? 천국을 소유한 자, 하나님을 향해 산 자가 되었습니까? 아니라면 여러분에게 뿌려진 씨들은 모두 마귀에게 먹힌 것입니다. 말씀을 듣고 감동을 받은 채 돌아가는 일이 많았더라도 거듭나고 그에 따른 열매가 없었다면, 그 말씀을 마귀가 빼앗아 간 것입니다.

말씀을 전하는 것은 설교자의 일이지만 전해진 말씀을 통해 감동하게 하심을 따라 반응하며, 열매를 맺기 위해 마음을 하나님 앞에 내어 드리는 일은 여러분 각자의 싸움입니다. 그것은 목회자나 주변의 다른 사람이 대신해 줄 수 있는 일이 아닙니다. 스펄전은 다음과 같이 말했습니다.

우리가 여러분을 위해서 무엇인가 행하기를 원할지라도, 우리는 여러분의 완고한 심령을 뚫고는 들어갈 수가 없습니다. 여러분의 단단한 마음에 거룩한 생각을 쑤셔 넣을 수도 없습니다. 제가 여러분을 위해서 어떻게 해야 할까요? 여기 서서 그 단단한 길가와 같은 마음에 눈물을 흘릴까요? 아! 슬픈 일입니다. 저의 눈물이 그 단단한 마음을 깨뜨릴 수가 없습니다. 그렇게 하기에는 너무나 단단하기 때문입니다. 제가 그 위에 복음의 쟁기질을 할까요? 슬픕니다. 그것은 강철을 부수어 버릴 것이며 쟁기의 끝 날이 들어가지 않을 것입니다. 우리는 어떻게 해야 하겠습니까? 오, 하나님! 주께서는 이 완고한 마음들을 어떻게 조각내 버릴지 알고 계십니다. 주께서는 돌같이 굳어진 그 심령들을 예수님의 보혈로 녹일 수 있습니다. 이제 그렇게 하옵소서. 우리가 주께 간구하오니 주의 은혜를 찬미하고 영광을 돌리기 위하여 그 좋은 씨가 살게 하시고 천국의 열매를 거두게 하옵소서! 주의 종의 영혼이 이를 열망하옵나이다! 이런 일이 없으면 저들은 살 수 없고, 이런 일이 일어나면 그때 저들은 말할 수 없는 기쁨과 충만한 영광 가운데 즐거워할 수 있을 것입니다.

스펄전이 말씀을 전하는 중에 기도의 어조로 이렇게 외친 것은 길가와 같은 심령들이 거듭나기 위해서는 기도 외에 다른 것이 없었기 때문일 것입니다.

거듭나는 역사는 마음에 뿌려지는 하나님의 말씀에서 시작됩니다. 뿌려진 말씀은 뿌리를 내리듯이 그 마음에 진실한 반응을 일으킵니다. 그런데 우리의 마음 상태가 장애물이 될 수 있습니다. 여러분의 마음은 천국에 들어가는 것, 열매를 맺는 것, 지극히 값진 은혜를 경험하는 것의 장애물이 될 수 있습니다. 길가와 같은 마음이 문제입니다. 그 마음 때문에 마귀도 기회를 얻습니다. 그러므로 먼저 하나님 앞에 회개함으로써 중생의 장애물인 자신의 단단한 마음을 돌이켜야 합니다. 계속해서 길가와 같은 단단한 마음으로 하나님의 말씀을 건성으로 듣는 태도를 이제는 바꾸어야 합니다.

이 말씀이 누구를 위한 것입니까? 생명의 씨는 누구를 위해 뿌려지고 있습니까? 바로 여러분을 위한 말씀입니다. 하나님 나라에 들어가길 원한다면 이 말씀이 다름 아닌 자신의 마음에 뿌리를 내리도록 반응해야 합니다. 그때 구원의 씨가 뿌리내리고 천국을 보게 될 것입니다.

앞으로 또 어떤 기회가 주어질지 알 수 없습니다. 여러분에게 말씀을 전하는 자들은 다만 주어진 기회를 통해 전심으로 말씀을 전할 뿐입니다. 하나님의 말씀이 전해질 때 그 말씀을 듣고 씨름하십시오. 그리고 그 말씀에 반응하십시오. 말씀에 반응하는 것은 설교자의 영역이 아닙니다. 여러분 자신과 하나님 사이의 일입니다. 말씀을 들은 후 하나님의 은혜를 구해야 합니다. 거듭남의 장애물을 하나님 앞에 내어놓고 구원받기를, 천국에 들어가기를 소원하셔야 합니다. 그것이 중생의 길입니다. 여러분 모두 생명과 영혼에 대해서 하나님 앞에 진지하게 고민하며 씨름할 수 있기를 간절히 바랍니다.

함께 생각해 볼 질문

1. 씨 뿌리는 비유는 하나님 나라에 들어가는 것과 관련된 비유입니다. 여기서 '씨'는 무엇을 의미합니까? 그것이 중요한 이유는 무엇입니까?

2. 천국의 씨가 뿌려짐에도 불구하고 천국을 소유하지 못하는 사람들의 문제는 어디에 있습니까?

3. 길가와 같은 마음의 특징은 무엇입니까? 그런 마음은 하나님의 말씀에 어떻게 반응합니까?

4. 우리의 마음은 마음의 길을 빈번하게 밟고 지나다니는 것들에 의해 단단해집니다. 여러분의 마음을 굳게 하는 불신앙적인 생각과 탐욕, 아집 등이 있습니까? 있다면 어떤 것들입니까?

5. 교회 안에서 사탄이 사용하는 피상적인 감정주의와 진정한 하나님의 역사는 어떻게 다릅니까? 여러분은 전해지는 하나님의 말씀에 어떻게 반응하고 있습니까?

6. 우리 영혼이 구원받는 일에 대한 적극적인 방해자인 마귀의 방해가 어떤 이들에게 특히 유효한 이유는 무엇입니까?

7. 우리의 마음이 길가와 같이 단단하다는 사실을 발견하게 될 때, 우리에게 필요한 태도는 무엇일까요?

04 그리스도께서 흘리신 피가 말하는 것

이제 이것을 주목하라 | 하나님의 아들의 말하는 피 | 새 언약의 중보께서 흘리신 피 | 그리스도께서 흘리신 피가 말하는 것 1. 영혼의 소중함 | 보배로운 피 값이 지불된 이유 | 그리스도께서 흘리신 피가 말하는 것 2. 죄의 실체 | 바른 복음과 참된 구원 | 그리스도께서 흘리신 피가 말하는 것 3. 하나님의 은혜와 사랑의 무한함 | 참된 신앙이 시작되는 곳 | 죄인으로서 그 피의 외침을 들으라

05 겟세마네에서 예수님이 놀라고 두려워하신 이유

십자가를 바로 안다는 것 | 겟세마네에서 보이신 의외의 모습 | 간절하고 고뇌에 찬 기도 | 전에 없던 슬픔과 고민 | 겟세마네에서 겪으신 괴로움 | 우리 주님께서 심히 놀라시고 두려워하신 이유 | 공관복음서에 나타난 주님의 고뇌 | 전 인류의 죄를 위한 진노의 잔 | 우리의 죄, 주님을 저주 아래로 몰아넣은 우리의 죄 | 겟세마네에 나타난 복음

06 십자가상에서 받으신 고통의 진실

두렵고 떨림으로 그 앞에 서야 할 말씀 | 주님을 절규토록 한 고통 | 세 시간의 어두움 속에서 일어난 일 | 하나님의 침묵과 버리심 | 철저히 버림받으신 이유 | 주님이 짊어지신 우리의 죄와 거룩하신 하나님의 공의 | 인류 역사상 유일한 고통 | 그 고통의 원인을 진실로 아는가 | 주님이 고통을 대신하신 목적 | 죄와 형벌의 무서움과 십자가의 은혜 | "나의 하나님, 나의 하나님" | 십자가의 은혜를 아는 자의 고백과 삶

07 '오늘' 돌이키라

갈보리 십자가에서 흘러나오는 은혜의 소리 | 빗나간 성경 이해 | 요행으로 구원 얻기를 바라는 자들과 강도의 차이 | 강도의 분명한 회심 | 강도에게 일어난 변화의 원인 | 하나님의 주권적인 역사 | 강도에게 일어난 변화의 내용 1. 하나님에 대한 경외심 | 2. 회개와 믿음 | 3. 주님을 변호하고 높임 | 참된 신앙의 가시성 | 참된 신앙의 간구를 향한 주님의 애정 | '오늘' 베푸시는 구원 | 돌이키는 자에게 허락하시는 십자가의 은혜 | 갈보리 언덕 위 세 개의 십자가 | 모든 사람을 나누는 십자가 복음

2부
십자가 앞에 서라

04

그리스도께서 흘리신 피가 말하는 것

새 언약의 중보이신 예수와 및 아벨의 피보다 더 낫게 말하는 뿌린 피니라(히 12:24).
이 예수를 하나님이 그의 피로써 믿음으로 말미암는 화목제물로 세우셨으니 이는 하나님께서 길이 참으시는 중에 전에 지은 죄를 간과하심으로 자기의 의로우심을 나타내려 하심이니(롬 3:25).
우리가 아직 죄인 되었을 때 그리스도께서 우리를 위하여 죽으심으로 하나님께서 우리에 대한 자기의 사랑을 확증하셨느니라(롬 5:8).

이제 이것을 주목하라

지금까지 거듭남에 대한 말씀을 묵상해 보았습니다. 계속되는 말씀을 살피기에 앞서 여러분은 "당신은 진정으로 거듭난 자입니까?", "만일 그렇지 않다면, 당신은 참으로 거듭나기를 원하십니까?"라는 질문에 직면해야 합니다. 누구든지 거듭나서 이 땅에서부터 영생을 소유한 자로 살기 위해서는 단순히 거듭남이 무엇인지를 이해하거나 거듭나야 한다는 필요를 느끼는 데서 그쳐서는 안 됩니다. 우리는 모두 그 필요를 알고 거듭나게 하는 말씀의 내용에 주목해야 합니다.

거듭남은 말씀을 방편으로 해서 성령께서 일으키시는 신적인 역사입니다. 그러므로 우리는 성령께서 거듭남을 위한 방편으로 사용하시는 말씀의 내용에 주목할 필요가 있습니다. 그 말씀의 내용은 요한복음 3장에서 구체적으로 나타납니다. 예수님은 요한복음 3장에서 니고데모에게 거듭남의 필요를 말씀하신 뒤에 하늘에서 내려온 자, 곧 인자가 들려야 한다고 하셨습니다. 자신이 나무에 달려 들리실 일, 즉 십자가의 죽음을 말씀하신 것입니다. 예수님께서 거듭남이 필요하다는 말씀과 함께 이 말씀을 하신 것은 신자를 거듭나게 하는 방편인 말씀의 핵심이요, 최고의 내용은 그 무엇보다도 십자가의 복음이라는 사실을 강력하게 시사합니다.

사도 바울 역시 고린도전서에서 십자가의 도가 멸망하는 자들과 구원받는 자들을 나눈다는 사실을 말한 뒤에(고전 1:18), 자신은 "예수 그리스도와 그의 십자가에 못 박히신 것 외에는 아무것도 알지 아니하기로 작정하였다"(고전 2:2)고 함으로써 영혼 구원을 위해 자신이 증거하는 말씀의 주요 내용이 무엇인지를 분명히 밝혔습니다. 사람들을 천국으로 이끄는 '씨앗'이자, 그들을 거듭나게 하는 말씀의 내용은 그 무엇보다도 '십자가의 복음'인 것입니다.

이번 장에서는 바로 그 십자가의 복음을 히브리서 12장 24절 말씀 속에서 살펴보고자 합니다. 특히 이 말씀에서 "아벨의 피보다 더 낫게 말하는 뿌린 피"라는 말씀을 주목해 보십시오. 더 좁혀서 말하면 "말하는 뿌린 피"가 이번 장에서 우리가 주목할 대상입니다.

"뿌린 피"란 바로 예수님의 죽음을 말합니다. 예수 그리스도께서 십자가에서 흘리신 피, 곧 피 흘려 죽으신 그분의 죽음을 말합니다. 그런데 그 뿌린 피는 "말하는 뿌린 피"입니다. 그분의 피가, 그분의 죽음이, 인류와 역사와 천상과 지상의 모든 시공간을 향해서 무엇인가를 말하고 있습니다. 다시 말해, 그분의 죽음에는 분명한 메시지가 있습니다. 그 메시지는 시대를 초월하고 장소를 초월합니다. 그 선언적인 메시지는 모든 사람들에게 전해져 그것을 듣고 믿는 자에게는 복이 될 것이고, 듣고 믿기를 거부하는 자는 그로 인하여 훗날 울며 이를 갈게 될 것입니다. 어찌되었건 그리스도의 흘린 피는 온 세상을 향한 분명한 메시지를 가지고 있습니다.

하나님의 아들의 말하는 피

그리스도의 피가 말하는 메시지의 내용은 무엇일까요? 우리는 그 내용을 알아야 합니다. 하지만 그에 앞서 어떻게 그 피가 시대와 장소를 초월하여 말할 수 있는지를 먼저 생각해 봅시다. 그것은 무엇보다 피 흘리신 분이 하나님의 아들이시기 때문입니다. 예수 그리스도께서 십자가에서 피 흘려 죽으신 것은 평범한 죽음이 아니었습니다. 역사상 수많은 사람들이 죽었지만, 그분의 피 흘림은 기나긴 인류 역사상 단 한 번밖에 없었던 피 흘림입니다. 이 피 흘림은 오직 하나님의 아들이신 그분만이 감당하실 수 있는 것이었습니다. 천지의 주재이신 하나님의 아들 예수 그리스도의 피 흘리심은 천지에 있는 모든 이들을 향한 강력하고 놀라운 선언이었습니다. 그분의 선언적 죽음은 모든 인류에게 상상할 수 없이 기이한 결과를 가져다 준 사건입니다.

십자가에서 흘린 하나님의 아들의 피는 그래야 할 뚜렷한 이유와 뚜렷한 목적이 있는 피였습니다. 이 피는 효력이 있는 피요, 말하는 피였습니다. 2000년이 지난 지금까지도 이 피는 역사 속에서 말해 왔고 지금도 수많은 사람을 향해서 말하고 있습니다. 심지어 온 세상이 심판을 받은 그 후에도 십자가에서 흘리신 영원한 하나님의 아들의 피는 말할 것입니다. 계시록에 기록된 대로 선택 받은 모든 백성들이 천상의 수많은 천군 천사와 함께 예수 그리스도와 하나님 아버지를 찬양할 때에, 예수 그리스도를 '어린 양'이라고 부르며 찬양하게 될 것입니다. 그 이유는 천상에서도 예수 그리스도의 피가 여전히 우리에게 상기되고 말하는 것이 되기 때문입니다.

우리는 이런 예수 그리스도의 피가 말해 주는 내용에 귀를 기울여야 합니다. 당장은 사람들이 무시하고 외면한다 해도 예수 그리스도께서 십자가에서 흘린 피는 절대적이고 유일한 생명의 메시지를 말하고 있습니다. 그것을 듣는 것은 너무나도 큰 복입니다. 여러분은 예수 그리스도의 피가 말하는 것을 들으십니까? 피 흘리신 예수 그리스도께서 말씀하시는 것을 듣고 감동되어 진심으로 "어찌 찬양 안 할까"(찬송가 303장, '날 위하여 십자가의')라고 하나님과 어린 양 예수를 찬양해 보았습니까? 예수 그리스도의 피가 말하는 것 때문에 삶을 하나님 앞에 드리고 싶을 만큼의 감격을 가져 본 적이 있습니까?

새 언약의 중보께서 흘리신 피

이 피가 시대와 장소를 초월하여 온 세상 사람들에게 말하는 피인 또 다른 이유는 피 흘리신 이가 "새 언약의 중보"이시기 때문입니다.

즉, 예수께서 흘리신 피는 이 땅을 사는 우리를 하나님 아버지께 중보하는 피라는 것입니다. 그리스도는 지상에 있는 우리를 위해 이 지상에서 피 흘리셨습니다. 이로써 그 피는 지상에 있는 우리에게 무엇인가를 말합니다.

바울은 로마서에서 이렇게 말합니다. "이 예수를 하나님이 그의 피로써 믿음으로 말미암는 화목제물로 세우셨으니 이는 하나님께서 … 자기의 의로우심을 나타내려 하심이니"(롬 3:25). 이 구절에서 바울은 하나님께서 그리스도의 십자가 사건을 통해 무언가를 '나타내려 하신다'는 점을 강조합니다. 우리는 바울의 이런 표현을 '그리스도께서 뿌린 피는 말하는 피'라는 히브리서 말씀과 같은 맥락에서 이해할 수 있습니다. 즉, 예수 그리스도께서는 이 세상을 향하여 무엇인가를 말씀하시고자 하신 하나님의 의지에 따라 중보자요 화목제물로서 피를 흘리셨고, 하나님께서는 그 피로 우리에게 어떤 사실을 나타내셨다는 것입니다.

우리는 모두 중보되신 그리스도의 피가 말하는 바를 듣고 하나님 앞에 반응하게 되고 하나님의 백성으로 서게 됩니다. 그리고 그 피로써 이미 하나님의 백성이 된 자들은 그 피가 말하는 것을 통해 주님과 깊이 교제하며 항상 그 은혜를 붙들며 하나님의 백성으로 사는 것이 얼마나 큰 복인지를 계속 알아가게 됩니다.

그러므로 예수 그리스도의 피가 말하는 것을 들으십시오. 그 피는 우리에게 죄 없는 하나님의 아들이신 그분이 죽으셔야만 했던 이유와 그분의 죽음으로 인해 성취된 결과가 무엇인지 분명하게 말해 줍니다.

여러분은 그분의 피가 말하는 이런 내용의 가치를 아십니까? 그리스도의 흘린 피가 말하는 이런 내용을 분명히 듣고 믿어 그 복을 소유하는 것은 다른 무엇과도 비교할 수 없이 귀한 일입니다.

그리스도께서 흘리신 피가 말하는 것 1. 영혼의 소중함

그러면 그리스도의 흘린 피가 말하는 것은 무엇입니까? 그 피는 무엇보다 영원하신 성자 예수 그리스도께서 무엇을 위해 죽으셨는지를 말해 줍니다. 영광스러우신 구세주께서 왜 죽으셨습니까? 그것은 다름 아닌 이 세상에서 잠시 살다 죽을 인간의 구원을 위한 것이었습니다.

예수께서 자신의 죽음으로써 우리에게 베푸신 이 구원은 장차 있을 육신의 부활까지 포함하는 것입니다. 하지만 그에 앞서 우리는 하나님께서 우리 각 사람을 '한 영혼'으로 보시며 우리의 영혼을 구원하신다는 사실에 우선 주목해야 합니다. 달리 말하면, 바로 우리의 영혼을 구원하시기 위해 예수 그리스도께서 자신의 보배로운 피를 흘리셨다는 것입니다. 즉, 그리스도의 피는 우리에게 우리 영혼이 얼마나 소중한지를 말해 줍니다.

그 사실을 예수님은 "인자가 온 것은 잃어버린 자를 찾아 구원하려 함이니라"(눅 19:10)는 말로 증거하셨습니다. 여기서 '잃어버렸다'고 한 것은 죄 아래 있는 인간의 영혼을 말합니다. 이 영혼은 우리의 존재를 말한다고 할 수도 있고, 또 상실된 영적인 생명을 말한다고 할 수도 있습니다. 어떤 의미를 부여하든 예수 그리스도께서는 바로 잃어버린 우리의 영혼을 구원하시기 위해 오셨고, 그것을 위해 십자가에서 피 흘려 죽으셨습니다. 이렇게 그리스도께서 흘리신 피는 우리의 영혼이 얼마나 소중한지를 말해 주는 것입니다.

예수님께서는 자신이 십자가에서 죽으실 때 "내 영혼을 아버지 손에 부탁하나이다"(눅 23:46)라고 말씀하심으로써, 육신을 입은 존재에게 있어서 가장 소중한 것이 무엇인가를 친히 보여 주셨습니다. 바로 이 땅에서의 삶에서 가장 소중한 것은 영혼이며, 그 영혼이 하나님의 손에 구원받는 것입니다.

또, 주님께서는 영혼이 온 천하보다 귀하다고 말씀하시기도 했습니다. "사람이 만일 온 천하를 얻고도 제 목숨을 잃으면 무엇이 유익하리요 사람이 무엇을 주고 제 목숨과 바꾸겠느냐"(마 16:26). 여기서 말씀하신 목숨은 단순히 육체적인 생명이 아니라 구원받아야 할 사람의 영혼을 말합니다. 예수님은 친히 잃어버린 영혼을 구원하시기 위해서 오셨을 뿐 아니라, 자신이 십자가에서 피 흘려 구원하고자 하시는 영혼의 귀함을 말씀해 주셨습니다.

이처럼 예수님은 자신의 죽으심을 통해 시간과 공간을 초월하여 모든 인류를 향해 영혼의 소중함을 역설하셨습니다. 예수님께서 흘리신 피는 우리에게 이렇게 말합니다. "너희들은 너희 영혼에 대해서 깊이 생각하지 않고 지낼지 모르지만, 너희 영혼은 내가 십자가에서 피 흘릴 만큼 소중하다. 나의 죽음은 바로 너희 영혼을 살리기 위함이다." 장차 영광스러운 몸을 입을 구원의 완성은 그리스도의 피가 말하는 이 소리를 듣고 그분을 믿어 구원받은 영혼들만 이르게 될 것입니다.

보배로운 피 값이 지불된 이유

죄 없으신 하나님의 아들이 육신을 입고 이 땅에 오셔서 피 흘리신 것이 무엇을 위함인지 가능한 한 많이 묵상해 보십시오. 그의 낮아지심이 우리의 영혼을 살리기 위함이었다는 것을 묵상해 보십시오. 이것이 사실이라면 이 세상에 잠시 살다가 죽을 뿐인 우리의 영혼의 가치가 얼마나 크다는 것입니까?

우리의 영혼을 위해서 하나님의 아들이 죽으신 것만큼 영혼의 가치가 크다는 것을 십자가에 달려 죽으신 그리스도의 피가 말합니다. 사람들은 인간의 영혼이나 인격의 가치에 대해 나름대로의 주관을 가지고 이런 저런 말을 하지만, 우리 영혼의 가치를 가장 극명하게 알게 해주는 것은 바로 그리스도의 십자가, 곧 하나님의 아들이 십자가에 달려 죽으신 사실입니다. 주께서 흘리신 피는 "너희의 영혼은 나의 피만큼, 나의 생명만큼 소중하다"라고 계속 말합니다.

여러분은 이 사실을 알고 있습니까? 많은 사람들이 이것을 생각하지 않습니다. 그저 자신의 육신을 위해서 먹고 마시며 살다가 죽는 것이 전부인 줄로 생각합니다. 그러나 그렇지 않습니다. 이 세상에 태어난 인간은 모두 영혼이 있고, 그 영혼은 육신의 죽음과 상관없이 계속 존재합니다. 우리의 영혼은 하나님의 판단을 받으며 영화롭게 될 몸을 다시 입고 하나님과 함께 영원히 살든지, 아니면 영원한 형벌 가운데 있게 될 것입니다. 예수 그리스도께서는 이처럼 영원한 결과에 이르게 될 우리의 영혼을 위해서 십자가에서 피 흘려 죽으신 것입니다.

우리는 예수님께서 생명의 피를 흘리실 만큼 중대하게 여기신 우리 영혼의 문제를 직시해야 합니다. 주님께서 우리 영혼을 자신의 피만큼, 자신의 생명만큼 중요하게 여기신 것은 우리 영혼이 언젠가 맞이하게 될 영원하고도 결정적인 결과 때문입니다.

예수 그리스도의 피는 이 땅에서 잠시 잠깐 갖는 우리의 자존감이나, 몸의 건강, 남보란 듯한 출세를 위한 것이 아닙니다. 우리가 좀 더 나은 사람이 되게 하기 위해서 흘린 피도 아닙니다. 그 피는 구원받아야 할 우리의 영혼을 위해서 흘린 피입니다. 우리가 누구이든, 세상에서 인정받는 자이든 그렇지 못한 자이든, 귀인이든 천인이든, 부한 자이든 가난한 자이든, 우리의 영혼을 위해 흘리신 피입니다. 그리고 그 피는 우리의 영혼이 그 피만큼 귀하다고 말합니다.

여러분, 그리스도께서 흘리신 그 피가 말하는 당신의 영혼의 가치를 들으십시오. 만일 당신의 영혼이 얼마나 귀하고 가치가 있는지를 알지 못한다면 즉시 십자가를 바라보십시오. 그분이 흘리신 피를 보십시오. 죄 없으신 하나님의 아들 예수 그리스도께서 우리 영혼을 구원하시기 위해서 그 귀한 피를 흘리셨다면, 당신의 영혼은 얼마나 가치가 있는 것입니까? 그리스도의 흘리신 피는 지금도 이 세대를 향해서 말하고 있습니다. "너희 영혼은 하나님 아들의 피, 그분의 생명만큼 귀하다."

성경이 영혼 구원의 문제를 그토록 강조하는 이유는 우리의 영혼이 그만큼 귀하기 때문입니다. 그러나 오늘날 많은 사람들이 온 천하를 얻는 것보다 자신의 영혼의 구원이 더 중요하다는 사실을 알지 못합니다. 심지어 자신의 영혼의 가치를 전혀 생각하지 않고 자살하는 사람들의 소식까지 심심찮게 들려옵니다. 정말 비극적인 현실입니다. 영혼은 육신이 죽어 부패한다 할지라도 사라지지 않습니다. 그러므로 생명은 가볍게 다룰 것이 아닙니다. 죽음은 쉽게 생각할 문제가 아닙니다.

우리 영혼은 하나님께서 독생자의 피를 흘려서까지 구원하시고, 구별하여 보호하시고 인도하시려는 대상입니다. 그리스도의 피는 이렇게 우리 영혼의 가치를 말해 줍니다.

그리스도께서 흘리신 피가 말하는 것 2. 죄의 실체

하지만 우리 영혼의 소중함만이 예수 그리스도의 흘린 피가 말하는 전부가 아닙니다. 그 외에도 그리스도의 피, 그분의 십자가는 많은 것을 말하는데, 특히 그 피는 죄의 실체가 무엇인지 아주 생생하게 말합니다. 그의 피는 죄에 대한 분명한 이해를 갖게 하는 강력한 메시지입니다. 그리스도의 피는 죄 문제를 빼고는 말할 수 없습니다.

성경은 줄곧 죄가 참으로 무섭고 끔찍하다는 것을 증거합니다. 성경은 죄가 인간에게 허락되었던 하나님과의 관계를 깨뜨리고, 우리에게 '사망'을 가져온 근원이라고 말합니다. 죄는 가장 큰 복을 앗아간 원수이며 동시에 가장 무서운 결과를 안겨 준 원인입니다. 더욱이 죄는 인간을 종노릇하게 하며 스스로는 도저히 거기서 벗어나지 못할 만큼 절대 군주로 군림하기도 합니다. 지금도 사람들은 모두 그것을 경험적으로 확인하며 살아갑니다.

이렇게 모든 인간들은 죄로 말미암아 비참함을 경험하고 죽음을 당하게 되지만, 그 죄의 실체에 대해서는 정확히 알지 못합니다. 심지어 교회에 다니는 소위 신자라는 이들 중에도 죄의 실체를 정확하게 알지 못하고 피상적으로 생각하는 사람들이 많습니다. 죄에 대해서 더 알려고도 하지 않고, 죄 문제를 다루고 싶어 하지도 않습니다. 그들은 성경이 죄에 대해서 그토록 많이 말하는 것을 의아하게 여기고 그런 말을 듣기 싫어합니다. 그저 자신의 죄된 성향을 따라서 살고 싶어 합니다.

그러나 우리의 주이신 그리스도께서는 십자가에서 우리로 하여금 우리 죄의 실체를 대면하도록 하셨습니다. 하나님은 인류의 역사 한가운데서 자기 아들을 십자가에 못 박으심으로써 공개적으로 죄의 실체를 드러내셨습니다. 죄 없으시고 의로우신 하나님의 아들의 참혹한 죽음이 죄가 얼마나 무섭고 심각한 것인지를 나타내 보인 것입니다.

하나님이 이렇게 죄를 드러내어 다루시는 것은 죄로부터 구원할 우리의 영혼을 중요하게 여기시기 때문입니다. 죄는 우리들의 영혼을 파괴시키고, 하나님과의 관계를 깨뜨렸습니다. 하나님은 십자가에 달려 죽으신 예수 그리스도를 통해 죄가 얼마나 심각하고 치명적인가를 생생하게 나타내 보이셨습니다. 우리는 그 십자가에서 우리 죄의 실체를 정확히 보고 직면하게 됩니다. 아니 그리스도의 흘린 피가 그 실체를 적나라하게 말하기 때문에 직면하지 않을 수 없습니다.

바른 복음과 참된 구원

십자가에서 직면하게 되는 우리의 죄는 우리의 주시요, 하나님의 아들이신 예수 그리스도를 십자가에 달려 죽게 한 원수입니다. 그리스도께서는 우리를 죄로부터 구원하려 이 땅에 오셨고, 그 구원을 이루기 위해 우리 죄를 짊어지시고 십자가에 달려 죽으셨습니다. 그리스도 이전의 많은 희생 제사들은 역사 속에 하나님의 아들이 친히 오셔서 죄를 담당하실 바로 그 일을 가리키고 있습니다. 구약성경은 죄를 해결하기 위해 메시아가 오셔서 자기 백성들의 살 길을 내실 것임을 많은 예언과 상징들을 통해 말해 왔습니다. 그리고 마침내 하나님의 아들이 오셔서 죄를 짊어지시고 죽으신 것입니다. 우리의 죄가 그리스도를 십자가에 달아 피 흘려 죽게 했습니다.

우리는 그 앞에서 우리의 죄가 어떤 것이기에 하나님의 아들 예수 그리스도를 십자가에서 피 흘리도록 하였는지를 생각해 보아야 합니다. 십자가는 우리의 죄가 얼마나 끔찍하고 가공할 만한 것인지를 드러내어 보게 합니다. 하나님께서 독생자 예수 그리스도를 공개적으로 십자가에 달려 피 흘려 죽게 하심으로써 죄의 실체를 나타내 보이신 것입니다. 하나님께서는 판지에 시청각 자료를 붙여 보여 주며 어린아이들에게 이야기하듯이 십자가를 들어 말씀하셨습니다. "나의 아들 예수의 죽음을 보라, 죄의 실체가 무엇인지를 보라!"

그리스도의 흘린 피는 죄가 하나님을 향해 쏜 화살이라는 사실을 보여 줍니다. 그 반역의 결과는 오직 죽음인데, 실제로 죄를 짊어지신 하나님의 아들을 십자가에 못 박아 죽게 함으로써 그 실상을 나타내 보이셨습니다. 십자가 죽음은 죄의 가공할 파괴력을 그렇게 단적으로 보여 주는 사건입니다.

그러면 성경이 말하는 죄의 실체란 무엇입니까? 죄는 사망을 우리에게 가져온 장본인입니다. 그래서 우리 죄를 하나님의 아들 예수 그리스도께서 짊어졌을 때 그분마저도 하나님께 철저하게 버림받아 진노의 잔을 마셔야 했습니다. 하나님의 아들마저도 죄를 짊어졌을 때는 용납될 수 없을 정도로 죄는 강력합니다. 거룩하신 그리스도께서 죄로 인해 피를 흘리신 사실은 그런 죄의 실체를 생생하게 말해 줍니다. 십자가를 깊이 묵상하면 할수록 선명하게 드러나는 죄 때문에 소름이 끼칠 만큼 놀라게 됩니다.

만일 죄를 가볍게 생각한다면 예수 그리스도의 십자가 죽음을 피상적으로 알기 때문이고, 복음을 제대로 이해하지 못했기 때문입니다. 또한 신앙의 중대한 기초가 뒤틀려 있고 온전히 서 있지 못했음을 말하는 것이기도 합니다. 기독교 신앙은 단순히 '이거 하라, 저거 하지 마라'의 문제가 아닙니다. 기독교 신앙은 예수 그리스도께서 무엇을 위해 죽으셨는가 하는 복음의 중대하고 핵심적인 질문에서부터 시작합니다. 그러므로 참된 그리스도인이라면 누구나 예수 그리스도의 흘린 피가 죄에 대해 말하는 내용을 듣고 죄의 실체를 알게 되어, 죄에 대해 이전과는 다른 반응을 보입니다. 죄를 싫어하고 혐오하게 됩니다.

이러한 깨달음과 변화가 없는 구원은 진짜가 아닙니다. 예수 그리스도의 피가 말하는 영혼의 소중함과 죄의 실체를 깨닫지 못하고 그에 따른 변화도 없는 구원은 성경이 말하는 구원이 아닙니다. 그런 깨달음과 변화를 말하지 않는 복음도 값싼 복음, 거짓된 복음입니다.

그리스도께서 흘리신 피가 말하는 것 3.
하나님의 은혜와 사랑의 무한함

그러나 우리 영혼의 소중함을 보게 하고, 우리의 죄를 깨닫게 하는 것이 예수 그리스도께서 흘리신 피가 말하는 내용의 전부는 아닙니다. 그분의 피는 더 중요하고 더 궁극적인 것으로 우리 시선을 이끕니다. 그리스도의 피는 하나님의 은혜와 사랑에 대하여 말해 줍니다. 더 넓게 말하면 거룩하신 하나님의 성품을 말해 줍니다. 그리스도의 피는 죄인인 우리를 구원하고자 하신 하나님의 무한히 큰 사랑을 보여 줍니다.

하나님께서는 나를 살리고자 자기의 아들을 십자가에 세우시고 내가 당해야 할 죄로 인한 형벌을 대신 받게 하셨습니다. 내가 받아야 할 진노를 대신 받게 하셨습니다. 잠시 멈추어 서서 이 사실을 진실하게 생각해 보십시오. 그리스도의 흘린 피를 묵상해 보십시오. 그 피는 우리에게 강렬하게 외칩니다. "너를 향한 하나님의 은혜와 사랑이 얼마나 큰가를 보라."

이에 대해 바울은 "우리가 아직 죄인 되었을 때에 그리스도께서 우리를 위하여 죽으심으로 하나님께서 우리에 대한 '무엇'인가를 확증하셨다"(롬 5:8)고 말합니다. 무엇을 확증하셨다고 합니까? '자기의 사랑'입니다. 이것이 그리스도의 십자가가 궁극적으로 우리에게 말해 주는 것입니다. 그리스도의 십자가는 우리를 향한 하나님의 사랑이 얼마나 큰지를 확증해 줍니다.

여러분은 십자가에서 그리스도의 흘린 피가 우리에게 "너희를 향한 하나님의 사랑을 보라"고 외치는 소리가 들리십니까? 그리스도께서 십자가에서 흘린 피는 우리에게 많은 메시지를 주지만 그중에서도 우리 마음에 크게 울리며 우리의 존재를 뒤흔드는 메시지는 우리와 같이

미천한 자들을 향한 하나님의 은혜와 사랑입니다. 자신의 아들을 죽게 하면서까지 우리와 같은 자를 구원하시고 죄에서 이끌어 내시고자 하신 그 하나님의 사랑입니다.

여러분은 하나님이 여러분을 얼마나 사랑하시는지 알고 있습니까? 바울이 로마서에서 구원에 대하여 설명하다가 8장 끝부분에 와서 끊을 수 없는 사랑에 대한 탄성을 주체하지 못한 이유를 알고 있습니까? 그것은 그리스도의 피를 통해 하나님께서 나타내신 사랑 때문입니다. 바울은 하나님의 아들 예수 그리스도의 흘린 피가 그를 믿는 자들을 향하여 나타낸 하나님의 사랑에 탄복한 것입니다. 그런 감격과 흥분은 복음의 내용을 얼마나 많이 들었든 계속 있어야 합니다. 아무리 그 내용이 익숙하다고 해도 십자가에서 흘린 그리스도의 피는 여전히 큰 소리로 우리에게 하나님의 사랑을 확증하고 있습니다.

그 사랑, 죄인인 나를 구원하시고 죄로부터 살리기 위해서 독생자를 십자가에서 피 흘려 죽게까지 하신 하나님의 그 사랑을 보십시오. 하나님은 의로우신 독생자가 죄인들에게 굴욕을 당하고 채찍에 맞고 손과 발에 못이 박히는 것을 보시면서도 우리를 포기하지 않으셨습니다. 그 아들이 십자가에서 "목마르다" 하실 때도, 또 "엘리 엘리 라마 사박다니, 나의 하나님 나의 하나님 어찌하여 나를 버리셨나이까?" 하고 절규하실 때에도 침묵하셨습니다. 모두 우리를 향한 사랑 때문이요, 우리를 구원하기 위해서였습니다. 헤아릴 수 없는 하나님의 사랑 외에 다른 무엇으로 그 모든 것을 설명할 수 있겠습니까?

참된 신앙이 시작되는 곳

"하나님의 사랑과 은혜가 얼마나 큰지 실감이 나지 않습니다. 나는 잘 모르겠습니다"라고 말하는 분이 아직 있을지도 모릅니다. 만일 그렇다면 두 가지를 곰곰이 생각해 보십시오. 먼저, 하나님께서 자기 아들을 십자가에서 죽게 하면서까지 구원하시고자 하신 '나'라는 존재와, 또 나를 구원하시기 위해서 십자가에 달려 피 흘리신 '그분'이 어떤 분이신가 하는 것입니다. 이 두 가지를 성경이 말하는 바에 따라 한번 생각해 보십시오. 우리가 이 두 가지만 진실하고 정직하게 볼 수 있다면 하나님의 사랑에 압도되고 말 것입니다.

정직하게 보십시오. 여러분은 어떤 자입니까? 찬송 작가인 아이작 왓츠(Issac Watts, 1674~1748)는 자신을 벌레와 같은 자라고 표현했습니다. 우리는 흙으로 빚어진 자요, 세상에 잠시 있다가 사라지는 자들입니다. 그리고 죄를 범하는 데 있어서는 매우 능동적이고 적극적인, 마음이 죄로 가득한 자들입니다.

그에 반해 예수 그리스도는 어떤 분이십니까? 그는 영광의 왕이십니다. 요한복음의 증언대로 그분은 태초에 하나님과 함께 계셨던 말씀으로서, 온 천지 창조의 중보자가 되신 하나님이십니다. 그는 영광의 보좌에 계신 분으로, 죄도 없고 흠도 없으며 회전하는 그림자도 없으신 바로 그 하나님이십니다. 그 존귀하신 이가 왓츠의 말대로 벌레와 같은 나를 위해서 피를 흘리신 것입니다. 어떻게 그런 일이 있을 수 있습니까? 어떻게 나 같은 자가 그러한 사랑을 받을 수 있습니까?

분명 우리의 이해를 초월하는 일이지만, 하나님께서는 그렇게 우리에 대한 자신의 사랑을 드러내셨습니다. 그 사랑의 크기를 정확하게 묘사할 수는 없습니다. 그러나 그 사랑이 크고 무한히 깊다는 것은 부인할 수 없습니다.

여러분에게는 아이작 왓츠가 "이 벌레 같은 날 위해 그 보혈을 흘리셨다"고 한 것이 그저 문학적인 표현으로만 여겨집니까? 우리도 아이작 왓츠처럼 그리스도의 십자가에 대해 깊이 생각하면 할수록 그렇게 말할 수밖에 없지 않습니까? 그와 동일한 감동을 갖고 있던 스펄전은 십자가에 나타난 하나님의 사랑을 이같이 애절하게 표현했습니다.

오, 어떻게 해야 당신의 마음을 움직일 수 있겠습니까? 내가 만약 당신에게 사랑의 번민에 빠진 한 여인에 대해 얘기를 한다면 당신은 눈물을 흘릴 것입니다. 내가 만약 소설가가 되어 어떤 유명한 주인공의 고통스런 죽음을 서술한다면 당신은 감동을 받을 것입니다. 그러나 그리스도의 죽음은 경이롭고 엄숙한 실체입니다. 그것은 픽션이 아닙니다. 당신과 직접적으로 관련된 현실입니다. 그리스도는 자기의 죄를 진정으로 회개하는 모든 자를 위해 십자가에서 죽으셨기 때문입니다.

당신은 정말 그리스도의 십자가를 그냥 지나치시렵니까? 그리스도가 죽었다는 사실이 당신에게 아무 상관이 없단 말입니까? 당신이 구원을 받았다면 그리스도의 죽으심은 당신에게 매우 중요한 일입니다. 왜냐하면 그리스도의 못 박힌 손에서 흘러내리는 피는 당신을 위한 것이기 때문입니다. 고문의 매질로 뒤틀린 그리스도의 몸은 당신을 위한 것입니다. 고통으로 거듭 땅바닥에 꿇어지는 그리스도의 힘없는 무릎은 당신을 위한 것입니다. 피눈물을 흘리는 그리스도의 고난도 당신을 위한 것입니다.

우리는 이처럼 그리스도께서 당하신 모든 것이 우리를 위한 것임을 알아야 합니다. 우리의 신앙은 그분이 우리를 위해 당하신 일, 특히 우리를 위해 못 박혀 달리신 십자가를 제대로 바라보는 것에서 시작합니다. 십자가에서 죽으신 예수 그리스도 안에 감추어진 비밀을 성경이 증거해 주는 대로 바라보아야 합니다. 거기서 우리를 향한 하나님의 사랑이 얼마나 큰지를 본다면, 우리의 신앙은 빗나갈 수 없습니다.

십자가를 생각해 보십시오. 거기서 피 흘리시며 하나님을 찾는 예수 그리스도를 생각해 보십시오. 거기서 고통당하신 아들에 대하여 침묵하시면서까지 우리에 대한 사랑을 고집하셨던 하나님의 마음을 한번 생각해 보십시오. 얼마나 놀랍고 경이롭습니까? 이것은 부인할 수 없는 역사적 사실이며 현재 우리에게까지 구원의 빛을 비춰 주는 은혜입니다. 그 배후에 찬란하게 빛나는 하나님의 사랑을 헤아려 보십시오.

죄인으로서 그 피의 외침을 들으라

그리스도께서 흘리신 피가 우리를 향해 외치는 소리를 분명히 듣고 계십니까? 우리를 위해 그리스도께서 십자가에서 흘리신 피를 생각하십시오. 생각하면 할수록 그 피는 더욱더 크게 외칠 것입니다. 우리 영혼의 소중함과 죄의 심각함, 그리고 무엇보다 우리를 향한 하나님의 크신 사랑을 보라고 외칠 것입니다. 하나님께서는 이 모든 것을 예수 그리스도께서 십자가에 달리신 역사의 현장 속에 나타내셨습니다.

여러분, 십자가에서 확증하신 것을 보십시오. 그것은 놀랍게도 우리가 죄인이었을 때, 여전히 하나님께 죄를 짓고 있을 때 확증하여 나타내신 것입니다. 믿겨지지 않는 사실이지만, 그래도 그것은 사실입니다. 혹시 아직도 "그리스도의 죽음이 나를 위한 것이고, 그리스도가 흘리신 그 피가 나를 향한 하나님의 사랑의 증표라는 것을 어떻게 알 수 있습니까?" 하는 의문을 갖고 있습니까? 그렇다면 다시 한 번 그리스도께서는 죄인들을 위해서 죽으셨다는 성경의 증언을 묵상하십시오.

여러분은 자신이 죄인임을 부인하십니까? 우리는 모두 하나님의 계명을 구체적으로 어긴 죄인이 아닙니까? 당신이 그것을 알고 겸손하게 인정한다면, 그리스도께서 죄인들을 위해 죽으셨다는 말씀이 바로 당신을 위한 것임을 믿지 않을 이유는 무엇입니까? 당신이 설령 과거에 예수 그리스도를 모욕하고 조롱하던 자라고 할지라도, 하나님은 바로 그런 당신을 위해 그리스도를 피 흘려 죽게 하신 것을 믿으십시오. 여러분이 어떤 죄인이었는지, 과거에 얼마나 하나님께 반역했는지는 그리스도의 죽음으로 인해서 하나님의 사랑 안에 다 감추어집니다.

하나님의 사랑은 자신이 죄인인 것을 알고 하나님이 보내신 예수 그리스도를 믿는 자의 극악한 모든 죄를 덮습니다. 우리가 아직 죄인이었을 때 하나님께서 그리스도 안에서 그렇게 하셨습니다. 그러므로 자신의 죄가 드러나거든 긴급하게 십자가로 달려 나가십시오.

이와 관련하여 종교개혁자 마틴 루터(Martin Luther, 1483~1546)는 자신의 경험을 다음과 같이 소개합니다.

사탄이 내게 와서 말했습니다. "마틴 루터, 너는 망했어. 왜냐하면 너는 죄인이기 때문이야." 나는 그때 다음과 같이 응수했습니다. "사탄아, 내가 죄인이라는 사실을 말해 주어 고맙다. 네가 말한 것처럼 내가 죄인이라는 것은 사실이다. 그러나 한마디 지적할 것이 있다. 그것은 그리스도께서 바로 죄인들을 위해서 죽으셨다는 사실이다. 만일 나 마틴 루터가 죄인이라면 그리스도는 바로 나를 위해 죽으신 것이다."

하나님은 우리 같은 죄인을 위해 그리스도를 주셨습니다. 또 그리스도께서는 우리 같은 죄인을 위해 피 흘려 죽으셨습니다. 하나님은 완전하시고 의로우신 예수 그리스도를 피 흘려 죽게 하심으로 벌레만도 못한 죄인, 죄밖에 모르고, 죄 가운데 살며, 죄로 말미암아 형벌을 받아 마땅한 그런 우리를 향한 사랑을 나타내셨습니다. 또한 그리스도의 피는 십자가를 지신 그리스도 자신의 마음도 보여 줍니다. "나는 너의 구원을 위해서 죽기까지 복종한다." 그리스도의 피는 우리를 향하여 하나님의 사랑만이 아니라, 그리스도의 은혜도 끊임없이 외칩니다.

여러분의 구원을 위해 무엇이 더 필요합니까? 그리스도의 피가 강력하게 외치는 소리를 들으십시오. 예수 그리스도께서 흘린 피가 말하는 바를 듣는 것이 우리 신앙의 출발점이 되어야 합니다. 그 피가 증언하는 하나님의 사랑은 변함이 없습니다. 아들의 고통과 죽음 앞에서도 포기하지 않으셨던 죄인을 향한 하나님의 사랑은 끝이 없습니다. 그리스도의 피는 그것을 말합니다. 그리스도의 피가 말하는 이 소리를 들으십시오. 우리의 신앙은 항상 여기서 출발해야 합니다.

함께 생각해 볼 질문

1. 예수 그리스도께서 십자가에서 흘리신 피가 시대와 장소를 초월하여 '말하는 피'일 수 있는 이유는 무엇입니까?

2. 예수 그리스도께서 흘리신 피가 말하는 소리를 반드시 들어야만 하는 이유는 무엇입니까?

3. 예수 그리스도께서 흘리신 피가 말해 주는 세 가지 내용 중 첫 번째는 무엇입니까? 이것은 자신의 삶을 바라보는 여러분의 관점에 어떤 영향을 줍니까?

4. 우리의 죄 때문에 하나님의 아들 예수 그리스도께서 십자가에 달리셔야 했을 만큼 하나님께서는 죄를 중대하게 다루십니다. 그렇게 하시는 이유는 무엇입니까?

5. 예수 그리스도께서 흘리신 피가 말해 주는 세 번째 내용은 하나님의 은혜와 사랑의 무한함입니다. 여러분에게는 이에 대한 감격과 실제적이고 인격적인 반응이 있습니까?

6. 여러분은 그리스도께서 십자가에서 흘리신 피가 말하는 소리를 분명히 듣고 계십니까? 그 소리는 여러분의 마음에 어떻게 울리고 있습니까?

05

겟세마네에서 예수님이 놀라고 두려워하신 이유

예수께서 나가사 습관을 따라 감람산에 가시매 제자들도 따라갔더니 그 곳에 이르러 저희에게 이르시되 유혹에 빠지지 않기를 기도하라 하시고 그들을 떠나 돌 던질 만큼 가서 무릎을 꿇고 기도하여 이르시되 아버지여 만일 아버지의 뜻이거든 이 잔을 내게서 옮기시옵소서 그러나 내 원대로 마시옵고 아버지의 원대로 되기를 원하나이다 하시니 천사가 하늘로부터 예수께 나타나 힘을 더하더라 예수께서 힘쓰고 애써 더욱 간절히 기도하시니 땀이 땅에 떨어지는 핏방울같이 되더라 기도 후에 일어나 제자들에게 가서 슬픔으로 인하여 잠든 것을 보시고 이르시되 어찌하여 자느냐 시험에 들지 않게 일어나 기도하라 하시니라(눅 22:39-46).

이에 예수께서 제자들과 함께 겟세마네라 하는 곳에 이르러 제자들에게 이르시되 내가 저기 가서 기도할 동안에 너희는 여기 앉아 있으라 하시고 베드로와 세베대의 두 아들을 데리고 가실 새 고민하고 슬퍼하사 이에 말씀하시되 내 마음이 매우 고민하여 죽게 되었으니 너희는 여기 머물러 나와 함께 깨어 있으라 하시고 조금 나아가사 얼굴을 땅에 대시고 엎드려 기도하여 이르시되 내 아버지여 만일 할 만하시거든 이 잔을 내게서 지나가게 하옵소서 그러나 나의 원대로 마시옵고 아버지의 원대로 하옵소서 하시고 제자들에게 오사 그 자는 것을 보시고 베드로에게 말씀하시되 너희가 나와 함께 한 시간도 이렇게 깨어 있을 수 없더냐 시험에 들지 않게 깨어 있어 기도하라 마음에는 원이로되 육신이 약하도다 하시고 다시 두 번째 나아가 기도하여 이르시되 내 아버지여 만일 내가 마시지 않고는 이 잔이 내게서 지나갈 수 없거든 아버지의 원대로 되기를 원하나이다 하시고 다시 오사 보신즉 그들이 자니 이는 그들의 눈이 피곤함일러라 또 그들을 두시고 나아가 세 번째 같은 말씀으로 기도하신 후 이에 제자들에게 오사 이르시되 이제는 자고 쉬라 보라 때가 가까이 왔으니 인자가 죄인의 손에 팔리느니라 일어나라 함께 가자 보라 나를 파는 자가 가까이 왔느니라(마 26:36-46).

십자가를 바로 안다는 것

기독교에서 십자가는 매우 중요한 의미를 갖습니다. 평소에도 그렇지만 특히 고난주간과 같은 시기에 많은 사람들이 그리스도의 십자가와 고난의 의미를 돌아보곤 합니다. 로마 가톨릭 교회에 속한 사람들은 이 기간에 고행을 행하기도 합니다. 어떤 가톨릭 국가에서는 예수께서 십자가에 못 박히신 장면을 그대로 재현하기도 합니다. 실제로 그러다가 사람이 죽는 일도 생깁니다. 그런 식으로라도 그리스도의 고난에 동참하고자 합니다.

그러나 그것은 성경이 그리스도의 고난을 가르치는 이유를 오해한 모습입니다. 성경이 우리에게 그리스도의 고난을 상기시키는 것은 애도의 기간을 갖게 하거나, 그분이 당하신 것과 비슷한 형태의 고행을 하도록 하기 위함이 아닙니다. 그러면 성경이 우리에게 예수 그리스도의 고난과 죽으심을 가르치는 이유는 무엇일까요?

우리는 성령의 도우심 가운데 성경이 가르치는 그분의 고난과 죽으심의 의미를 묵상하고 깨달아, 그것을 자신의 존재와 삶의 구심축으로 삼아야 합니다. 그것이 성경이 그리스도의 고난과 십자가를 가르치는 이유입니다. 실제로 그리스도의 십자가는 우리의 행동과 사고에 중심이 되어 움직일 만큼 놀라운 역사를 담고 있습니다. 때문에 그것을 알고 소유한 신자는 바울처럼 그것을 자신의 존재와 삶의 중심으로 삼고, 증거하며 자랑하고자 합니다. 그런 면에서 진실로 거듭난 신자는 예수 그리스도의 죽으심을 알고, 거기서 주를 믿고 의지해야 할 이유와 그를 영화롭게 해야 할 이유, 그리고 우리의 삶이 구별되어야 할 이유를 찾고 살게 됩니다.

그리스도의 십자가를 제대로 아는 사람은 설렁설렁 믿을 수 없습니다. 그의 가슴은 식어 있을 수 없고, 그의 입은 침묵할 수 없습니다. 십자가를 제대로 아는 자는 그 속에서 생명을 발견하기 때문에 바울처럼 고난을 받으면서까지 그리스도의 십자가를 자랑하게 됩니다. 그뿐 아니라 그리스도의 십자가는 그에게 가장 위로가 되고 자신을 견고하게 붙들어 주는 진리를 말하고 있어서, 그는 그것에 의지해서 살 뿐만 아니라, 그것을 위해서 삽니다(갈 6:14).

따라서 우리는 가능한 한 주님의 고난과 죽으심의 전말을 알도록 힘써야 합니다. 또한 일생에 걸친 묵상의 대상으로 삼아야 합니다. 여기서는 다만 그중 한 장면, 주님의 고난과 죽으심의 풍성한 의미 중 일부만을 중점적으로 이야기하고자 합니다. 이번 장과 다음 장에서 살펴볼 내용은 주님의 고통이 가장 극심했던 순간들, 즉 겟세마네에서의 예수님과 십자가상에서의 예수님의 모습입니다. 우리는 이를 통해 주님이 당하신 고난과 죽으심이 얼마나 엄청난지를 묵상해 볼 수 있습니다.

오늘날 많은 사람들이 예배당에 드나들고 있지만 십자가를 피상적으로 알고, 따라서 신앙생활도 피상적이고 형식적으로만 하는 경우가 많습니다. 교회당에 모인 많은 사람들이 예수 그리스도께서 당하신 고난과 죽으심을 영화의 한 장면처럼 여기거나 육체적인 고통 수준에서만 생각합니다.

그러나 예수 그리스도의 죽으심과 고난은 그 이상의 깊은 의미를 담고 있습니다. 우리는 그리스도의 십자가에 대한 막연한 이해에서 벗어나 그 깊이를 맛보아 알아야 합니다. 그것을 통해서만 참 신앙으로 나아갈 수 있기 때문입니다. 십자가의 의미를 정확히 알지 못하는 것은 예수를 믿어야 할 이유를 모르는 것과 같습니다. 그러면 그저 경솔하고 자기중심적인 삶을 살면서도 형식적인 교회 생활에 만족해하는 피상적이고 거짓된 신앙에 머물게 될 것입니다. 그러므로 그리스도의 십자가를 주목하십시오. 먼저 고난의 쓴 잔을 마시기 위해 깊은 고뇌 가운데 계셨던 겟세마네에서의 주님을 정확히 보십시오.

겟세마네에서 보이신 의외의 모습

우리는 겟세마네의 예수님을 볼 때 제일 먼저 의아함을 느끼게 됩니다. 겟세마네에서 예수님은 그동안의 모습과는 사뭇 다른 태도를 보이십니다. 이전까지의 담대함 대신 흔들리는 모습을 보이십니다. 자신의 고통을 제자들에게 호소하시며 괴로움에 어찌할 바를 몰라 하십니다.

물론 겟세마네에 오르시기 2, 3일 전쯤으로 여겨지는 요한복음 12장의 한 장면에서 이미 "지금 내 마음이 괴로우니 무슨 말을 하리요 아버지여 나를 구원하여 이 때를 면하게 하여 주옵소서 그러나 내가 이를 위하여 이 때에 왔나이다"(요 12:27)라고 말씀하기도 하셨습니다. 그러나 그런 모습은 겟세마네에서 절정에 이릅니다. 주님은 자신이 당할 고통을 주저하는 평범한 인간의 모습을 짙게 나타내십니다.

그런데 겟세마네에 오르신 주님께서 그동안 보이지 않으셨던 모습을 보이신 데는 그럴 만한 이유가 있었습니다. 우리는 주님이 그런 태도를 보이신 분명한 이유를 성경에서 찾아보아야 합니다. 그것은 매우 중요한 내용이기 때문입니다. 주님께서 고민하시며 괴로워하신 이유를 알아야 겟세마네의 장면을 묘사한 성경을 진정으로 이해하고 그것이 우리에게 전해 주는 은혜와 유익을 누릴 수 있습니다.

그 이유를 알기 위해 겟세마네의 주님의 모습에 대한 모든 복음서의 기록들을 병행적으로 살펴보고자 합니다. 성경에 기록된 것 이상의 내용을 함부로 말하기보다 기록된 것을 앞에 두고 경외하는 마음으로 겟세마네의 주님을 생각해야 합니다. 스펄전은 겟세마네의 주님에 대한 설교를 하기에 앞서 이렇게 말했습니다.

나는 내 앞에 놓인 일이 두렵고 떨립니다. 나의 연약한 언변이 그 고뇌를 어떻게 묘사할 수 있겠습니까? 그 부르짖음과 눈물을 어떻게 적절하게 표현할 수 있겠습니까? 오! 하나님의 성령께서 우리의 마음이 잘못된 것을 생각지 않게 막아 주시고, 또 우리의 혀가 그의 흠 없는 인성과 그의 영광스러운 신성을 더럽히는 말을 단 한 마디도 못하게 막아 주시기를 기원할 뿐입니다. 하나님이시며, 인간이신 분에 대하여 말할 때 정확한 말의 규칙을 지킨다는 것은 쉬운 일이 아닙니다. 저는 단 한 마디라도 실수를 해서 죄를 범하지 않기를 바라고 있습니다. 사람이 위대한 신성의 신비에 대하여 적절하게 말하려 할 때에는 한 마디, 한 마디 주의를 기울여야 합니다. 육체 가운데 나타나신 하나님, 특히 인성의 연약한 특성이 가장 두드러지게 나타나는 고난 받는 육체 가운데 계신 하나님에 대해서 상세히 설명할 때는 더욱 그렇습니다. 오! 나의 주님, 나의 혀가 올바른 말을 할 수 있도록 나의 입술을 열어주소서.

교회 역사에 남을 대설교가 중 한 사람이었던 스펄전은 겟세마네 동산에서 보이신 예수님의 모습을 설교하기에 앞서 조심스러운 마음으로 이렇게 도움을 구하는 기도를 하였습니다. 우리 역시 이 본문을 두렵고 떨리는 가운데 살펴야 합니다.

간절하고 고뇌에 찬 기도

주님이 어떤 분이십니까? 그분은 약한 자에게 큰 힘을 주셨던 분이셨습니다. 그리고 고통 중에 슬퍼하는 자들을 위로하며 일으켜 주시던 분입니다. 주님은 지금껏 하나님의 뜻을 담대히 행하셨고, 자신을 찾는 모든 이에게 소망을 주고 구원을 선언하셨던 분이셨습니다. 뿐만 아니라 죽은 자를 다시 살리시고, 폭풍을 잠잠케 하시며, 사탄의 도전을 단호히 물리치셨던 분입니다.

그 예수 그리스도, 친히 인성을 취하신 하나님의 아들께서 겟세마네에 이르러서는 고통을 이기지 못하는 듯 힘들어 하셨습니다. "아버지여 만일 아버지의 뜻이거든 이 잔을 내게서 옮기시옵소서 그러나 내 원대로 마시옵고 아버지의 원대로 되기를 원하나이다"(눅 22:42) 하고 기도하셨습니다. 아버지께서 원하신다면 잔을 옮겨 달라고 간구하신 것입니다. 주님은 고뇌에 차 있으셨고, 그 어느 때보다도 애절하게 기도하셨습니다. 하나님께서는 종종 주님의 간구에 들리는 소리로 말씀하셨습니다. 그러나 이번에는 주님의 간절한 기도에 아무 응답도 없으셨습니다. 위로부터 그 어떤 소리도 들려오지 않았습니다. 항상 그의 아들에게 말씀하시던 아버지께서 아무 말씀도 하지 않으셨습니다.

누가는 대신 불현듯 천사가 하늘로부터 나타나 힘을 더하였다고 기록합니다. 천사는 피조물입니다. 피조물인 천사가 하나님의 아들 예수 그리스도께 힘을 더하였다는 것입니다. 하나님의 아들 예수 그리스도의 명령을 수행하기 위해서가 아니라 돕기 위해 온 것입니다. 하나님 아버지께서는 이렇게 주님의 기도에 응답 대신 천사를 보내셨습니다. 침묵 가운데서 자신의 뜻을 나타내신 것입니다. 즉, 주님께서 고난의 잔을 마시는 것이 자신의 뜻임을 보이셨습니다.

그러자 주님은 더욱 간절히 기도하셨습니다. 주님께서는 천사가 자신을 돕는 것을 보고 하나님의 뜻이 무엇인지 아셨습니다. 큰 고뇌 속에서 주님은 그 순간만큼은 구원자가 아닌 마치 구원을 받아야 할 자처럼 애타게 기도하셨습니다. 땀이 땅에 떨어지는 핏방울과 같이 될 정도로 기도하셨습니다. 이 내용 역시 복음서 기자들 중 누가만 기록합니다. 누가는 의사였습니다. 예수님이 보이신 모습은 실제 의학적으로도 얼마든지 가능한 일입니다. 그 고뇌와 고통이 얼마나 깊었던지 핏기가 서린 땀을 흘릴 정도였음을 기록한 것입니다. 주님은 이렇게 자신이 구하는 것을 얻지 못한 채 고통 중에 계속 간절히 기도하였습니다.

전에 없던 슬픔과 고민

항상 하나님 아버지와 고유한 교제를 누리시는 가운데 누구보다도 깊은 평안을 소유하셨던 주님이신데, 여기서는 피가 뒤섞인 땀을 흘릴 만큼 애를 쓰며 간절히 기도하셨음에도 하나님 아버지와의 친밀한 교제와 평안이 전혀 보이지 않습니다. 겟세마네에 오르시기 바로 직전에 가지셨던 성만찬 때 제자들을 권하시며 보이셨던 의연함과 평온함 대신 주님은 깊은 슬픔과 고민에 잠기셨습니다.

마태는 이때 주님께서 제자들에게 "내 마음이 매우 고민하여 죽게 되었다"(마 6:37)고 말씀하셨다고 기록합니다. 또 마가는 예수께서 "심히 놀라면서 슬퍼하셨다"(막 4:33)고 기록합니다. 주님은 겟세마네에서 자신의 슬픔을 감추지 못하셨습니다. 또 마태복음은 주님께서 기도 중에 세 번이나 조금 떨어져 있던 제자들에게 오셨음을 말해 줍니다. 주님은 제자들이 자신의 고민과 슬픔을 알고 기도하기를 바라셨습니다.

이 모두가 이전의 주님에게서는 찾아보기 힘든 모습입니다. 그분이 언제 피 같은 땀을 흘리면서 슬퍼하고, 언제 자신의 고통을 남들에게 동정이라도 바라듯 호소하셨습니까? 언제 자신에게 닥친 일을 이토록 피하고 싶어 하는 모습을 보이셨습니까?

예수께서는 이때 말고도 몇 차례 우신 적이 있었지만 그때마다 다른 연민의 대상을 위해 우신 것이었습니다. 그러나 지금은 다른 사람에 대한 연민의 마음으로 우시는 것이 아닙니다. 또 이전에 주님은 사람들의 수많은 비난과 대적에도 감정의 동요를 나타내지 않으셨으나 지금은 놀라고 슬픔에 잠기셨으며 심히 고민하여 죽게 되었다고까지 말씀하십니다.

겟세마네에서 겪으신 괴로움

겟세마네에서의 주님은 이전의 그 어떤 때보다 더 쓰라린 고통을 겪고 계십니다. 이제껏 겪으셨던 위기나 적대적 상황과는 전혀 다른 국면입니다. 그는 지금 전에는 맛보지 못했던 매우 무서운 무엇을 보고 계시며 그것으로 고통스러워하고 계십니다. 단순히 임박한 죽음이 두려워 이렇게 피 같은 땀방울을 흘리며 간절히 기도하신 것이 아닙니다. 만일 그렇다면 주님은 이후의 제자들보다도 용감하지 못하며, 담대히 순교의 길을 걸었던 이후의 성도들보다도 나약하게 죽음을 맞은 것입니다.

주님의 뒤를 따른 순교자들 중에는 가장 고통스러운 형태의 죽음을 당하러 가는 순간에도 기뻐한 이들도 있었습니다. 어떤 사람은 찬송을 부르며 화형대나 단두대로 나아갔습니다. 이름 없는 성도들조차 죽음을 앞두고 그런 담대함과 기쁨을 보였습니다.

그러나 겟세마네의 주님은 찬송하지 않으셨습니다. 왜일까요? 그분은 자신의 제자들보다, 이후의 다른 성도들보다 겁이 많고 담대하지 못해서일까요? 그렇지 않습니다. 그리스도께서 지금 보고 겪고 계신 고통은 이후의 그리스도인들의 경험과는 전혀 다른 것입니다. 여기 겟세마네에서 그리스도께서 보고 겪으신 고통은 흔히 그리스도인들이 고난 속에서 경험하는 것과는 다른 것입니다. 그 누구도 경험할 수 없는 것입니다.

그러면 주님은 겟세마네에서 왜 그토록 고통스러워하셨을까요? 어떤 이들은 사탄의 공격 때문이라고 합니다. 그러나 주님은 이전에 광야에서 사탄에게 시험을 받으실 때도 이렇게 슬퍼하거나 괴로워하지 않았습니다. 그런 주님이 겟세마네에서 유독 사탄을 두려워하실 이유는 없습니다. 물론 사탄은 발꿈치를 상하게 하듯 공생애의 마지막에 영혼에 상처를 입히긴 하지만 여기서 주님은 사탄의 공격 때문에 피 같은 땀을 흘리고 계신 것이 아닙니다.

그럼 무엇 때문이란 말입니까? 육신적 죽음 때문도 아니고, 사탄의 공격 때문도 아니라면 무엇 때문입니까? 도대체 무엇 때문에 주님은 이토록 심히 놀라고, 슬퍼하고, 마음에 고민하시며 피 같은 땀을 흘릴 만큼 애써 기도하신 것입니까?

우리는 본문에서 "슬프다", "놀라다", "고민하다", "죽게 되었다", "힘쓰고 애써서 기도하였다" 등 당시 주님의 모습을 묘사한 표현들만을 접합니다. 하지만 여기에서 우리가 주목할 중요한 사실은 주님께서 이런 반응을 보이신 이유입니다. 즉, 주님이 처하신 상황, 겪고 계신 고통의 본질입니다. 주님이 외적으로 어떤 모습을 보이셨는가 하는 것보다 무엇이 주님으로 하여금 그런 모습을 갖게 하셨는가를 생각해 보아야 합니다.

주님은 우리가 알지 못하는 상황에 처하셨고, 경험해 보지 못한 고통 중에 계셨습니다. 주님의 모습을 묘사하는 말들은 평범한 어휘들로 되어 있지만, 주님이 겪으신 고통의 상태는 아주 특별합니다. 우리는 이 사실을 놓치지 말아야 합니다.

겟세마네에서 주님이 겪으신 고난은 우리의 일상다반사 속에 일어나는 고난들과는 다른 성격의 것입니다. 주님은 우리처럼 사람들이 주는 고난이나 고통을 당하고 계신 것이 아니었습니다. 이때 주님이 당하셔야 했던 것은 하나님 아버지의 손에서 받으셔야 하는 고난의 잔, 바로 아버지의 진노의 잔이었습니다. 하나님 아버지께서 전 인류의 죄에 대한 진노로 쏟으시는 고난의 잔이었습니다. 하나님 아버지께서는 겟세마네에서 우리 주님께 이것을 보이신 것입니다. 이는 육신이 고통을 겪는 문제를 훨씬 넘어서는 것입니다.

예수님의 고난과 죽음에서 정말 중요한 것은 채찍형이나 십자가형과 같은 육체적인 고통을 가하는 형벌의 방식 자체가 아닙니다. 주님은 그런 형벌 방식이 두려워 괴로워하신 것이 아닙니다. 물론 그것도 힘든 일입니다. 무죄하신 그분이 사람들의 손에 그런 고난을 당하셨다는 것은 분명 충격적인 일입니다. 그러나 주님이 지금 보시고 놀라시며 고뇌에 빠지게 된 것은 그렇게 사람들이 주는 형벌로 인함이 아닙니다.

그것은 하나님 아버지께서 보이신 진노의 잔, 하나님이 예수 그리스도께 주시는 고난의 잔 때문이었습니다. 주님께서는 그것을 보시고, 크게 놀라고, 견디기 힘들어하고, 깊이 고민하며 두려워하셨습니다. 그것은 오직 우리의 구주로서 예수 그리스도께서만 받으실 수 있는 온 인류의 죄에 대한 진노의 잔이었습니다. 이 고난의 잔은 육신의 고통보다 훨씬 더 무겁고 무섭고 고통스러운 것이었습니다. 주님께서도 할 수만 있으면 그것을 피하고 싶어 하셨을 만큼 극심한 고통이었습니다. 그것은 인간의 어떤 형벌 방식으로도 만들어 낼 수 없는 종류의 고통입니다. 우리는 그것을 정확히 헤아릴 수 없습니다. 당연히 묘사할 수도 없습니다.

우리 주님께서 심히 놀라시고 두려워하신 이유

예수님은 송장이 되어 버렸던 나사로에게도 생명을 넣어 주신 분이십니다. 그분이 이토록 심히 놀라시고 두려워하신 것은 예삿일이 아닙니다. 이런 예수님의 모습은 아버지께서 주님께 부으실 그 잔이 어떠한 것인가를 짐작하게 해줍니다.

이사야는 이미 이때를 가리켜 다음과 같이 말한 바 있습니다. "여호와께서 그로 상함을 받게 하시기를 원하사 질고를 당하게 하셨은즉 그 영혼을 속건 제물로 드리기에 이르면"(사 53:10). "여호와께서 우리 무리의 죄악을 그에게 담당시키셨도다"(사 53:6). 즉, 하나님께서 메시아가 상함을 받고 질고를 당하기를 원하셨고, 그렇게 하셨다는 것입니다. 그래서 그가 자기 영혼을 속건 제물로 드리기에 이르렀고, 하나님께서는 우리 무리의 죄악을 그에게 담당시키셨다는 것입니다. 죄를 알지도 못하시는 그분에게 우리의 죄를 담당시키시어, 그가 대신 상함을 받고 질고를 당하게 하셨습니다. 우리의 죗값을 그에게서 찾으신 것입니다.

이것이 주님 앞에 놓인 일이었습니다. 주님은 이제 모든 사람들을 위해, 죄로 인한 죽음을 맛보셔야 했습니다. 죄인들에게 있어야 할 저주를 받으시게 되었습니다. 처음으로 죄인의 자리에 서서 죄인이 마셔야 할 진노의 잔을 마셔야 했습니다. 주님이 놀라신 것은 이것 때문입니다.

죄인의 자리에 서서 죄에 대한 진노 아래 놓이게 된 것은 주님이 전혀 경험하지 못했던 일입니다. 그러나 이제 죄가 없으신 이가, 죄인의 자리에 서셔야 했습니다. 그 자리는 공의로우신 하나님께서 우리의 죄에 대하여 쏟으시는 진노의 잔을 다 받는 자리입니다. 주님은 바로 그 자리에서 자신이 받아야 할 세상 죄에 대한 하나님의 진노를 보신 것입니다. 자신이 죄를 담당함으로써 받아야 하는 엄청난 하나님의 진노를 보시고 심히 고민하여 죽게 되었다고 말씀하셨습니다.

주님은 원죄도 자범죄도 없으신 분이십니다. 실로 순결하시고 거룩하신 분이십니다. 그런데 이제 자신이 알지도 못하는 죄를 결정적으로 담당해야 하는 자리에 이르렀습니다. 그분은 겟세마네에 이르러 자신에게 전가될 인류의 죄, 그리고 그 죄로 인한 하나님의 진노의 실상을 직접적으로 보게 되었습니다. 자신이 이제 짊어져야 하는 우리 인간들의 죄와, 그 죄가 주는 형벌을 말입니다. 이것이 주께서 마음이 몹시 고통스러워 고민하여 죽게 되었다고 말씀하신 이유입니다.

여러분은 주께서 죽게 되었다고 하실 만큼 심히 고민하시며, 피 같은 땀방울을 흘리신 이 사실을 이해할 수 있습니까? 스펄전은 겟세마네에서 주님이 보이신 모습에 대해 이렇게 말했습니다. "내가 여러분 앞에 그것을 조리 있게 말하는 것은 불가능합니다." 그리고 그는 다음과 같이 덧붙였습니다. "하나님만이 오직 하나님만이 그의 슬픔을 완전하게 아십니다."

비록 우리는 그것을 다 헤아릴 수 없습니다. 예수 그리스도 자신에게 있어서 이것은 전무후무한 일이었습니다. 이미 주님은 자신이 죄인의 자리에 서서 인류의 죄를 짊어지고 그에 따른 형벌을 당하셔야 할 것을 알고 계셨습니다. 그러나 막상 그 실체를 보셨을 때, 아버지의 진노를 맛보게 되셨을 때 놀라지 않으실 수 없었습니다. 심히 고민하여 죽게 되었다고 말하지 않을 수 없었습니다. 이런 이유로 그리스도께서 겟세마네에서 그토록 고통스러워하시며 피 같은 땀을 흘리셨다는 사실을 우리는 주목해야 합니다. 그렇지 않으면 우리는 그분의 은혜의 깊이를 알 수 없습니다. 주님께서 십자가를 지심으로 우리에게 주신 그 은혜의 깊이를 말입니다.

공관복음서에 나타난 주님의 고뇌

복음서 기자들은 저마다의 묘사로써 주님의 고통을 생생하게 전해 줍니다. 먼저 마가는 겟세마네에 이르러 다른 제자들을 남겨 두시고 베드로, 야고보, 요한을 데리고 가실 때 "심히 놀라셨다"(막 14:33)고 기록합니다. 이 말의 원어적 의미는 단순한 놀람이 아닙니다. 어떤 무서운 것을 보고 갑작스럽게 공포에 질린 것을 뜻하는 말입니다.

마가는 이런 단어를 통해 예수님께서 당하시는 고통의 원인이 바깥에 있다는 것을 일러 줍니다. 바깥에서부터 공포로 밀려오는 무언가가 있었다는 것입니다. 그것은 다름 아니라 우리의 죄에 대한 하나님의 진노, 죄인을 향하여 쏟아지는 그 진노였습니다. 주께서는 죄인의 대표가 되어 하나님 아버지께 버림을 받아야 함을, 죄인의 자리에서 그 모든 진노의 잔을 받아야 할 것을 보시고 공포에 질리신 것입니다.

마태는 "내 마음이 매우 고민하여 죽게 되었다"(마 26:38)는 주님의 말씀을 기록합니다. 여기서 '고민하였다'는 말은 죄가 주는 무서움을 직접 겪으시며 고통스럽게 씨름하셨음을 암시해 줍니다.

어떤 사람은 원어의 의미에 착안하여 고민하였다는 말이 '정신이 빠져나간 상태'가 되었다는 의미라고 설명하기도 합니다. 그만큼 슬픔으로 완전히 점령되어, 어떤 위로의 여지도 없이 영혼이 온통 고통에 잠기게 되었다는 것입니다. 주님은 죄를 진 자가 받아야 할 진노의 잔으로 인해 평정심을 유지하지 못하고 심한 내적 동요를 겪으셨습니다. 제자들에게 위안이라도 얻으려는 듯 "내 마음이 매우 고민하여 죽게 되었으니 너희는 여기 머물러 있으라" 또 "나와 함께 깨어 있으라"고 말씀하기도 하셨습니다. 그리고 땅에 무릎을 꿇고 얼굴을 묻고 부르짖으셨습니다. "아버지여 아버지께서는 모든 것이 가능하오니 이 잔을 내게서 옮기시옵소서. 그러나 나의 원대로 마옵시고 아버지의 원대로 하옵소서."

이렇듯 주님께서는 일시적으로나마 분명히 그 고난의 잔을 피하고 싶은 마음을 갖기도 하셨습니다. 그분은 인성을 따라 모든 고통을 그대로 받으셔야 했습니다. 그로 인하여 마음에 큰 동요를 겪게 되는 것은 어떤 의미에서 당연한 일이었습니다. 그분은 하나님이셨지만, 동시에 인간이셨기 때문입니다. 그는 인간으로서, 인류의 대표로서 고난의 잔을 받으셔야 했습니다. 주님은 그로 인한 슬픔에 휩싸이셨고, 빠져나갈 수도 없는 고통의 바다 한가운데 계셨습니다. 겟세마네에서 죽지는 않으셨지만, 마치 죽는 것 같은 극심한 고통을 당하신 것입니다.

누가는 주님이 기도하신 모습을 "힘쓰고 애써"(눅 22:44) 간절히 기도하셨다고 묘사합니다. 대부분의 영어성경은 이를 극심한 고뇌 또는 고통 중에(in agony)로 번역합니다. 이는 주님께서 갈등과 씨름 중에 기도하셨음을 말해 줍니다. 주님은 다름 아닌 자기 자신과의 씨름을 하고 계셨습니다. 그것은 하나님께 자신의 의견을 관철시키기 위한 씨름이 아니었습니다. 사실 주님께서는 얼마든지 자신을 위한 선택으로 고난을 피할 수 있었습니다. 그러나 주님은 "이 진노의 잔은 도저히 견딜 수가 없습니다" 하고 절규하며 할 수 있으시면 잔을 거두어 달라고 아버지께 구하면서도 "그러나 내 원대로 마시옵고 아버지의 원대로 되기를 원하나이다" 하고 기도했습니다. 자기를 굴복시켜 아버지의 뜻을 따르고자 한 것입니다.

우리는 나면서부터 죄를 지었기 때문에 죄에 익숙하고 죄를 쉽게 여기지만, 거룩한 본성을 가지시고 죄를 알지도 못하시는 주님께서 어떤 식으로든 죄와 관계된다는 것은 몹시 힘든 일이었습니다. 그러나 동시에 주님께는 죄인들을 향한 사랑이 있었습니다. 죄인들을 위해 기꺼이 그들의 죄짐을 지고자 하는 사랑의 본성이 있었습니다. 주님은 이 두 가지 속성 사이에서 고뇌하며 씨름하셨습니다. 그분의 인격 안에는 죄와 관계할 수 없는 순결함도 강력했고, 동시에 그의 백성들을 멸망에서 구하고자 하는 사랑 또한 강력했습니다.

전 인류의 죄를 위한 진노의 잔

주님께서 이런 극심한 고통 가운데 기도하심으로 얻으신 결론이 무엇이었습니까? 우리가 받아야 할 죗값을 우리에게 담당시키시는 것이었습니까? 아닙니다. 주님은 깊은 내적 갈등 끝에 우리의 죄를 자신이 지시기로 하셨습니다. 자신이 짊어질 죄 위에 아버지께서 쏟으시는 진노의 잔, 우리 죄인들이 받아야 할 진노의 잔을 받기 위해 나아가기로 하셨습니다.

마태복음을 보면 주님은 "만일 할 만하시거든 이 잔을 내게서 지나가게 하옵소서 그러나 나의 원대로 마시옵고 아버지의 원대로 하옵소서" 하고 기도하신 뒤 제자들에게 가서 "너희가 나와 함께 한 시간도 이렇게 깨어 있을 수 없더냐 시험에 들지 않게 깨어 기도하라"고 말씀하시고 다시 기도하러 가십니다. 이때 주님은 기꺼이 고난의 잔을 받겠다는 의지를 보이십니다. "내 아버지여 만일 내가 마시지 않고는 이 잔이 내게서 지나갈 수 없거든 아버지의 원대로 되기를 원하나이다" (마 26:39-42).

주님은 죄인들의 구원을 위해서는 자신이 그 고난의 잔을 마셔야 함을 아셨고, 그것이 아버지의 뜻임을 또한 아셨습니다. 마침내 주님은 기꺼이 우리가 받아야 할 죄의 형벌을 자신이 받겠다고 말씀하였습니다. 그 일의 무거움과 무서움을 보시고, 그 끔찍함을 아시고 놀라시면서도 그렇게 결정하셨습니다.

그 결정이 뭐가 그렇게 어려웠는지를 묻고 싶은 분들이 있을지도 모르겠습니다. 이미 자신의 사명을 다 알고 오셨고 제자들에게까지 그것을 알리셨던 주님께서 이제 와서 새삼 다시 갈등하고 고민하여 아버지의 뜻을 따라 잔을 기꺼이 받으시겠다고 하신 것은 이상한 일이라고 생각하는 분이 있을지도 모릅니다. 그러나 우리는 주님을 각본에 의해서 움직이는 연극 배우처럼 오해하면 안 됩니다. 그는 실제로 우리와 같은 인성을 가지고 이 땅에서의 삶을 사신 참 인간이셨습니다.

물론 주님은 자신이 죽으셔야 할 것을 아셨습니다. 그러나 그분은 죄가 없으시고 죄를 알지도 못하신 분이셨습니다. 그런데 이제 죄인들을 위해 자신이 져야 할 죄의 짐을 정확히 보고, 또 그 위에 쏟아질 하나님의 진노의 잔을 보신 것입니다. 죄 없으신 그분의 인성은 바로 그것을 보고 놀랐고, 움츠러들었으며, 갈등하게 되었습니다. 그분은 참 하나님이시기도 하지만 참 인간이기도 하셨기 때문입니다.

우리는 인간의 성향을 잘 알고 있습니다. 어려움에 봉착한 타인을 도와주려고 다짐했다가도 막상 자신이 감당해야 할 일의 실체를 보면 움츠러드는 것이 인간입니다. 이것은 죄성과는 별개로 유한한 존재인 인간이 지닌 연약함입니다. 주님은 친히 자신을 낮추어 그런 인간이 되셨습니다. 인간인 척하신 것이 아니라 인간이 되셨습니다. 그리고 한 인간으로서 모든 인류의 죄를 향한 진노의 잔 앞에 서셨습니다. 그 앞에 있던 고난은 인간이 일상에서 겪는 육체적, 정서적 괴로움 정도가 아니었습니다. 우리 주님의 고난은 그렇게 상대적인 것이 아니라 하나님 아버지께서 전 인류에 쏟으실 엄청난 죄의 형벌이었습니다. 그것은 인류 역사에 단 한 번, 주님께서만 받으신, 다른 것과 비교 불가능한 고통이었습니다. 우리는 그 고난의 깊이를 묘사할 수 없습니다.

주님의 고통은 시간의 길이로도 경중을 따질 수 없습니다. 실제로 예수님이 십자가에 매달려 계신 시간은 그렇게 길지 않았습니다. 그러나 주님의 고통은 눈 딱 감고 짧은 시간이 지나면 사라질 상대적인 고난이 아니었습니다. 그분이 마셔야 할 진노의 잔은 죄 없으신 분이, 하나님이 죄에 대해 쏟아 내리시는 모든 진노와 형벌을 받는 것이었습니다. 그것은 스펄전의 말대로 "하나님만이 아신다"고 밖에 말할 수 없는 고통이었습니다.

그 고난을 볼 수도 알 수도 없는 우리가 우리의 기준과 잣대로 '그렇게 고민하고 힘들어해야 했나?'라며 주님의 고난을 가볍게 취급할 수는 없습니다. 우리는 주님께서 그분의 신성을 뒤로 한 채 고난당하셨다는 것을 기억해야 합니다. 주님은 하나님으로서 죄와 무관하셨고, 죄에 대한 책임도 없으셨으며, 죄로 인한 모든 책임과 형벌에서 자유로우신 분이셨습니다. 하지만 친히 인간이 되시어 인간으로서 무죄하신 몸으로 그 모든 고난을 받기로 하셨습니다. 죄인이 아닌 분이 죄인 취급을 받으며, 여러분과 저의 자리에 대신 서신 것입니다.

우리의 죄, 주님을 저주 아래로 몰아넣은 우리의 죄

겟세마네에서 주님이 그토록 고통스러워하신 모습 속에서 우리가 생각해야 할 것은 주님의 연약함이 아닙니다. 오히려 죄가 얼마나 끔찍하고 무서운 것인지를 생각해 보고, 나아가 예수님께서 그 진노의 잔을 대신 받으신 것으로 인한 놀라운 결과와 그 반대의 경우까지 생각해 보아야 합니다. 주님께서 그 죗값을 대신해 주신 자의 행복은 이루 말할 수 없습니다. 반면 주님의 대신 하심을 거부하고 자신의 죄에 따르는 형벌을 자신이 그대로 받아야 하는 사람은 상상조차 할 수 없이 큰 불행을 당하게 될 것입니다. 스펄전은 이에 대해서 다음과 같이 탁월하고, 호소력 있게 말했습니다.

만일 여러분이 최후의 심판대에서 죄인으로 판명된다면 여러분이 당할 죄의 대가는 무엇이겠습니까? 오, 만약에 우리가 그 공포에 대해서 말할 수 있다면 우리 가운데 단 한순간이라도 죄악 가운데 남아 있는 것을 좋게 여길 사람은 없을 것입니다. 만약 죄악 가운데서 살고 있는 이 자리의 남녀들이 진실로 죄가 무엇인지 안다면, 죄로 인해 그들에게 임할 하나님의 진노가 무엇인지 안다면, 곧 그들을 에워싸고 파괴할 하나님의 심판이 무엇인지 안다면, 오늘 이 예배당은 마치 전쟁 때 거리에서나 들을 수 있을 울부짖음과 통곡 소리로 가득할 것입니다. 오, 영혼들이여! 주님을 그토록 괴롭힌 죄는 참으로 무서운 것입니다. 죄를 담당하심으로 순수하고 거룩하신 구세주가 피 같은 땀을 흘리셨다면, 죄 자체는 무엇이겠습니까? 그것을 피하십시오. 그 곁으로 가지 마십시오. 그것이 나타나는 곳에는 얼씬도 하지 마십시오. 죄악이 여러분을 해롭게 하지 않도록 여러분의 하나님과 함께 겸손하고도 주의 깊게 걸으십시오. 왜냐하면 그것은 지독한 전염병이요 무한한 해충이기 때문입니다.

참으로 그렇습니다. 주님이 죄를 지시고 그렇게 힘들어 하셨다면 장차 자기 죄악 가운데 죽을 사람들은 어떻겠습니까? 여러분은 그 죄의 정체와 죄로 인해 그들이 당할 하나님의 진노를 아십니까? 오늘날 예배당에 나오는 많은 사람들이 이것을 알지 못합니다. 주님의 고난을 기록하고 있는 말씀을 통해서도 그들에게 이런 내용이 전달이 되지 않고 있습니다. 이것이 교회 안에 있는 가장 큰 문제입니다. 요즘 교회와 교인들은 편안하고 세련된 것을 원합니다. 그래서 설교자들도 '죄'나 '진노'와 같은 것을 말하기 꺼리며 부드럽고 감성적인 위로의 말을 찾습니다. 그러나 그것은 교묘한 속임입니다.

성경은 주님의 고난을 통해 우리에게 진실로 죄가 무엇인지를 보여 줍니다. 주님을 놀라게 하고 주님이 죽을 지경에까지 고민에 빠뜨렸던 죄가 무엇인지를 생각해 보도록 도전합니다. 만일 우리가 죄 때문에 부어질 하나님의 진노를 참으로 안다면, 하나님의 심판이 무엇인지를 안다면, 우리의 죄를 크게 슬퍼하며 그 죄에서 떠나고자 할 것입니다. 그러나 우리는 너무 모릅니다. 그래서 죄 짓기를 좋아합니다. 여러분, 이것을 기억하십시오. 십자가 복음은 죄를 말하지 않고, 죄로 인한 하나님의 진노를 말하지 않고는 설명될 수 없습니다. 그것을 다 잘라 내고 나름대로 멋있게 각색된 복음은 가짜입니다.

주님께서는 죄인의 자리에 서시고 크게 놀라셨습니다. 그 자리에 섬으로써 뒤따르는 하나님의 진노로 크게 고민하시고 고통스러워하셨습니다. 죄로 인한 결과는 주님께서도 그렇게 놀라고 힘들어 하실 만큼 정말 엄청난 것이었습니다. 그런데 무지한 우리는 죄 앞에서 아주 태연합니다. 통곡함도 돌이킴도 없습니다. 죄를 쉽게 짓고 쉽게 관용할 수 있는 것으로 생각하고 말합니다. 죄에 대한 우리의 가벼운 태도는 모두 예수님을 그렇게 놀라게 했던 죄의 실체를 모르기 때문입니다.

겟세마네에 나타난 복음

주님은 깊은 고뇌 속에 씨름하셨지만 결국 우리를 위해 죄의 짐을 대신 지실 것을 결심하셨습니다. 저와 여러분을 위해 대신 죄인의 자리에 서시기로 결정하셨습니다. 놀라운 일입니다. 겟세마네에서의 그 깊은 고뇌와 고통의 이유를 아시겠습니까? 그것은 바로 우리 때문이었습니다. 우리의 죄 때문이었습니다. 주님께서는 우리의 자리에 서실 것을 고민하시며 피땀을 흘려 기도하셨습니다. 주님의 인성과 순결한 본성은 자신이 가보지 않은 죄의 길을 보시고 심히 놀라고 고민했지만 결국 기꺼이 우리를 구하기 위한 길을 결심하셨습니다. 죄인의 자리에 서서 그 죄에 대한 하나님의 진노를 기꺼이 받기로 하셨습니다. 주님은 자신이 받을 저주의 무게보다 우리를 그 진노로부터 건지시려는 사랑에 더 큰 집념을 발휘하셨습니다. 자신이 받을 고통에 대한 두려움보다 우리를 향한 사랑이 더 크셨던 것입니다.

이것이 복음입니다. 우리에게 이보다 더 귀한 복음은 없습니다. 주께서는 우리를 사랑하셔서 형용할 수 없이 막대한 죄의 형벌을 우리 대신, 우리의 자리에 서서 다 받으시고 우리를 살게 하셨습니다. 우리는 이렇게 우리를 위해 고난의 잔을 받으신 주님의 모습을 통해서 두 가지를 생각해야 합니다.

하나는 주님의 사랑을 받은 것이 얼마나 크고 놀라운가 하는 것입니다. 구속의 은혜를 받은 자들은 자신의 죄를 대신 지신 주 안에서 정말 더할 나위 없는 최고의 복을 이 땅에서 얻었습니다. 주님은 우리의 죄 때문에 신음하시면서도 끝내 우리를 살리시겠다는 집념과 사랑을 버리지 않으셨습니다. 그 사랑은 여러분의 삶에 어떤 반향을 일으킵니까? 아무런 감동도 반응도 없다면 그는 복음을 믿는 자가 아닙니다. 이 복음을 깨달은 한 찬송가 작가는 자신의 마음을 이렇게 표현했습니다. "겟세마네 동산의 주를 생각할 때에 근심이나 걱정을 외면할 수 있을까 나를 항상 버리고 주를 따라가리라."(찬송가 457장, '겟세마네 동산의') 누구든지 그리스도의 고난과 십자가를 아는 사람은 바울이나 이 찬송 작가와 같은 사랑의 흔적이 삶에 강력하게 나타나게 됩니다.

또 다른 하나는 우리가 자신의 죄의 대가를 스스로 받기 위해 하나님 앞에 선다면 우리에게 임할 고통은 과연 어떤 것일까를 생각해 보아야 합니다. 이런 의미에서 예수님의 고통은 예언적인 것이기도 했습니다. 주님께서는 주께로 돌이키지 않는 자가 장차 받을 심판을 예언적으로 보여 주신 것입니다. 죄의 대가는 끝도 없는 슬픔과 고통, 죽을 지경에 이를 만큼의 고뇌와 절망 속에서 하나님의 진노와 저주를 영원히 받는 것입니다. 우리 주님께서 그토록 우시고 피땀을 흘리시며 처절하게 받으신 진노의 잔을 영원히 받게 되는 것입니다.

그러므로 주님이 당하신 고난은 그분과 그분의 사역을 믿고 의지하는 사람에게 허락된 엄청난 사랑의 표이지만, 그분 자신과 그분이 하신 일을 저버리는 사람은 주께서조차 몸서리를 치실 만큼 고통스러운 그 죄의 형벌을 영원히 받게 된다는 경고의 메시지이기도 합니다.

이 진리는 가볍게 흘려들을 내용이 아닙니다. 복음은 사랑만을 이야기하는 것이 아니라 주님의 십자가 고통과 죄의 심각성과 하나님의 진노 또한 함께 말합니다. 모두 우리와 무관한 것들이 아닙니다. 모두 다 우리에 대한 것입니다. 우리는 이런 복음 진리를 바르게 알 때에야 십자가의 은혜가 얼마나 큰지, 예수님을 믿어 그분과 연합된 것이 얼마나 값지고 영광스러운지 알 수 있습니다.

겟세마네는 우리가 지은 죄의 실체와, 죄 지은 우리가 당해야 할 형벌이 어떤 것인지를 보여 주는 자리입니다. 그리고 죄를 대신 짊어지신 예수님을 저버리고 그분과 상관없는 삶을 산 자들이 당할 고통을 헤아려보게 하는 자리입니다. 이런 내용을 무시하고 십자가를 너무 낭만적으로만 이해하고 있는 이 시대의 그리스도인들에게 주님을 믿고 따르는 자로서의 흔적이 나타나지 않는 것은 어쩌면 당연한 결과입니다. 자신의 존재와 삶을 뒤흔들 만큼 십자가의 의미를 알지 못하기에 죄를 대적하며 사는 삶도 살지 못하는 것입니다.

이 복음을 바로 아십시오. 겟세마네의 주님을 주목하여 보십시오. 주님은 누구 때문에 그 동산에 계셨습니까? 누구를 위해서 입니까? 바로 우리 때문입니다. 우리의 죄 때문입니다. 그 결과로 우리는 이해 못할 특권을 소유하게 되었습니다. 무죄한 분이 고난을 받음으로써, 죄 많은 내가 고난을 받지 않는 역설적인 뒤바뀜이 일어났습니다. 죄 없으신 분은 지독한 고통을 당하시고, 일평생 죄를 지어 온 우리는 죄 없다 함과 값없이 의롭다 칭함을 얻어 형벌을 받지 않게 되었습니다.

겟세마네의 주님을 보십시오. 제발 그 예수를 피상적으로 믿지 마십시오. 우리를 위한 그분의 고난과 십자가를 가볍게 여기지 마십시오. 큰 고뇌 중에 신음하시면서도 끝내 우리를 위해 진노와 저주를 담당하신 겟세마네의 주님을 귀히 아십시오. 우리가 그분을 믿음으로 그분께 받은 복은 엄청난 것입니다. 주님이 그 고난의 잔을 마심으로써 우리가 면하게 된 그 진노만 생각해 보아도 예수 믿어 얻은 복은 엄청난 것입니다.

아이작 왓츠는 주님께 얻는 이런 큰 은혜를 묵상하며 자신이 지은 찬송가에 이런 고백을 담았습니다. "몸으로 제물 삼겠네."(찬송가 149장, '주 달려 죽은 십자가') 이것이 십자가의 은혜를 알고 받은 자의 마음입니다.

십자가를 알게 되면, 주님의 고난의 진수를 알게 되면 굳이 헌신, 성결, 거룩한 삶을 따로 강조하지 않아도 그 길을 걷게 됩니다. 십자가만 충분히 알고 그 고통과 우리 자신과의 관계를 깊이 이해할 수 있게 되어도 우리는 주님이 가신 길을 거부하지 못하게 됩니다.

이런 계시의 말씀을 통해 우리 자신을 살피고 바울처럼 우리의 인생과 전존재를 다해 십자가를 자랑하는 삶을 삽시다. 십자가를 아는 자로서 삽시다.

함께 생각해 볼 질문

1. 성경이 그리스도의 고난과 십자가를 가르쳐 주목하도록 하는 이유는 무엇입니까? 십자가를 참으로 아는 사람이란 어떤 사람을 말합니까? 여러분에게도 그런 모습이 있습니까?

2. 우리는 겟세마네에서의 예수님의 태도에 왜 의아함을 느끼게 됩니까? 여러분이 알고 있는 예수님은 어떤 분이십니까?

3. 주님께서 겟세마네에서 드리신 기도는 이전과 어떻게 달랐습니까? 겟세마네에서 기도할 때 주님에게는 어떤 일들이 있었습니까?

4. 주님께서 겟세마네에서 그토록 고통스러워하시고 두려워하신 것은 무엇 때문이었습니까? 주님 앞에 놓인 일은 어떤 것이었습니까?

5. 주님께서 극심한 고통 중에 기도하심으로써 이르신 결론은 무엇이었습니까? 그 결론이 의미하는 바는 무엇입니까?

6. 주님께서 당하신 고난은 그분을 믿고 의지하는 자와 그렇지 않은 자에게 전혀 다른 의미를 갖습니다. 주님의 고난이 여러분 자신에게 주는 의미는 무엇입니까? 그것이 여러분에게는 복음입니까?

06

십자가상에서 받으신 고통의 진실

제육시로부터 온 땅에 어둠이 임하여 제구시까지 계속되더니 제구시쯤에 예수께서 크게 소리 질러 이르시되 엘리 엘리 라마 사박다니 하시니 이는 곧 나의 하나님, 나의 하나님, 어찌하여 나를 버리셨나이까 하는 뜻이라(마 27:45-46).

두렵고 떨림으로 그 앞에 서야 할 말씀

본문은 겟세마네 고뇌의 연장선상에 있지만 더 직접적이고 격렬한 고통을 겪으시는 주님의 모습을 보여 줍니다. 여기서 우리는 의미심장한, 그리고 우리를 다소 당혹스럽게 하는 주님의 말씀을 듣게 됩니다. 쉽게 이해하기 힘든 심오한 말씀이지만 주님께서 이렇게 말씀하신 의미와 배경을 생각해 보아야 합니다. 이 말씀을 온전히, 사무치게 이해하고자 해야 합니다. 예수님의 처절한 이 외침은 성경이 가르치는 최고의 진리와 맞닿아 있기 때문입니다.

우리는 이 말씀 앞에서 주님이 당하신 고통을 보며, 왜 주님이 이렇게 절규하셔야 했는가를 질문해 보아야 합니다. 예수 그리스도께서 당하신 그 고난의 이유를 묻고, 묻고, 되물어야 합니다. 그런 묵상을 통해 주님이 우리를 위해 지신 십자가의 은혜가 우리에게 얼마나 큰 가치를 갖는지 깊이 헤아려 알아야 합니다. 또한 그 은혜로 인하여 만족하고 감사하며, 은혜의 주님을 영화롭게 하는 삶으로 나아가야 합니다.

그러기 위해 조심스럽고 경외하는 마음으로 이 말씀을 살펴봅시다. 종교 개혁자 마틴 루터는 이 말씀과 씨름하며 오랫동안 같은 자세로 꼼짝도 않고 의자에 앉아 있다가 마침내 침묵을 깨고 이렇게 탄식했습니다. "하나님께서 하나님을 버리셨다! 누가 이것을 이해할 수 있단 말인가!" 그는 이 진리의 무게 때문에 음식도 먹지 못 하고 움직일 수도 없었습니다. 우리 또한 이 진리를 깊이 있게 알기 위해 경솔하게 말씀을 대하지 않도록 해야 합니다.

그리스도의 고난을 53장면으로 묘사한 크롬마허(Friedrich Wilhelm Krummacher, 1796~1868) 또한 이 말씀 앞에서 다음과 같이 고백했습니다. "다 잴 수 없는 고난의 깊이에 다가간다고 생각할 때 내게는 오직 두려움뿐입니다. 십자가 위에서 들려온 '엘리 엘리 라마 사박다니'의 외침에 대해 글을 쓰거나 말을 하느니 차라리 오래 침묵을 지키며 얼굴을 묻고 울고 싶을 따름입니다."

주님을 절규토록 한 고통

이 말씀 앞에 선 믿음의 선배들은 왜 그렇게 침묵하며 울고 싶은 심정을 갖게 되었을까요? 그것은 주님께서 외치신 절규의 내용뿐만 아니라 주님을 그렇게 절규토록 한 죄로 말미암은 고통의 깊이 때문입니다.

주님의 그 외침은 십자가상에서 주님이 당하신 극도의 고통으로 인한 것이었습니다. 그리고 그 고통은 주님이 십자가 위에 계실 때 임했던 세 시간 동안 초자연적인 어두움과 관련되어 있습니다. 우리는 이 어두움을 빼고는 주님의 절규를 이해하기 어렵습니다.

이 어두움이 있기 전까지 주님께서는 채찍질과 십자가에 손과 발이 못 박히는 엄청난 육신의 고통을 견디셨습니다. 육체적인 고통뿐만 아니라 영혼을 심히 짓눌리게 했을 인격적인 굴욕까지도 다 감내하셨습니다. 자신을 향해 퍼붓는 사람들의 욕설과 조롱도 말없이 받으셨습니다. 그리고 오히려 하나님께 자신을 욕하고 조롱하는 자들의 용서를 구하며 기도하셨습니다. 주님 옆의 십자가에 달렸던 한 강도가 구원을 구할 때 너그럽게 구원을 선언하기도 하셨고, 제자 요한에게 모친 마리아를 모시라고 부탁하는 것도 잊지 않으셨습니다. 그렇게 평온을 잃지 않으시던 주님은 세 시간 동안의 어두움의 끝에서는 이렇게 처절하게 절규하셨습니다.

"엘리 엘리 라마 사박다니."

(나의 하나님, 나의 하나님, 어찌하여 나를 버리셨나이까.)

주님은 이제까지 이런 모습을 보인 적이 없으셨습니다. 주님은 모든 고통 중에도 하나님을 신뢰하고 인내하셨습니다. 그런 주님께서 하나님을 향해 "하나님, 어찌하여 나를 버리시나이까!" 하고 외치신 것은 이해하기 쉽지 않은 장면입니다.

그것은 세 시간 동안 임했던 어두움 속에서 있었던 일 때문입니다. 도대체 무슨 일이 있었던 것입니까? 왜 하나님은 예수님을 일반적인 자연 조건 속에서 죽도록 하지 않으시고 죽기 전 세 시간 동안 온 땅에 초자연적인 어둠을 내리신 것입니까?

많은 사람들이 십자가에서 예수님이 당하신 육신의 고통에 주목하며 그것을 그리스도께서 우리를 위해 감당하신 고난의 전부인 것처럼 여기곤 합니다. 물론 팔목에 못이 박혀 그것으로 체중을 지탱하며 죽어 가신 십자가형의 고통은 이루 말할 수 없이 컸을 것입니다. 그러나 그것이 우리의 죄를 감당하신 전부라고 생각해서는 안 됩니다. 주님이 받으셔야 할 진노의 잔은 주님의 양 쪽에서 같이 십자가에 달렸던 강도들처럼 못 박혀 죽어가는 것으로 끝이 아니었습니다. 이것은 주님이 받으신 고난의 겉모습에 불과합니다. 겟세마네에서 주님은 이런 십자가 형벌 자체에 심히 놀라고 고민하고 두려워하신 것이 아닙니다.

주님께서 십자가에서 당하신 고통에서 우리가 놓치지 말아야 할 것은 그의 임종 전 세 시간 동안 임했던 어두움입니다. 대낮에 갑자기 깊은 어두움이 임한 것입니다. 예수님께서 십자가에 달리신 시각은 우리 시간으로 말하면 오전 9시입니다. 그 후로 세 시간이 지난 후인 정오부터 오후 3시까지 약 세 시간 동안 칠흑 같은 어두움이 온 땅에 덮였습니다. 하루 중에 가장 밝은 시간에 어둠이 임했습니다.

어떤 사람은 이를 일식 현상이었을 것이라고 말하기도 하고, 중동지역에 종종 있는 모래 폭풍이었을 것이라고 추측하기도 합니다. 그러나 예수님께서 죽으셨을 때는 유월절입니다. 음력으로 보름에 가까운 날이어서 일식 현상이 생길 수 없습니다. 성경은 그때 마침 일식 현상이 일어났다는 흥미를 유발하기 위해 어두움에 대한 내용을 기록한 것이 아닙니다. 이것은 주님의 죽으심이 하나님 아버지의 진노를 받는 특별한 죽음이었음을 초자연적으로 보여 주는 장면입니다. 즉, 그것은 하나님께서 초자연적으로 내리신 어두움이었습니다.

세 시간의 어두움 속에서 일어난 일

예수님은 십자가에 달린 다른 죄수들처럼 육체적인 고통만 당하다가 기진하여 죽어 가지 않으셨습니다. 그가 십자가에 달려 계시던 중에 세 시간 동안 어두움이 임했고, 그 후에 예수님은 본문에서 보듯 절규하셨습니다. "엘리 엘리 라마 사박다니"라고 말입니다.

예수님은 이 절규 이후 두 마디의 말씀을 더 하시고 돌아가십니다. 보통 십자가 형벌을 당하는 사람은 십자가에서 피를 다 쏟고 완전히 기진한 상태에서 서서히 죽어 갑니다. 어떤 사람은 십자가에서 이틀 동안 서서히 죽어 간 경우도 있다고 합니다. 그런데 예수님은 십자가에 달리신 후 6시간 만에, 다른 사람들에 비하면 아주 빨리 운명하셨습니다. 주님께서 그렇게 빨리 운명하신 이유도 이 세 시간의 흑암과 연관되어 있다고 볼 수 있습니다.

흑암 이전까지는 침착하게 다른 사람들을 위해 말씀하시던 주님께서 어두움 이후 즉시 외치신 것은 "나의 하나님 나의 하나님 어찌하여 나를 버리시나이까"라는 이전에 볼 수 없던 처절한 절규였습니다. 성경은 주님이 절규하신 그 모습을 "크게 소리 질러"라고 묘사합니다. 기진하여 죽어 가시던 중에도 힘써 소리를 지르신 것입니다.

그 이유가 무엇이겠습니까? 주님은 그 세 시간의 어두움 속에서 주님이 받으셔야 했던 하나님의 진노의 잔을 비우셨던 것입니다. 그 일이 세 시간 동안 집중적으로 일어났습니다. 그것이 이 어두움에 감추어진 신비입니다. 그것이 초자연적으로 어두움이 임했던 이유입니다.

그 시간은 주님께 가장 고통스러운 순간이었던 것이 분명합니다. 겟세마네에서 보고 놀라셨던 고난의 잔을 이때 비우셨습니다. 하나님이 내리시는 진노의 잔을 받으시며 견딜 수 없는 고통을 당하신 것입니다. 그의 영혼과 육체는 기력을 다 소진하여 견딜 수 없는 상태가 되었습니다. 진노의 잔을 받으신 주님은 크게 절규하실 수밖에 없었습니다. 주님은 죄인들이 내던져져야 할 흑암 가운데 계시며 세 시간 동안 아버지께서 쏟으시는 진노의 잔을 다 받으셨습니다.

어떤 의미에서 그 어두움은 주님께서 진노의 잔을 비우시며 당하신 고통의 장면을 감추는 휘장과도 같은 역할을 한 것이었습니다. 그 암흑은 세상에 도저히 공개할 수 없는, 오직 주님만이 당하실 수 있는 고난을 주님께서 당하셨다는 사실을 암시해 줍니다. 그 죽음의 참된 의미가 무엇인지, 십자가에 달려 죽는 이가 참으로 누구인지도 알지 못하는 무지한 사람들에게 그리스도의 구속 사역의 절정과도 같은 이 고통은 신비스럽게 감추어졌습니다.

그러나 분명히 주님은 그냥 십자가에 달려 죽어 가지 않으셨습니다. 다른 죄수들처럼 인간이 만든 형틀의 고통만을 당하다가 죽으신 것이 아닙니다. 육체적 고통을 넘어 하나님께서 쏟으시는 진노를 그 어두움 가운데서 다 당하셨습니다. 주님은 그 고난의 잔을 친히 받으시는 중에 "나의 하나님 나의 하나님 어찌하여 나를 버리시나이까!" 하고 외치셨습니다. 주님은 의식을 잃으신 상태가 아니었습니다. 똑똑히 깨어 계속되는 고통, 죄를 짊어짐으로 인한 그 처절한 고통을 당하시는 중에 하나님을 향해 큰 소리로 절규하셨습니다.

하나님의 침묵과 버리심

그런데 여러분은 주님께서 외치셨던 "엘리 엘리 라마 사박다니"라는 이 말씀에 담겨진 의미를 생각해 보셨습니까? 이 말은 히브리말입니다. 성경에 기록되어 있듯이, 그것을 번역하면 "나의 하나님, 나의 하나님, 어찌하여 나를 버리시나이까"라는 의미입니다. 우리는 이 절규를 통해 '하나님께서 십자가에 달리신 그리스도를 버리셨다'는 사실을 알게 됩니다. 즉, 주님은 어두움 속에서 하나님의 버리심을 처절하게 경험하신 것입니다.

어떤 사람은 이것이 별것 아니라고 생각할지도 모릅니다. 그러나 하나님의 아들 예수 그리스도께서 하나님 아버지로부터 버림을 받는 일은 전에도 없었고, 이후에도 없었던 일입니다. 앞으로도 영원히 그런 일은 또 있을 수 없습니다.

"하나님께서 그리스도를 버리셨다." 여러분은 십자가에서 일어난 이 일을 이해할 수 있습니까? 이것은 삼위 하나님 사이에 일어난 단절입니다. 성부께서 그의 아들을 버리셨습니다. 영원히 하나이신 삼위 하나님께 있을 수 없는 일이 십자가에서 일어난 것입니다. 우리가 이해할 수 없는 영역의 일이 일어난 것입니다.

하나님은 일찍부터 자신의 자녀들을 버리지 않으시는 분으로 스스로를 계시하셨습니다. 하나님은 택하신 백성들을 끝까지 인도하시는 분이십니다. 개인이든, 민족이든, 자기 백성들이 어려움을 당할 때마다 하나님은 그들의 피난처가 되어서 그들을 이끄셨습니다.

다윗이 "내가 사망의 음침한 골짜기로 다닐지라도 해를 두려워하지 않을 것은 주께서 나와 함께하심이라"(시 23:4)라고 고백했듯 하나님은 자신의 백성들과 함께하십니다. 다니엘의 세 친구들이 풀무불에 던져졌을 때도 하나님은 풀무불 가운데 그들과 함께 계셨습니다. 하나님은 나라가 망해 바벨론에 포로로 끌려가 있던 백성들도 잊지 않으시고 예루살렘으로 돌아와 회복하도록 이끄셨습니다.

하나님은 교회사의 신실한 주의 백성들에게도 함께하시며 그들이 죽는 순간까지 동행하셨습니다. 순교자들이 화형대를 향하여 가면서도 찬송을 하고, 자신을 둘러싼 많은 사람들을 향하여 더욱 담대하게 그들을 권면하기도 한 것은 그들 자신의 비범함보다 그들을 향한 하나님의 도우심과 동행하심을 보여 주는 것입니다. 하나님께서 능력 가운데 죽음의 자리에까지 그들과 함께하신 것입니다. 그런 하나님께서 그의 아들 예수 그리스도께서 십자가에 달리셨을 때는 아무런 응답도 없으셨습니다. 예수님 자신의 표현대로 그를 버리셨습니다.

복음서의 다른 장면들은 예수님께서 항상 하나님과 함께하시며 아버지의 뜻을 이루는 삶을 사셨음을 보여 줍니다. 예수님의 삶은 언제

나 하나님의 임재 가운데 있었습니다. 성육신하신 예수님은 이 땅에 계시면서도 늘 하나님의 임재 안에서 아버지의 뜻을 받들며 아버지와 교통하며 함께하는 삶을 사셨습니다.

또한 하나님께서는 예수님의 출생 때부터 가시적으로 자신의 일하심과 간섭하심을 보이셨습니다. 큰 별을 통해서 그리스도의 나심을 표시하고 천사들을 보내어 찬양하게 하기도 하셨습니다. 세례를 받으실 때도 하늘에서 음성으로 말씀하셨고, 공생에 기간 내내 기도하시는 주님과 교통하셨고, 그의 기도에 응답하셨습니다. 그래서 예수님은 "하나님 아버지께서 항상 내 말을 들으시는 줄을 내가 알았나이다"(요 11:42)라고 말씀하실 수 있었습니다.

이 땅에 오시기 전은 물론 이 땅에 오셔서도 예수님은 하나님의 버리심을 알지 못하는 분이셨습니다. 그분은 영원히 아버지 하나님과 단절되실 수 없는 성자 하나님이십니다. 그런데 그분이 십자가에서 하나님께 버림받은 것입니다. 우리를 향해 "너희를 버리지 아니하고 떠나지 아니하리라"(신 4:31; 히 13:5) 말씀하신 하나님께서 십자가에 달리신 성자 예수 그리스도는 버리셨습니다.

이것은 너무나 기이한 일입니다. 우리와 같이 죄악된 피조물들과는 달리, 거룩하시고 영원하시고 하나님이신 아들을 버리셨습니다. 순교자들의 죽음과 신실한 백성의 고난에도 함께하시는 하나님, 스데반이 돌을 맞아 죽는 상황에서도 그와 함께하신 하나님께서 십자가에 달린 예수 그리스도께는 고개를 돌리시고 침묵하셨습니다.

철저히 버림받으신 이유

도대체 왜 이런 일이 있게 된 것일까요? 성경은 단순히 그런 일이 있었다는 사실을 전달하기 위해 기록한 것이 아닙니다. 하나님께서 이런 사실을 기록하여 전하게 하신 것은 이로써 우리에게 분명히 밝혀 계시하시고자 하는 진리가 있기 때문입니다.

우리는 끊임없이 묻고 생각하며 성경을 보아야 합니다. 예수님께서 십자가에서 당하신 고통은 겟세마네에서의 고뇌와 고통과는 또 달랐습니다. 그때에는 천사의 도움이 있었으나 십자가상에서는 아무도 그분을 도울 수 없었습니다. 하나님의 아들 예수 그리스도는 하나님께로부터 완전히 분리되어 버려지셨고, 그야말로 철저하게 혼자가 되어 하나님이 내리시는 진노의 고통을 가감 없이 다 받으셨습니다.

여기서 우리는 물어야 합니다. '이게 무슨 일인가?', '어떻게 이런 일이 있게 되었는가?', '성부 하나님께서 예수 그리스도를 버리기까지 하신 이유는 무엇인가?' 예수께서 버려지셨다는 사실만을 단순하게 알고 넘어가는 것이 아니라 그 이유를 묻고 더욱 깊이 알고자 해야 합니다. 이 땅에서의 주님의 삶과 사역에는 진노와 유기의 원인이 될 만한 것이 전혀 없었습니다. 그분은 한 번도 하나님 아버지의 뜻을 거스른 적이 없으셨습니다. 오직 하나님의 뜻을 이루는 삶을 사셨습니다. 그런 주님이 하나님께 버림받은 이유는 다름이 아닙니다. 그분이 짊어지신 우리의 죄 때문입니다.

우리는 주님께서 절규하신 원인인 우리의 죄를 다시 직면해야 합니다. 그렇지 않고는 본문을 바르게 이해할 수 없습니다. 우리의 죄 문제를 피상적으로 여기면 그리스도의 십자가를 감상적으로만 보게 됩니다. 그것이 주는 은혜를 절절히 믿고 의지하기보다 동정하며 '믿어 주는' 정도로 십자가를 대하게 됩니다.

우리는 주님이 당하신 고통의 실체와 원인을 바르게 알아야 합니다. 주님께서 세 시간의 어두움 속에서 하나님의 크신 진노와 저주를 감당하셨다는 것과 그 이유를 알아야 합니다. 그분이 감당하신 것은 육체적인 고통 정도가 아닙니다. 누구도 담당한 적이 없고, 담당할 수도 없는 우리의 죄로 인한 짐을 짊어지셨습니다.

주님의 십자가 고통을 동정하는 정도에서 멈추는 사람들은 종종 주님의 고통의 원인인 자신의 죄를 간단히 생각합니다. 그 원인을 심각하게 씨름하지 않는 사람은 주님의 고통과 죽으심에 얼마간 가슴 아파한다고 해도, 거기서 멈추고 말 것입니다. 주님이 믿는 자들에게 요구하시는 것에 둔감하게 반응하게 됩니다. 특히 자신의 죄 때문에 죽으신 분이, 자신을 죄에서 건지시고 마는 것이 아니라 죄로부터 돌이키게 하려 하신다는 사실을 생각하지 않게 됩니다.

주님이 버림을 받고 고통을 당하신 것은 우리의 죄 때문입니다. "여호와께서는 우리 모두의 죄악을 그에게 담당시키셨도다"(사 53:6). 이사야의 예언대로 주님은 우리의 죄 짐을 지셨습니다. 바울은 이것을 "하나님이 죄를 알지도 못하신 이를 우리를 대신하여 죄로 삼으신"(고후 5:21) 것이라 말하고, 베드로는 "친히 나무에 달려 그 몸으로 우리 죄를 담당하셨으니"(벧전 2:24)라고 말합니다. 주님은 우리의 죄를 담당하심으로써 외면과 고통을 당하신 것입니다.

우리의 죄가 아니면 주님은 버림을 받을 이유도 고통 받을 이유도 없었습니다. 성부 하나님은 불과 며칠 전까지도 "이는 내 사랑하는 아들이요 내 기뻐하는 자라"(마 3:17, 17:5)고 하시던 성자 예수 그리스도를 십자가에서는 사랑하는 자로 대하지 않으셨습니다.

우리의 죄가 죄 없으신 그분을 죄인의 자리로 내몰아 저주의 죽음을 당하게 했습니다. 우리의 죄 때문입니다. 십자가를 말할 때마다 반드시 그것이 우리의 죄 때문이라는 사실이 강조되어야 합니다. 이것은 아무리 강조해도 지나치지 않습니다. 오히려 오늘날 우리는 이것을 강조하지 않음으로써 발생하는 수많은 신앙의 왜곡된 모습들을 목격하고 있습니다.

주님이 짊어지신 우리의 죄와 거룩하신 하나님의 공의

십자가 위의 주님은 하나님과의 친밀한 교제로부터 단절되고 오히려 거룩하신 하나님의 진노와 심판의 대상이 되셨습니다. 우리의 죄를 짊어지신 죄인의 자격으로 십자가에 달리셨기 때문입니다. 죄 있는 사람은 누구든지 거룩하신 하나님을 뵐 수 없고, 하나님과 온전한 교제도 가질 수 없습니다. "주께서는 눈이 정결하시므로 악을 차마 보지 못하시며 패역을 차마 보지 못하시거늘"(합 1:13). 하나님은 죄 없는 천사들도 그 앞에서 얼굴을 가려야 할 만큼 온전히 거룩하신 분이십니다. 죄를 향한 그분의 진노 때문에 죄인은 그분을 보고 살아남을 수 없습니다.

우리의 죄를 지신 주님은 거룩하신 하나님 앞에 이전처럼 사랑하는 자로 서실 수 없었습니다. 하나님과 상종할 수 없게 되었을 뿐 아니라, 오히려 진노를 받아야 할 죄인으로 그 앞에 서셨습니다. 하나님의 거룩한 눈이 차마 보지 못할 죄를 지신 예수님에게서 하나님은 얼굴을 돌리셨고 진노를 쏟으셨습니다.

예수님께서 십자가에서 죽으시는 장면을 여러 가지로 실감나게 예언한 시편 22편은 주님이 절규하신 바로 그 내용, 즉 "내 하나님이여 내 하나님이여 어찌 나를 버리셨나이까"(시 22:1)라는 외침으로 시작됩니다. 그리고 뒤이어 이에 대한 답이 될 만한 내용이 나옵니다. "이스라엘의 찬송 중에 거하시는 주여 주는 거룩하시니이다"(시 22:3). 하나님은 거룩한 분이시기 때문에 하나님의 아들 예수 그리스도라고 하더라도 더러운 죄를 짊어지신 이상 그를 심판하셔야 했습니다. 하나님의 타협할 수 없는 공의과 거룩은 우리 대신 죄인의 자리에 선 예수님께 곧 저주와 심판을 의미했습니다.

예수님께서 세 시간의 어둠 속에서 당하신 고통과, 그 고통 끝에 외치신 "나의 하나님 나의 하나님 어찌하여 나를 버리시나이까!"라는 부르짖음은 죄를 벌하시는 하나님의 공의를 명확하게 보여줍니다. 하나님의 아들이라도 죄를 짊어졌을 때는 심판을 내리시는 하나님의 완벽한 공의가 나타난 것입니다.

인류 역사상 유일한 고통

하나님은 이전에도 역사상의 심판 사건들을 통해 자신이 죄를 얼마나 미워하는지를 보이셨습니다. 노아의 홍수 심판에서부터 소돔과 고

모라의 유황불 심판, 집단적으로나 개인적으로 범한 죄악에 대해서도 하나님은 심판을 행하셨습니다. 그러나 어떤 심판도 예수 그리스도께서 십자가에서 받으신 것과는 비교할 수 없습니다. 이전의 모든 심판은 당사자들의 극악한 죄악에 대해서만 내려진 것이기 때문입니다.

누구도 이전 세대나 이후 세대의 죄까지 감당하여 심판을 받지는 않았습니다. 반면, 주님은 아담 이래로 사망을 불러오는 이 세상의 모든 죄와, 그 이후로 예수를 믿을 사람들의 모든 죄까지 한 몸에 짊어지시고 심판을 당하셨습니다. 죄 없으신 자로서 우리의 모든 죄를 지고 그 죄에 대한 심판을 철저하게 당하셨습니다.

그런 심판의 고통은 오직 예수 그리스도만이 받으셨고, 따라서 그분만이 아시는 것입니다. 다른 누군가가 십자가 형벌이 그대로 재현된 고난을 당하거나 고행에 참여한다고 해도 주님의 고통을 알 수 없습니다. 그것은 예수님이 당하신 심판이 외형만으로는 설명할 수 없는, 오직 주님만이 받으실 수 있는 진노의 잔이었기 때문입니다. 주님 외의 다른 사람은 인류의 죄를 짊어지고 심판을 받을 자격도 되지 않을뿐더러 감당할 수도 없습니다.

예수님께서 받으신 고통은 견디기 힘든 육신의 질고만이 아니었습니다. 우리 대신 짊어진 죄악 때문에 하나님으로부터 버려진 것이 그보다 훨씬 더 큰 고통이었습니다. 우리는 그 고통을 다 헤아릴 수 없습니다. 그것을 다른 무엇에 빗대어 설명해 보려고 한참을 생각해 본들 모두 허사입니다. 예수님이 당하신 고통은 우리의 경험이 닿을 수 없는 차원의 것이기 때문입니다. 사랑하고 의지하던 자로부터 버림받아

울며 절규하는 경험이 우리에게 있을 수 있지만, 그런 우리의 경험조차 인류의 죄를 짊어지신 주님이 당하신 고통을 빗대어 표현하기에는 역부족입니다.

우리는 주님의 고통 앞에서 입을 다물 수밖에 없습니다. 어떤 찬송 작사자의 고백처럼, 주님의 고통의 실체와 이유를 아는 자는 할 말을 잃고 고개를 떨군 채 눈물만 흘리게 됩니다. 인류의 죄를 지시고 수많은 죄인들 위에 내려져야 할 하나님의 진노를 한 몸에 감당하신 주님의 고난은 오직 주님만이 당하셨고, 당하실 수 있었던 유일한 고난입니다. 이 세상의 다른 어떤 고통도 그것과 견줄 수 없습니다. 십자가에서 받으신 주님의 고난은 우리가 받아야 할 사망의 형벌과 지옥에서 받아야 할 영원한 형벌을 모두 대신하신 것이었습니다.

그 고통의 원인을 진실로 아는가

성경이 그리스도의 십자가 고난에 대해서 다른 어떤 기록보다 상세하게 그리고 반복하여 언급하는 이유는 그만큼 우리가 그것을 자세히 그리고 계속적으로 듣고 볼 필요가 있기 때문입니다. 우리는 말씀을 통해 주님의 그 십자가 고난 앞에 반복하여, 더 가까이 서야 합니다. 그렇게 십자가 앞에서 은혜를 깨달으면 깨달을수록 우리는 주님의 고난에 대한 우리의 이해가 얼마나 일천한지를 더 알게 될 것입니다. 그리고 도무지 헤아릴 수 없는 하나님의 크신 은혜에 감동하게 될 것입니다.

당신은 어떻습니까? 당신의 영혼은 주님의 고난, 당신 대신 하나님의 진노를 십자가에서 친히 감당하신 그 주님의 고난 앞에 떨며 섭니까? 주께서 십자가에서 우리 죄를 위해 모든 형벌을 받으셨다는 이 사실을 들을 때마다 주님을 향한 감사와 죄에 대한 경각심이 생깁니까?

혹, 십자가의 고난을 그저 익히 알고 있는 사실로 여기며 건성으로 들어 넘기지는 않았습니까? 다 알고 있다는 듯이 자기를 기만하는 자에게는 십자가로 인한 감동이 없을 것입니다. 그러나 헤아릴 수 없이 커다란 주님의 고통과 은혜의 깊이 앞에 정직하게 서서 십자가를 바라보는 자는 마음이 움직이지 않을 수 없습니다.

우리는 겸손히 주님께서 절규하신 십자가 앞에 서야 합니다. 우리 죄로 인한 모든 형벌을 받으신 주님의 처절한 외침을 들어야 합니다. 그리고 생각하십시오. 하나님의 아들이 "나의 하나님 나의 하나님 어찌하여 나를 버리시나이까"라고 절규하신 원인을 생각해 보십시오. 그것은 우리의 죄, 바로 나의 죄 때문입니다. 그런 십자가 앞에 서지 않고, 십자가의 의미를 깨닫지 못하는 자는 그리스도인이라고 할 수 없습니다.

그러나 슬프게도 오늘날 교회 안의 많은 사람들이 십자가를 알지 못하는 듯 행하고 있습니다. 안다고 말은 해도 실상은 모르는 자처럼 행함으로써 그리스도인의 향기가 나지 않습니다. 십자가의 은혜를 참으로 알고 그 은혜에 압도당하여 자신의 인격과 삶을 온전히 드려 주의 말씀에 반응하는 데까지는 나아가지 않습니다. 그런 사람은 십자가를 아는 것이 아닙니다. 그리스도의 십자가가 자기 죄로 인한 것임을 아는 자는 그럴 수 없습니다.

당신은 정녕 하나님의 아들 예수 그리스도께서 하나님 아버지께 버림을 받아 "나의 하나님, 나의 하나님 어찌하여 나를 버리셨나이까!" 하고 절규하신 그 결정적인 원인이 우리가 흔하게 짓는 죄 때문임을 아십니까? 당신은 그리스도의 십자가 앞에 설 때 우리의 죄가 얼마나 두렵고, 처절한 결과를 가져오는지를 보십니까? 하나님의 아들 예수 그리스도는 우리가 지은 죄로 인해 천상의 보좌에서 내려오셨고, 처절하게 죽임을 당하셨습니다.

이것은 우리가 흔하게 짓는 죄의 삯이 무엇인지를 보여 줍니다. 죄가 요구하는 대가는 참으로 막대합니다. 죄의 요구는 육체의 죽음으로 끝나지 않습니다. 죄는 육체적 죽음 이후에도 지옥에서의 영원한 고통을 요구합니다. 죄로 인한 그 치명적인 결과는 한 번의 징계나 몇 가지 선행으로 씻기지 않습니다. 영원하신 하나님을 향해 지은 죄는 영속적인 결과를 낳습니다.

예수님께서는 십자가에서 그런 죄의 모든 대가를 담당하셨습니다. 거기서 주님은 육체적 사망의 형벌뿐 아니라 그 이후에 있는 지옥의 형벌까지 다 받으셨습니다. 아버지께 처절하게 버림받고 저주를 받아 그 고통을 당하셨습니다. 주님이 십자가에서 치르신 이 엄청난 대가는 다른 무엇도 아닌 바로 우리의 죄로 인한 결과였습니다. 이것을 알고 주님의 십자가를 믿는 자는 결코 죄를 가볍게 여길 수 없습니다. 십자가를 믿는 그리스도인은 자신의 죄를 슬퍼하고 그로부터 항상 돌이키려고 애를 씁니다.

주님이 그 고통을 대신하신 목적

하나님께서는 이렇듯 엄청난 죄의 요구를 그리스도께 담당시키셨습니다. 우리의 죄에 대한 진노와 저주를 십자가에 달리신 주님께 쏟으셨습니다. 이것은 두 말 할 것도 없이 우리를 죄로부터 구원하시기 위한 일이었습니다. 하나님은 그리스도께서 저주 받으신 십자가 위에 죄가 요구하는 사망과 영원한 지옥의 형벌로부터 우리를 구원하기 위한 기초를 세우셨습니다.

이 구원의 기초는 매우 역설적입니다. 십자가는 죄 없는 한 사람을 버림으로써 죄 있는 다른 사람을 살리는 역설입니다. 의인에게 죄를 짐 지우고, 죄인을 의인으로 여기는 역설입니다. 그러나 바로 그것이 하나님께서 우리의 구원을 위해 행하신 바입니다. 하나님께서 세우신 이 구원의 기초는 그분의 거룩하신 성품에 근거한 것입니다. 의로우신 예수 그리스도께서는 하나님의 거룩하심에 따라 버림받고 제물이 되셨습니다. 그리고 그로 인해서 죄 있는 다른 사람, 곧 우리가 거룩하신 하나님 앞에 의인으로 서서 하나님과 친밀한 교제를 나눌 수 있게 되었습니다.

당신은 참으로 이 구원의 은혜를 알고 소유한 자입니까? 이 은혜는 세상의 다른 어떤 행복과도 견줄 수 없습니다. 참으로 행복한 사람은 이 구원의 진리를 자신의 것으로 소유한 자입니다. 설령 이 세상에 있는 다른 모든 것을 소유했다고 해도 이 진리를 소유하지 못하고 십자가 구원의 기쁨과 행복을 알지 못한다면, 그 사람은 실상 불행한 자입니다. 특히 교회 안에 있으면서도 그리스도의 십자가를 통한 구원의 참된 의미를 알지도 소유하지도 못한 채 다른 것에서 자신의 기쁨과 행복과 삶의 의미를 두고 그것을 좇아 사는 사람은 불행한 자입니다. 그리스도의 십자가로 말미암은 구원을 지나쳐 멸망길로 가고 있기 때문입니다.

죄와 형벌의 무서움과 십자가의 은혜

우리에게 쏟아져야 할 하나님의 진노와 형벌을 대신하신 예수 그리스도의 십자가를 붙드는 자와 그렇지 않은 자가 궁극적으로 겪게 될 차이는 실로 막대합니다. 구주께서 죄에 대한 진노와 저주를 대신 담당하신 십자가를 거부하는 자는 자기 죄에 대한 대가를 스스로 치러야 합니다. 그는 한 순간의 육체적인 죽음으로 끝나지 않을 영원한 형벌을 받아야 하며 받게 될 것입니다.

이런 하나님의 진노와 형벌로부터 영원히 구원을 받는 것은 정녕 말로는 다 표현할 수 없을 만큼 크고 기이한 일입니다. 그래서 스펄전은 이렇게 말했습니다.

만일 하나님과 화목하지 못한 어떤 사람이 자신의 진짜 상태를 알게 된다면, 그는 놀라 기절하고 말 것입니다. 여러분 중에 혹 죄 사함을 받지 못한 분들이 자신이 어디에 있으며 이 순간 하나님 앞에서 자신이 어떠한 존재인가를 알 수만 있다면 하나님과 화해할 때까지는 결코 다시 웃지 못할 것입니다.

많은 사람들이 십자가를 대수롭지 않게 여기는 것은 죄의 속임으로 무감각해져 자신의 진짜 상태를 보지 못하기 때문입니다. 그들은 하나님의 은혜보다 자기 자신을 의지하며 경솔하게 말하고 우쭐대며 살아갑니다. 하지만 만일 주님께서 십자가에서 우리 대신 당하신 그 사망의 깊이와 지옥의 영원한 형벌을 잠시라도 볼 수 있다면, 자신이 당해야 할 영원한 고통을 예고편 필름처럼 볼 수 있다면, 스펄전의 말대로 그들은 충격으로 인해 웃지 못할 것입니다. 하나님과 화목하여 그 형벌로부터 벗어나기 전까지 다시는 웃지 못할 것입니다. 자신이 하나님을 무시하고 교만한 마음으로 지은 죄로 인한 형벌을 알게 된다면 이 땅 위에서의 어떤 일에도 집중할 수 없을 것입니다. 밥맛도 잃고, 잠도 이루지 못할 것입니다.

우리의 죄로 인한 결과는 결코 가볍게 생각할 것이 아닙니다. 장차 분명히 나타날 죄로 인한 결과는 하나님의 아들이 친히 십자가에서 받으신 것과 같은 진노와 저주입니다. 그것은 다 헤아릴 수 없을 만큼 큽니다. 세 시간의 흑암 아래 그 적나라한 실체는 감춰졌지만, 십자가는 죄에 대한 거룩하신 하나님의 진노가 무엇인지를 나타냅니다. 거룩하신 하나님은 죄를 짊어진 자기 아들도 아끼지 않으셨습니다. 하물며 우리가 죄 있는 모습 그대로 그 앞에 선다면, 그때 받을 형벌의 무게는 어떻겠습니까? 반대로 그런 죄의 결과로부터 구원받은 사람의 기쁨과 행복은 또 얼마나 큰 것입니까?

지금까지 참 신앙 안에서 그 큰 형벌로부터 구원을 받은 은혜를 알게 된 사람들은 은혜를 베푸신 하나님의 사랑과 그로 인한 특권을 크게 기뻐하며 다음과 같이 고백했습니다. "나 십자가 대할 때에 그 일이 고마워 내 얼굴 감히 못 들고 눈물 흘리도다. 늘 울어도 눈물로써 못 갚을 줄 알아 몸 밖에 드릴 것 없어 이 몸 바칩니다." (찬송가 143장, '웬 말인가 날 위하여') "하늘을 두루마리 삼고 바다를 먹물 삼아도 한없는 하나님의 사랑을 다 기록할 수 없겠네." (찬송가 304장, '그 크신 하나님의 사랑') "나 무슨 말로 주께 다 감사드리랴. 끝없는 주의 사랑 한없이 고마워. 보잘것 없는 나를 주의 것 삼으사 주님만 사랑하며 나 살게 하소서." (찬송가 145장, '오 거룩하신 주님')

찬송 작가들의 이런 수많은 고백들은 모두 구원의 은혜로 인한 것이었습니다. 그들은 그리스도의 십자가를 보고 그 십자가에서 얻게 된 구원으로 인한 말로 다할 수 없는 가슴 벅찬 감격을 노래하고자 했습니다.

십자가의 은혜는 피상적으로 생각할 수 있는 것이 아닙니다. 세 시간의 어두움 끝에서 "나의 하나님 나의 하나님 어찌하여 나를 버리셨나이까!"라고 외치신 주님이 짊어지신 형벌의 무게와, 그로 인해 우리에게 허락된 은혜는 결코 가볍게 보아 넘길 것이 아닙니다. 십자가는 우리를 향해 큰 소리로 외치는 하나님의 메시지를 담고 있습니다. 이 메시지를 들은 자들은 그 십자가의 은혜로 인한 반응과 변화를 갖게 될 것입니다.

"나의 하나님, 나의 하나님"

십자가에서 예수님이 외치신 말씀에는 우리가 생각할 사실이 한 가지 더 있습니다. 주님은 버림받는 경험 속에서도 하나님을 "나의 하나님"으로 부르며 붙들고 의지하셨다는 것입니다.

예수 그리스도께서 그 순간 하나님을 "아버지"라고 부르지 않고 "나의 하나님, 나의 하나님"이라고 부르신 것은 좀 특이합니다. 주님은 거의 모든 기도 속에서 하나님을 아버지라고 부르셨습니다. 십자가에 달리어 가장 먼저 하신 말도 "아버지여 저들을 사하여 주옵소서"였고(눅 23:34), 모든 것을 이루신 후 운명하시는 그 순간에도 "아버지여 내 영혼을 아버지 손에 부탁하나이다"라고 하셨습니다. 그러나 세 시간의 어두움 끝에 하신 그 절규에서만큼은 "아버지"가 아니라 "나의 하나님"이라고 부르셨습니다.

이것은 주님께서 십자가에서 진노의 형벌을 받으시는 순간에 죄를 지신 죄인으로서 서 계신 사실을 상기시켜 줍니다. 어두움 속에서 내리신 형벌은 사실 아버지로서는 내리실 수 없는 형벌이었습니다. 예수님도 그 순간에는 하나님을 "엘", 즉 강한 힘과 능력을 가지신 하나님으로 부르셨습니다. 그만큼 주님께서 받으신 고통과 심판은 단호하고 지엄했습니다. 예수님은 우리의 죄의 대가를 '하나님의 아들'이란 명목으로 적당히 치르지 않으셨습니다. 하나님은 정확하고 객관적인 공의에 따라 죄의 대가 그대로 아들에게 부으셨습니다.

또 한 가지 주목할 것은 주님께서 공의에 따라 죄에 대한 엄중한 형벌을 받으실 때에도 공의의 하나님을 "나의" 하나님이라고 부르신다는 점입니다. 이것은 주님께서 십자가의 고통 중에도 하나님을 향하여 강한 신뢰를 가지고 계셨음을 보여줍니다. 주님은 하나님의 단호하고 처절한 형벌로 고통을 당하시는 중에도 하나님과의 관계, 그리고 그와의 언약을 의지하셨습니다. 하나님께서 자신을 버리셨고 침묵하실 때도 주님의 영혼은 여전히 언약의 하나님께 굳게 매달려 있었습니다. 흑암 가운데서 하나님께서 마시게 하신 고난의 잔을 마시면서도 주님은 끝까지 하나님을 신뢰하며 굳게 붙드셨고, 그 잔을 다 마심으로써 마침내 승리하셨습니다.

예수님에게 있어서 "나의 하나님 나의 하나님"이라는 말은 "무한하고 영원한 능력의 하나님, 여기까지 나를 이끄신 하나님, 약속을 따라 나를 붙들어 주신 하나님만을 의지합니다"라고 하는 신뢰의 고백입니다. 주님은 아무런 위로도 기대할 수 없을 때 믿음으로 하나님의 도움을 구하고 그것만을 붙드셨습니다. 견디기 힘든 하나님의 진노의 잔을 마시면서도 그렇게 하셨습니다. 자신에게 지옥의 형벌을 쏟으시는 하나님을 "나의 하나님"이라고 부르시며 그렇게 하셨습니다. 우리의 구원, 죄가 해결되는 구원은 그렇게 해서 있게 된 것입니다.

주님은 십자가에서 다름 아닌 우리의 죄를 지셨고, 우리가 받아야 할 진노와 사망의 형벌을 대신 받으셨습니다. 주님의 부르짖음은 우리의 죄 때문이고 동시에 우리의 구원을 위한 것이었습니다. 우리는 그 앞에서 죄가 요구하는 대가가 얼마나 큰 것인지를 깨닫고 우리를 구원하시려 흘리신 그 피를 의지하여 하나님께 구해야 합니다. 주님처럼 아무 소망도 없는 상황에 있다 해도, 큰 죄인을 구하시는 하나님의 언약을 의지하여 "나의 하나님"이라 부르며 구원을 구해야 합니다.

십자가의 은혜를 아는 자의 고백과 삶

어느 누구도 구원받는 역사의 출발점에서 이렇게 "엘리 엘리 라마 사박다니" 하고 외치신 예수 그리스도의 십자가와 거기서 우리 주님이 당하신 그 큰 고통의 원인을 마주하지 않을 수 없습니다. 거기서 우리는 그 십자가로 인해 우리에게 허락된 은혜를 보아야 합니다.

그러나 여전히 우리 주변에는 그런 직면 없이, 그리스도의 십자가에 대한 사실적인 이해와 인격적인 반응 없이 십자가에 '대한' 이야기만을 하며 나름대로 신앙생활을 하는 사람들이 있습니다. 마치 십자가 곁에 섰던 어떤 사람들이 예수님의 외침을 듣고 "이 사람이 엘리야를 부른다"며 엉뚱하게 반응했듯이 말입니다. 오늘날 교회당 안에는 십자가에 대한 말씀을 듣고 또 들어도 그저 지식으로 듣고, 자기 방식대로 받아들이며, 자신의 죄도 깨닫지 못하고, 구원을 구하지도 않고, 죄로부터 돌이켜 하나님께로 향하는 삶을 살지 않는 사람들이 있습니다. 독자 중에 그런 분이 없기를 간절히 원합니다.

구원받아 하나님의 자녀가 된 자는 그 중심에 그리스도께서 십자가에 못 박히심으로써 형벌을 면하게 된 은혜에 대한 진실하고 절절한 감사와 감격을 갖지 않을 수 없습니다. 하나님의 자녀는 무엇보다 그리스도와 그의 십자가를 참으로 믿는 신자라는 정체성을 갖습니다. 그는 자신이 믿고 붙드는 바로 그 십자가에서 말로 다할 수 없는 복을 경험합니다. 그리고 그로 인해 자신을 하나님께 드리려는 기꺼운 반응을 갖게 됩니다.

아이작 왓츠는 구속의 은혜에 대한 감격으로 "온 세상 만물 가져도 주 은혜 못 다 갚겠네. 놀라운 사랑 받은 나 몸으로 제물 삼겠네"(찬송가 149장, '주 달려 죽은 십자가')라고 고백했습니다.

그리스도의 십자가의 은혜를 알고 힘입은 자는 그런 고백과 삶의 반응을 기꺼이 갖고자 합니다. 그는 분명 죄인을 대신하신 그리스도의 십자가가 진실로 자신을 위한 것임을 깨닫고, 무거운 죄의 형벌에서 건지신 그 은혜를 크게 기뻐하며, 마음에서 우러나는 진실한 고백과 정결한 삶을 하나님께 드리고자 할 것입니다.

예수를 믿는다고 하면서도, 십자가에 대한 기록된 말씀을 읽고 그리스도의 고통의 깊이를 들으면서도, 하나님 앞에 아무런 인격적인 반응도 갖지 않는다면 그는 중심에 진실한 마음과 경건한 삶의 변화 없이 그저 겉으로만 남들을 흉내 내는 신앙생활을 할 수밖에 없습니다. 그저 "성전 마당"만 밟을 뿐입니다. 십자가의 은혜로 인한 진실한 믿음의 고백과 그로 인한 영적인 변화가 뒤따르지 않는 피상적인 성경 지식과 오랜 신앙생활은 교회 안에 있어도 실상은 기독교와 상관이 없는 사람으로 만듭니다.

그리스도의 십자가와 관련이 있는 자는 마음과 입술의 고백에서뿐만 아니라, 삶의 태도에서까지 변화를 갖게 됩니다. 특히 그는 죄와 직면할 때마다 즉시 그리스도께서 죄 때문에 십자가에서 당하신 형벌을 떠올리게 됩니다. 십자가에서 "엘리 엘리 라마 사박다니" 하고 외치신 우리 주님의 고통이 자신의 죄에 대한 대가임을 알고 믿는 자로서 그는 항상 이렇게 말할 것입니다. "나는 정녕 주님이 지신 십자가가, 주님의 그 고통스러운 형벌이 나를 위한 은혜임을 믿습니다. 오, 하나님!

그럼 이 죄인이 하나님 앞에 어떻게 해야 합니까? 하나님께서 미워하시고, 우리 주님을 저주 받게 한 이 죄에 대해서 내가 어찌해야 합니까?"

만일 이렇게 분투하는 믿음의 삶 없이 예배당에 나올 때만 짐짓 신앙을 고백하고 예배를 드린다면, 그 사람은 그저 무익한 종교적 행위만을 하고 있는 줄 알아야 합니다. 하나님 앞에서 십자가 은혜에 대한 진실하고 개인적인 고백과 더불어 그로 인한 삶의 구체적인 내용을 갖는 신자가 되기를 바랍니다.

함께 생각해 볼 질문

1. 예수님께서 십자가 위에서 절규하시며 고통스러워하신 것은 세 시간 동안 어두움 가운데 당하신 어떤 고통 때문이었습니다. 그때 이루어진 일은 무엇입니까?

2. 십자가에서 주님께서 외치신 대로 하나님은 예수님을 철저히 버리시고 외면하셨습니다. 이 사실이 놀라운 이유는 무엇입니까?

3. 예수님께서 그렇게 버림받으시고, 고통당하신 것은 무엇 때문입니까?

4. 하나님은 죄를 어떻게 여기십니까? 여러분은 죄를 어떻게 여깁니까? 하나님의 성품과 뜻은 여러분이 죄를 대하는 태도에 영향을 줍니까?

5. 십자가에서 주님이 당하신 일이 여러분 자신을 위한 일이었음을 믿습니까? 그 고통이 진실로 '나 자신'을 대신하신 것임을 알고 인정하며 주님을 믿습니까? 여러분의 삶은 그것을 알고 믿는 자의 삶입니까?

6. 예수님께서 외치신 "나의 하나님, 나의 하나님"이란 말이 의미하는 바는 무엇이었습니까? 이 말에서 우리는 어떤 믿음의 본을 보게 됩니까? 여기에 자신의 믿음을 비추어 살펴봅시다.

7. 십자가에서 외치신 주님의 절규와 그렇게 하실 정도의 고통을 아는 사람의 진실한 고백과 삶의 모습은 어떠해야 합니까?

07

'오늘' 돌이키라

이르되 예수여 당신의 나라에 임하실 때에 나를 기억하소서 하니 예수께서 이르시되 내가 진실로 네게 이르노니 오늘 네가 나와 함께 낙원에 있으리라 하시니라(눅 23:42-43).

갈보리 십자가에서 흘러나오는 은혜의 소리

이번 장에서는 예수님께서 십자가 위에서 하신 또 다른 말씀을 묵상해 보고자 합니다. 예수님께서 갈보리 언덕에 올라 십자가에 달리셨을 때, 거기에는 십자가 셋이 서 있었습니다. 성경에 강도로 표현된 다른 두 사형수도 거기서 함께 십자가형을 받았기 때문입니다. 아무 죄도 흠도 없으신 영광의 주님께서 이 땅의 죄인들 중에서도 더욱 죄인 취급을 받았던 두 사형수들과 함께 십자가에 달리셨습니다. 이 당혹스러운 장면은 놀랍게도 이미 구약성경에서부터 예언되었던 일입니다. 선지자 이사야는 예수님이 십자가에 달리시기 수백 년 전에 이미 메시아가 범죄자 중 하나로 헤아림을 받으리라고 예언했습니다(사 53:12). 강도들과 함께 십자가에 달리신 예수님의 죽음은 그 예언의 성취였습니다.

누가복음 본문은 예언의 성취 장면과 함께 예수님께서 강도들 중 한 사람에게 말씀하신 내용을 담고 있습니다. 예수님은 거기서 자신을 믿고 회개한 강도에게 구원을 약속하셨습니다. 주님께서는 십자가에서 죄인들을 위한 구원을 성취하셨을 뿐만 아니라, 강도와의 대화를 통해 모든 세대에게 아주 중요한 구원의 메시지를 남겨 주셨습니다.

빗나간 성경 이해

이 본문은 많은 사람들이 잘 알고 있는 '십자가에서 예수를 믿어 구원을 받은 한 강도'와 관련된 이야기입니다. 그런데 이 이야기를 제대로 이해하고 있는 사람은 의외로 많지 않습니다. 많은 이들이 그 강도를 그저 죽기 직전에 운 좋게 믿고 구원받은 사람 정도로 생각합니다.

그러나 그것은 강도에 대한 누가의 기사를 오해한 것입니다. 성경이 기록하는 이 강도의 구원은 그렇게 간단하게 보아 넘길 만한 것이 아닙니다. 우리는 강도에게 허락된 한정된 시간과, 예수님에 대해 부정적이었던 주변의 분위기, 그리고 무엇보다 그의 진실한 회개와 믿음을 잘 살펴보아야 합니다. 그는 인생을 마음껏 살다가 죽기 직전에 운 좋게 회개하여 구원받는 사람으로 제시된 인물이 아닙니다.

회개와 구원에 대한 성경의 내용을 좀 알고 있지만 이런 저런 핑계로 자신의 회개를 지연하는 이들이 많습니다. 당장 중요한 것은 회개나 구원이 아니라 눈앞에 보이는 일들이라고 생각하는 것입니다. 예를 들어, 자식들을 다 키워 출가시키고 나중에 예수를 믿어보겠다는 식입니다. 일찍 신앙생활을 시작하고도 결혼과 직장 등 자기 인생의 분주함에 빠져 살면서, 은근히 언제든 회개만 하면 이 강도처럼 구원받을 수 있다고 생각하며 적극적인 신앙생활을 미룹니다. 심지어 농담처럼 실컷 세상 재미를 보다가 이 강도처럼 구원받으면 되지 않겠냐고 하며 인생을 즐깁니다.

그러나 그들은 강도의 구원을 오해한 것입니다. 성경은 결코 그처럼 값싼 구원을 말하지 않습니다. 강도는 그렇게 얼렁뚱땅 구원을 얻은 자가 아닙니다. 주님께서 자기 옆 십자가에 달린 강도에게 선심 차원에서 구원을 약속하신 것이 아닙니다. 주님은 요행으로 구원 얻기를 바라는 사람들의 모델로 삼으시려고 강도를 구원하신 것이 아닙니다. 주님께서 십자가에서 강도의 간청에 따라 구원을 약속하신 이 장면은 그보다 훨씬 크고 놀라운 진리를 담고 있습니다.

요행으로 구원 얻기를 바라는 자들과 강도의 차이

강도의 구원을 오해하여 자신도 평생 제멋대로 살다가 인생 말년에 요행으로 구원받기를 기대하는 사람이 있다면 잘 생각해 보십시오. 우리 중 누구도 인생의 마지막 순간을 자기가 원하는 때에 맞지 않습니다. 그 순간은 언제 어떻게 닥쳐올지 알 수 없습니다.

또 그 마지막 순간에 강도와 같이 믿음을 분명히 갖게 되리라고 보장할 수도 없습니다. 우리는 종종 세상적인 욕망에 사로잡혀 살던 사람들이 죽는 순간까지도 자신의 욕망에 따라 하고 싶은 것과 먹고 싶은 것에 집중하는 모습을 보곤 합니다. 아무리 임종의 자리에서 회개하기를 권하고 구원에 대해 말해도 듣지 않고 돌이키지 않습니다. 하나님의 은혜로운 부르심을 알고도 반응하기를 차일피일 미루며 죽기 직전에 돌이키려고 작정한 자도 마찬가지입니다. 평생 자기 방식대로 사는 본성을 지켜 온 사람이 죽기 직전에 주님의 은혜에 굴복하여 구원 얻는 참 신앙을 갖게 되기를 막연히 기대하는 것은 어리석은 일입니다.

인생의 황혼기라고 진실한 믿음을 갖는 것은 쉽지 않습니다. 물론 주님께서는 자기에게 나아오는 자는 노인이라도 기꺼이 구원하십니다. 그러나 오랜 세월 주님을 업신여기며 살아 왔던 습관과 사고방식, 삶의 태도는 주님께로 나아가 그분을 영접하는 데 매우 큰 걸림돌이 되기 마련입니다. 더구나 이제껏 고의로 은혜를 기만하며 자기 본성대로 살던 자가 마지막 순간에 갑자기 돌이켜 하나님 보시기에 진실한 신앙을 갖는 것은 기대하기 어려운 일입니다. 아니, 지금 악한 마음으로 회개를 거부하는 자에게 마지막 순간이 부드럽게 다가와 회개의 기회가 다시 주어지리라는 것은 더욱 장담할 수 없는 일입니다.

강도가 인생의 마지막 기회를 잘 잡아 구원받았듯 자신의 인생도 그럴 수 있기를 바라는 것은 심각한 오산입니다. 자신에게 이미 주어진 회개의 기회를 미루며 본성대로 살다가 마지막에 회개하여 구원에 '골인'하겠다는 심산은 하나님의 은혜를 조롱하는 일입니다.

주님 곁의 그 강도는 자신에게 주어진 여러 번의 기회 중 마지막을 잘 잡은 것이 아닙니다. 그가 십자가에서 주님을 만난 것은 그의 인생에 허락된 첫 번째 구원의 기회였습니다. 그는 예수님을 처음 만난 바로 그 자리에서 주님을 의지하며 믿음을 고백했습니다. 강도는 오늘날의 약삭빠른 자들처럼 복음을 듣고 또 들으면서도 마지막을 기약하며 하나님의 은혜를 기만하던 자가 아니었습니다. 그는 마지막이 아니라 자신에게 주어진 첫 기회에 회개하고 주님을 믿어 구원을 받은 자였습니다.

강도의 분명한 회심

예수님과 함께 십자가에 달린 강도가 구원받은 이야기는 현재 우리에게 허락된 하나님의 은혜를 경홀히 여기는 근거가 될 수 없습니다. 그 강도에게는 놀라운 믿음의 실체가 있었습니다. 물론 그는 진실한 신자들의 보편적인 모습과 비교했을 때 부족한 면이 있었던 것이 사실입니다. 강도는 주님을 믿어 구원을 얻은 후, 구원하신 주를 위한 인생의 시간을 충분히 갖지 못했습니다. 믿음의 참됨을 나타내는 삶을 살아갈 기회가 없었던 것입니다. 그러나 그 외에는 구원 얻는 신앙의 뚜렷한 증거들이 있었습니다. 비록 짧은 시간이었지만 자신에게 주어진 시간 동안 진실한 믿음의 실체를 드러내 보였습니다.

십자가에 달린 그 강도의 모습을 자세히 주목해 보십시오. 마태복음은 예수님께서 십자가에 달리실 때 주변의 상황을 좀 더 상세하게 보여 줍니다. "이 때에 예수와 함께 강도 둘이 십자가에 못 박히니 하나는 우편에, 하나는 좌편에 있더라 지나가는 자들은 자기 머리를 흔들며 예수를 모욕하여 이르되 성전을 헐고 사흘에 짓는 자여 네가 만일 하나님의 아들이어든 자기를 구원하고 십자가에서 내려오라 하며 그와 같이 대제사장들도 서기관들과 장로들과 함께 희롱하여 이르되 그가 남은 구원하였으되 자기는 구원할 수 없도다 그가 이스라엘의 왕이로다 지금 십자가에서 내려올지어다 그리하면 우리가 믿겠노라 그는 하나님을 신뢰하니 하나님이 원하시면 이제 그를 구원하실지라 그의 말이 나는 하나님의 아들이라 하였도다 하며"(마 27:38-43). 그리고 이렇게 덧붙입니다. "함께 십자가에 못 박힌 강도들도 이와 같이 욕하더라"(마 27:44).

당시 그곳에는 세 사람이 십자가형을 당하고 있었습니다. 그런데 그 앞을 지나가는 사람들과 대제사장들, 서기관들, 장로들은 유독 가운데 십자가에 달리신 예수님을 향해 희롱과 모욕의 말을 쏟아냈습니다. 이런 분위기에서 양 쪽의 두 강도들도 같이 주님을 욕하였습니다. 즉, 예수님을 믿어 구원받은 그 강도 역시 처음에는 다른 사람들과 같이 주님을 욕하고 희롱했던 것입니다. 그의 회심은 바로 그런 상황에서 일어났습니다.

사람들이 십자가 아래서 머리를 흔들며 희롱할 때에 덩달아 예수님을 모욕하던 강도 중 한 사람에게 어떤 변화가 생기기 시작했습니다. 우리는 그에게 어떤 계기가 있었는지 확실히 알 수 없습니다. 그러나 그는 예수님께 적대적인 분위기에 편승해 같이 욕을 하다가 입을 다물고 무언가를 생각한 것이 분명합니다.

강도는 자신이 그 자리에서 보고 듣는 바에 대해 다시 생각해 보게 되었습니다. 성경은 그때 그가 생각했던 내용과 그로 인해 마음에 일어난 변화를 구체적으로 기록하지 않습니다. 하지만 그에게는 분명한 전환이 있었습니다. 그리고 그것은 우연이 아니었습니다. 어쩌다 보니 자연스럽게 일어난 일이 아니었습니다.

강도에게 일어난 변화의 원인

강도의 변화는 다름 아닌 성령의 역사였습니다. 성령의 역사가 아니면 이런 일은 일어날 수 없습니다. 당시의 상황을 보십시오. 예수님 주변의 사람들은 "네가 하나님의 아들이냐? 이스라엘의 왕이냐? 네가 다른 사람을 구원하였느냐? 네가 하나님이 택하신 자 그리스도냐?" 하고 주님을 조롱하고 있었습니다. 강도도 그들과 함께 주님을 욕했습니다. 그러던 중 그는 멈추어 생각했을 것입니다. '왜 나는 저들과 함께 이 사람을 욕하고 있는가? 이 사람이 그렇게 욕을 할 만한 사람인가? 지금까지 보인 그의 반응은 도대체 무엇인가? 나는 그를 욕할 만한 자격이 있는가?'

어쩌면 그는 직접 십자가를 지고 갈보리 언덕에 오르신 예수님의 모습을 다시 떠올려 보았을지도 모릅니다. 고통당하여 기진하신 예수님을 가까이서 지켜보았지만 강도는 그분에게서 극악범과 같은 모습은 찾아볼 수 없었습니다. 예수님은 십자가에 달리실 때조차 자신을 포함한 다른 죄인들과는 무언가 달랐습니다. 심지어 자신을 못 박고 희롱하는 자들을 위해서도 "아버지 저들을 사하여 주옵소서 자기들이 하는 것을 알지 못함이니이다"(눅 23:34) 하고 기도하셨습니다. 강도는 자신에게 그런 분을 욕할 어떤 자격도 이유도 없다는 것을 깨달았을 것입니다. 그리고 예수님의 머리 위에 쓰인 "유대인의 왕"이라는 죄패를 다시 보게 되었을 것입니다. 또 "하나님의 아들", "그리스도", "남을 구원하였다"는 예수님을 향한 사람들의 조롱의 말도 달리 듣게 되었을 것입니다.

중요한 것은 강도가 주님을 향한 부인할 수 없는 믿음과 경외심을 가졌다는 사실입니다. 우리는 성경에 기록된 그의 말 속에서 그가 태도를 바꾸어 분명한 회개와 믿음을 갖게 되었다는 사실을 발견하게 됩니다. 그것은 어쩌다보니 생겨난 일이 아닙니다. 우리가 면밀히 살펴보아야 할 하나님이 행하신 놀라운 일입니다.

하나님의 주권적인 역사

강도는 매우 특별한 상황에서 마음을 돌이키고 회개하였습니다. 예수를 믿고 변화된 사람들의 배경과 상황은 저마다 다양합니다만, 이 강도의 경우는 더욱 특별했습니다. 주님은 십자가에서 이적을 행하지 않으셨습니다. 이전에는 많은 사람들이 그분을 따르며 "호산나! 호산나!" 하고 그를 높였습니다. 그러나 십자가에 못 박히신 예수님은 볼품도 없으셨고 열광적으로 그분을 따르던 자들도 사라졌습니다.

강도가 본 예수님은 부활 승천하여 하나님 보좌 우편에 앉아 계신 모습도 아니었습니다. 강도는 자신과 남을 구원할 수 있는 자라고 하기에는 너무 처참하고 힘없는 주님의 모습만을 보고 있었습니다. 그러나 강도는 그렇게 무력하고 수치스런 모습으로 사람들의 조롱을 받으며 죽어가던 주님께 구원을 요청했습니다. 자신처럼 죽음의 형틀에 달려 있는 주님을 향해 구원을 요청했습니다. 십자가에서 피를 흘리며 죽어가는 사람을 향해 "예수여, 당신의 나라에 임하실 때에 나를 기억하소서"(눅 23:42)라고 간구했습니다.

강도는 '주님을 믿을 만한 상황'에 있었기 때문에 믿은 것이 아니었습니다. 오늘날의 우리는 성경의 기록을 통해 십자가 죽음이 끝이 아니라는 것을 알고 있습니다. 주님은 죽으셨을 뿐 아니라 부활하고 승천하셨고, 이후 성령을 보내 교회를 흥왕케 하시고, 성령을 받은 제자들에 의해 병자들이 고침 받고 이방에 복음이 전파되는 큰 역사가 일어나게 하셨습니다. 우리는 주님이 그런 분이신 것을 알고 하나님의 아들 예수 그리스도를 믿습니다.

그러나 강도는 달랐습니다. 그가 본 예수님은 다른 사람을 구원하는 것이 불가능해 보이는 모습이었습니다. 실제로 주님을 따르던 제자들도 도망가 곁에 없었습니다. 유다도 배반했고, 베드로도 부인했으며, 나머지 제자들과 추종자들도 모두 주님 곁에서 자취를 감추었던 바로 그때 강도는 예수님 곁에서 그분을 왕으로 고백했습니다. "당신의 나라에 임하실 때에"라는 말은 예수님을 왕으로 믿는 고백이었습니다. 십자가 위에 계신 예수님을 그 자리에서 왕으로 고백하며 믿은 사람은 강도뿐이었습니다.

예수님을 믿도록 하기 위해 누가 강도에게 멍석을 깔아 주었던 것도 아닙니다. 주변 사람들이 신경 쓰고 섬겨 주며 예수를 믿도록 권하지도 않았습니다. 오히려 주변 모두가 예수를 인정하지 않고 적대하고 있었습니다. 강도는 그때 마음을 돌이켜 주님을 구원자로 고백했습니다. 그는 예수님이 십자가에 못 박히신 후 가장 먼저 예수님을 구원주로 인정한 사람이었습니다. 이런 그의 믿음은 분명 하나님의 주권적인 역사로 인한 것이었습니다.

강도에게 일어난 변화 1. 하나님에 대한 경외심

강도는 분명하게 마음을 돌이켜 주님을 자신의 구원주로 믿고 그에게 자기 영혼을 맡겼습니다. 이때 그가 보인 믿음은 구원 얻은 모든 백성들이 공통적으로 갖는 참된 믿음이었습니다.

가장 먼저 그에게서 발견할 수 있는 것은 하나님을 두려워하는 태도입니다. 그는 하나님의 심판을 믿었고, 심판주 하나님을 두려워하지 않고 예수님을 비방하는 건너편 강도를 책망했습니다. "네가 동일한 정죄를 받고서도 하나님을 두려워하지 아니하느냐!"(눅 23:40) 이처럼 하나님 앞에서 경망스럽게 행하는 자에게 보인 진지한 반응은 이전의 그에게는 없었던 모습이었습니다.

여러분은 하나님의 심판을 의식하고 두려워하여 주변의 죄악들을 책망하거나 거부하거나 경계해 본 적이 있습니까? 아니, 지금도 직장이나 친구, 가족 관계 안에서 행해지는 죄들에 단호하게 반응하고 있습니까? 믿는 사람에게는 강도가 보인 것과 같은 죄에 대한 단호함이 있어야 합니다. 만일 우리가 주변에서 일어나는 일들이 죄인 줄 알면서도 하나님보다 사람을 더 두려워하여 침묵하면, 결국 우리 자신도 그 죄에 동참하는 데까지 나아가게 됩니다. 이것은 참된 믿음의 모습이 아닙니다. 물론 자신만 잘나고 옳은 것처럼 행하는 경솔함과 어리석음은 피해야 하지만, 주님의 심판을 의식하고 주님을 경외하는 참된 믿음은 결국 죄에 동조하거나 죄를 방조하는 자신을 용납하지 못합니다. 강도는 바로 그와 같은 믿음의 태도를 나타냈던 것입니다.

강도에게 일어난 변화 2. 회개와 믿음

그는 단순히 다른 사람의 죄를 책망하기만 한 것이 아니었습니다. 그는 자신의 죄에 대해서도 진실한 반응을 보였습니다. 그는 다른 강도를 책망하며 "우리는 우리가 행한 일에 상당한 보응을 받는 것이니 이에 당연하거니와…"(눅 23:41)라고 말했습니다. 즉, 자신은 자신이 행한 일에 따라 마땅히 받아야 할 벌을 받고 있다고 말한 것입니다.

강도는 자신은 죽어 마땅한 죄인이라며, 자신의 죄를 인정했습니다. 주님께 자신의 운명을 내어 맡긴 강도의 믿음은 이러한 회개의 마음을 동반한 것이었습니다. 참된 믿음은 언제나 이런 회개와 함께 생겨납니다. 자신은 구원이 필요한 죄인이며 오직 주님 외에는 소망이 없다는 진실하고 절박한 뉘우침이 없는 믿음은 참된 것일 수 없습니다.

이것은 우리가 강도의 믿음을 평가 절하할 수 없는 또 하나의 이유입니다. 그 강도는 하나님을 심판자로 깨닫고 두려워했을 뿐 아니라, 자신의 죄과를 인정하고 자신의 죄인 됨을 고백했습니다. 그것은 오늘날 예배당에 모이는 수많은 사람들에게 결여되어 있는 참된 신앙의 매우 중요한 일면입니다.

근래에는 회개 없이 '예수 믿는 자로서의 삶', '그리스도인다운 삶'이라는 미명하에 적당히 세련되고 도덕적이고 모범적인 생활을 추구하는 것으로 기독교 신앙을 대체하는 이들이 많아지고 있습니다. 겉으로 보기에는 그럴 듯해 보일지 몰라도, 이런 추세는 오늘날 교회의 비극을 부추기는 한 요인입니다. 그렇게 예배당에 모여든 명목상의 기독교인들은 하나님 앞에서 자신의 죄인 됨을 절박하게 느끼고 회개하지 않습니다. 그들은 기독교 신앙을 어떤 종교적인 체험이나 번성과 치유를 경험하며 도덕적으로 괜찮은 사람이 되는 것으로 생각합니다. 그렇게 자기방식대로 예수를 믿으면서 자신은 믿음을 가진 자라고 자위합니다. 그러다 자신에게 작은 불편이나 어려움이 생기면 곧 회의감에 빠지고 뒤로 물러서는 불신앙을 드러냅니다.

여러분은 어떻습니까? 여러분에게는 자신이 하나님 앞에 추악한 죄인임을 깨닫고 죄인의 구주를 절박하게 갈망하고 의지하는 믿음이 있습니까? 그런 회개 없이 교회에 대한 좋은 인상과 몇 가지 감정적 경험만으로 스스로를 그리스도인으로 여기고 있지는 않습니까?

그렇게 피상적인 신앙을 가진 사람은 후에 교회 안에서 자기 본성과 방식대로 행함으로써 결국 교회 공동체에 해를 끼치는 자가 될 수 있습니다. 참된 회개를 통해 하나님의 진리 앞에 굴복하지 않은 사람은 성경의 가르침보다 자신이 생각하는 기독교, 자신이 원하는 신앙생활을 추구하고 주장함으로써 얼마나 큰 열심과 열정을 발휘하든지 궁극적으로는 교회를 혼잡하게 만들고 맙니다. 회개 없는 그런 믿음은 가짜입니다. 성경이 말하는 참된 믿음은 하나님께 대한 회개 없이 있을 수 없습니다. 이런 의미에서 강도의 믿음은 참된 신앙의 본보기입니다.

강도에게 일어난 변화 3. 주님을 변호하고 높임

강도의 변화가 얼마나 진실한 것인지를 보여 주는 또 다른 모습은 그가 주님을 적극적으로 변호한 것입니다. 그는 좀 전까지 다른 강도와 함께 예수님을 비방했습니다. 그러나 이제 다른 강도에 대항하여 주님을 변호합니다. "이 사람의 행한 것은 옳지 않은 것이 없느니라"(눅 23:41).

이는 굉장한 믿음의 증거입니다. 그는 서로 한패가 되어 예수님을 죄인 취급하던 수많은 사람들과 반대편에서 예수님을 변호했습니다. 예수님을 죄인 취급하는 지배적인 분위기에 반하여 예수님의 무죄를 주장한 것입니다. 이는 그 어떤 신자의 영웅적인 모습보다 더 위대하고 놀라운 일이었습니다.

그가 죽기 직전 회심했다고 해서 그의 믿음을 가벼운 것으로 생각하는 것은 오산입니다. 마지막 순간에 그가 보인 모습을 보십시오. 그는 우리 중 그 어떤 사람보다 더 용기 있고 담대하게 주님에 대한 실제적인 믿음을 보여 주었습니다. 강도는 당시 예수님을 따르던 다른 어떤 사람도 말하지 못하던 사실에 대해 크게 소리쳤습니다. 그는 건너편 십자가에 달린 다른 강도에게 "이 사람의 행한 것은 옳지 않은 것이 없느니라!"고 말했습니다. 이 말은 속삭이듯 한 말이 아닙니다. 십자가와 십자가 사이는 최소 몇 미터씩 떨어져 있었습니다. 그는 반대쪽 강도에게 이 말을 하기 위해 큰 소리를 내야 했습니다. "이 사람의 행한 것은 옳지 않은 것이 없느니라!" 하고 소리친 것입니다.

그의 말은 사실상 온 유대 민족을 정죄하는 말이었습니다. 강도는 공개적으로 모든 유대 사람이 대적하고 죄인 취급하여 십자가에 못 박은 예수님의 무죄를 주장함으로써, 결국 예수님을 정죄한 온 유대 민족의 죄를 고발한 것입니다. 그는 거기서 멈추지 않고 더 나아가 "예수여 당신의 나라에 임하실 때에"라는 말로써 유대인들이 못 박은 그분이 참 왕이신 것을 고백했습니다.

강도는 주께서 자신의 "나라"를 다스릴 왕이심을 믿었습니다. 분명 십자가는 왕의 보좌가 아닙니다. 흉악한 죄인들의 자리입니다. 온 몸이 벌거벗겨지고 찢어지고 피를 흘리게 되는 처참한 죄인의 자리입니다. 예수님은 왕의 보좌에 앉지도, 왕복을 입고 있지도, 왕들이 쓰는 찬란한 금 면류관을 쓰지도 않으셨습니다. 그러나 강도는 죄인의 자리에 계신 주님을 왕으로 인정했습니다. 아무도 그분을 왕으로 대접하지 않고 있을 때에 예수님을 왕으로 믿고 간구하였습니다. 그저 마음속으로만 아니라 공개적으로 고백했습니다.

강도의 이 믿음을 보십시오. 그의 구원을 요행이라 할 수 있습니까? 그렇지 않습니다. 그는 자신에게 주어진 생명의 마지막 순간 진실하고 참된 신앙의 모습을 나타냈습니다. 모두가 주님을 반대하거나 외면할 때도 홀로, 또 공개적으로 주님을 "무죄한 분, 장차 임할 나라의 왕, 사람의 영혼을 구원하실 분"으로 고백했습니다.

참된 신앙의 가시성

진실로 하나님과 하나님의 아들 주 예수 그리스도를 믿는 자의 믿음은 결코 감추어져 있을 수 없습니다. 그것은 드러나는 것입니다. 참된 믿음은 공개적으로 나타나야 합니다. 그리스도를 자신의 주로 당당하게 고백하고 그 고백에 합당한 증거를 자신의 삶에 나타내지 않는 사람은 그리스도인이라 할 수 없습니다. 그런 모습 없이 자칭 그리스도인이라고 하는 사람이 있다면 그는 비겁하게 믿음을 숨기고 세상과 타협하고 있는 상태에 일시적으로 빠져 있든지, 처음부터 참된 믿음이 없이 거짓 믿음으로 자위하고 있든지 둘 중 하나입니다.

주님께서도 이에 대하여 엄중하게 말씀하신 바 있습니다. "누구든지 사람 앞에서 나를 시인하면 나도 하늘에 계신 내 아버지 앞에서 그를 시인할 것이요 누구든지 사람 앞에서 나를 부인하면 나도 하늘에 계신 내 아버지 앞에서 그를 부인하리라"(마 10:32-33). 이는 매우 무서운 말씀입니다. 참된 믿음으로 주님을 시인하지 않는 자는 마지막 날에 주님도 그를 부인하시리라는 말씀입니다. 좀 더 구체적인 의미는 참된 믿음을 가진 자는 반드시 그에 따른 고백과 증거를 나타내리라는 것입니다. 나타나지 않는 믿음은 거짓 믿음입니다.

강도는 자신이 놓인 자리에서 보일 수 있는 가장 진실한 신앙의 증거와 고백을 나타냈습니다. 우리도 마찬가지입니다. 우리도 각자가 처한 환경에서 가장 진실하고 적절하게, 그리고 공개적으로 우리의 믿음을 드러내야 합니다. 입술로만이 아니라 삶으로 그렇게 해야 합니다. 그런 사람이 참된 그리스도인입니다.

만일 우리가 자신을 둘러싼 세상과 타협하여 하나님을 두려워하지 않고 죄를 가볍게 여기며 그리스도를 주로 고백하며 섬기기를 거부하는 길을 간다면, 주님께서 말씀하신 대로 그에 합당한 대접을 받게 될 것입니다. 정녕 참된 믿음을 가진 자에게 기회주의적인 삶은 어울리지 않습니다. 일시적으로 그런 시험에 빠지더라도 속히 돌이켜야 합니다. 그것은 신자에게 매우 슬프고 굴욕적이며 비참한 일이기 때문입니다.

그럼 신자다울 뿐만 아니라, 주님께서도 원하시고 기뻐하시는 길은 무엇입니까? 그것은 명백합니다. 이 강도처럼 우리가 믿는 분이 누구이시며 우리를 향한 그분의 뜻이 무엇인지를 공개적으로 드러내는 삶을 사는 것입니다.

참된 신앙의 간구를 향한 주님의 애정

강도가 마음을 돌이켜 주님께 "예수여 당신의 나라에 임하실 때에 나를 기억하소서!"(눅 23:42)라고 죄인인 자신의 구원을 간구했을 때, 주님은 그를 어떻게 대하셨습니까? 주님의 응답은 참으로 놀랍습니다. 주님께서는 좀 전에 "아버지 저들을 사하여 주옵소서 자기들이 하는 것을 알지 못함이니이다"(눅 23:34) 하고 기도하셨던 그 선하신 성품에 따라, 분별없이 옆에서 자신을 욕하던 강도의 죄 또한 즉각 용서하셨습니다. 나아가 그의 영원한 운명에 대한 확실한 약속까지 주셨습니다. 극심한 십자가의 고통 속에서도 주님은 그를 사랑으로 돌아보셨습니다.

주님은 강도의 간구를 듣고 일축하거나 생각해 보겠노라고 하지 않으셨습니다. 군중들이 십자가에서 내려오면 믿겠노라고 비방하며 시험할 때, 주님은 아무런 응답도 하지 않으셨습니다. 그러나 자신의 죄를 뉘우치며 주님을 인정하고 믿음으로 간구하는 강도의 간구에 대해서는 침묵하지 않으셨습니다. 그 고통의 순간에도 입을 열어 대답하셨습니다. 그를 귀찮게 여기거나 귀찮아하지 않으셨습니다. 자신을 둘러싼 여러 시끌벅적한 목소리 중에 유독 그의 말에는 귀를 기울여 애정으로 대답해 주셨습니다. 고통 중에 죽어 가시면서도 구원의 열심을 보이셨습니다. 바로 이것이 주님의 마음입니다.

주님은 뉘우쳐 돌이키는 자들을 향한 구원의 열정을 십자가 위에서 다시 한 번 분명히 나타내셨습니다. 우리 주님은 완악한 자들을 향해서는 침묵하시지만 누구든 진실로 회개하는 자들을 향해서는 신속하게 응답하십니다. 주님은 가장 고통스러우셨던 그때에도 돌이키는 죄인을 향한 신속한 사랑을 나타내셨습니다. 주님은 바로 그런 자들을 구원하시는 것이 자신이 십자가에서 죽으시는 이유임을 잊지 않으셨습니다. 그리고 돌이키는 한 영혼에게 구원을 약속하셨습니다. 주님은 바로 이런 분이십니다. 이것이 주님의 마음입니다.

주님이 자신을 향해 돌이킨 강도의 영혼을 사망에서 건지셨다는 것이 우리에게 얼마나 큰 소망이 됩니까? 혹시 여러분 중에 '나 같은 죄인도 받아 주실까?'라는 마음을 품은 사람이 있습니까? 강도처럼 주님께 진심으로 회개하며 구원을 구한다면, 주님은 십자가에서처럼 주저 없이 신속하게 구원을 베푸시는 분이십니다.

'오늘' 베푸시는 구원

주님은 당신의 나라에 임하실 때에 자신을 생각해 달라고 구한 이 강도의 간구에 이렇게 답하셨습니다. "내가 진실로 네게 이르노니 오늘 네가 나와 함께 낙원에 있으리라"(눅 23:43). 여기서 특히 주목해야 할 말은 '오늘'이라는 말입니다. 헬라어 원문 어순은 "오늘 나와 함께 너는 낙원에 있을 것이다"로 되어 있어 '오늘'이라는 단어를 강조합니다. 주님은 회개하며 구원을 구하는 강도에게 구원받기 위해서는 먼저 무엇을 해야 한다고 말씀하지 않으셨습니다. 그저 "오늘 네가 나와 함께 낙원에 있으리라"고 말씀하셨습니다.

어떤 이들은 사후에 영혼은 수면 상태로 들어갔다가 나중에 깨어난다고 주장을 하기도 하고, 로마 가톨릭교회는 연옥이라는 장소가 지옥과 천국 사이에 있어 아직 구원을 위한 공로가 부족한 자들은 그곳에서 불을 통과하는 것 같은 고행과 참회를 한 후에 낙원에 간다고 주장하기도 합니다. 그러나 본문은 그런 망상을 강하게 거부합니다. 주님은 '오늘' 낙원에 있을 것이라고 말씀하셨습니다.

주님이 허락하시는 구원은 그리스도를 믿는 자에게 즉각적으로 선언되어 효력을 갖습니다. 주님은 회개하는 삭개오에게도 "오늘 구원이 이 집에 이르렀다"(눅 19:9)고 말씀하셨습니다. 주님은 '오늘' 회개한 자에게 '오늘' 얻는 구원을 선포하십니다. 반대로 말하면, 오늘 하나님 앞에 반응하지 않고 돌이키지 않는 자들은 구원으로부터 먼 자들입니다. 그래서 선지자들도 계속해서 '오늘' 돌이키지 않는 자들에게 임할 심판의 두려움을 외쳤습니다. 이것이 하나님의 방식입니다. 하나님은 오늘 회개한 자를 오늘 구원하시고, 오늘 회개하지 않는 사람은 지금 심판의 위험 중에 있다고 말씀하십니다.

주님은 돌이켜 회개하는 강도를 즉각 거두어 주셨습니다. 죽음을 눈

앞에 둔 그에게 '오늘' 자신과 함께 낙원에 있게 되리라 말씀하셨습니다. 주님의 부르심과 은혜는 이와 같습니다. 주님은 오늘 주님께 은혜를 구하는 자에게 신속하고 아낌없는 사랑을 베푸십니다.

그런데 안타깝게도 많은 사람들이 주님의 그 적극적이고 즉각적인 부르심을 모르고, 돌이키지 않습니다. 구원의 은혜를 사모하지 않습니다. 오히려 하나님께로 돌이키기를 죽음의 순간까지 연기하고자 합니다. 그런 자들은 오늘 허락되는 구원과 기회를 잃고 위태로운 지경에 머물러 있는 것입니다.

여러분은 어떻습니까? 여러분은 말씀으로 죄인을 부르시는 주님 앞에 '오늘' 구원 얻은 강도와 같은 믿음으로 간구하는 자입니까? 아직 자신은 강도처럼 급한 상황에 있지는 않다고 생각하며 때를 미루고 있지는 않습니까? 내일이나 다음 주, 다음 달을 기약합니까? 그러나 기억하십시오. 지금 내일을 기약하는 사람은, 내일이 되면 반드시 또 다른 내일을 핑계로 하나님의 말씀을 등한히 여기게 됩니다. 그리고 갈수록 그의 마음은 점점 더 굳어져 갑니다.

그러므로 우리에게 중요한 것은 '오늘'입니다. 여러분은 과연 '오늘' 주님을 찾으십니까? '오늘' 구원의 은혜를 사모하고 십자가의 주님께 나아가 겸손히 간구하는 믿음이 있으십니까? 허락된 오늘을 버리고 내일을 기대하는 것만큼 헛된 바람은 없습니다.

돌이키는 자에게 허락하시는 십자가의 은혜

주님께서는 회개한 강도에게 '오늘' 낙원을 허락하셨습니다. 강도가 허락 받은 낙원에 대해서 많은 것을 알지는 못하지만 그곳이 가장 복된 곳이라는 사실은 분명합니다. 그 이유는 다름 아닌 주님과의 교제 때문입니다. 낙원은 그리스도인들에게 이 땅에서보다 조금 더 나아진 형편을 보장하는 곳 정도가 아닙니다. 낙원이 낙원일 수 있는 가장 큰 이유는 그곳에서 우리가 주님과 함께 있기 때문입니다. 주님의 임재가 없는 낙원은 더 이상 낙원이 아닙니다.

강도는 이 땅에서 쓸모없고 악하다며 버려진 존재였습니다. 그것이 십자가의 극형이 의미하는 바입니다. 그런 그가 주님께로 돌이키자 하나님의 아들 예수 그리스도와 함께 하나님 앞에 거하는 영원한 나라가 허락되었습니다. 강도가 경험한 이 갑작스럽고 놀라운 반전이 바로 하나님이 우리에게 베푸시는 구원이요, 주님의 십자가의 능력입니다.

그리스도께서 십자가의 은혜와 능력으로 베푸시는 구원을 헤아려 보십시오. 그것으로 인해 우리는 주님을 친히 뵙고 친밀히 교제하게 됩니다. 이는 흙으로 만들어진 인간에게 가장 영예로운 복입니다. 십자가에서 흘리신 그리스도의 피로 하나님과 화목하여 이 땅에서부터 영적인 교제를 누리게 된 것도 놀라운 은혜요 특권입니다. 그러나 이 땅을 떠날 때 하나님과 온전히 교제할 나라에 이르게 되는 것은 피조물인 인간에게 허락되는 가장 큰 특권입니다. 우리에게 그것 이상의 복과 지위는 없습니다. 인간이 하나님과 교제할 수 있는 것 이상으로 높아질 수 있는 자리는 없습니다.

그래서 사도 바울도 이 세상을 떠나 그리스도와 함께 있는 것을 가장 원했고, 가장 좋은 것으로 여겼습니다(빌 1:23). 믿음의 선진들이 육신의 장막을 벗고 이르게 될 본향을 그토록 사모한 이유는 무엇입니까? 모세는 왜 바로의 궁전을 버리고 나갔습니까? 궁 밖 장소에 모든 슬픔과 고통을 벗어 버리고 얻게 될 다른 즐거움이 있었기 때문입니까? 사랑하는 사람들과 황금길과 진주문과 생명나무의 실과가 있는 어떤 곳을 꿈꾸어서입니까? 아닙니다. 믿음의 선진들이 가장 바라던 것은 영원히 하나님 앞에 거하는 것, 주님과 교제하는 특권이었습니다. 그들은 주님께서 강도에게 약속하신 바로 그것을 가장 사모했습니다. 주님과 함께 낙원에 있는 것, 가장 낮고 비참한 자리에서 최고의 기쁨과 행복의 자리로 인도되는 것, 이것이 회개한 죄인을 향한 주님의 확고한 선언입니다.

주님은 강도에게 "내가 진실로 네게 이르노니"라고 말씀하셨습니다. 주님이 종종 사용하신 "진실로"라는 말은 헬라어로 "아멘"이라는 말인데, 확인과 확증을 뜻합니다. 주님께서는 강도의 간구에 아멘으로 답하셨습니다. "내가 반드시 이것을 행하겠다"는 서약을 주신 것입니다. 주님은 회개한 강도에게 이같이 구원을 확증하셨습니다. "내가 진실로 네게 이르노니 오늘 네가 나와 함께 낙원에 있으리라!"

갈보리 언덕 위 세 개의 십자가

갈보리 언덕에 세워진 세 개의 십자가에서 벌어진 이 놀라운 구원의 역사를 기억하십시오. 주님은 죄인들의 죄를 지고 십자가에서 죽어가고 계셨습니다. 몸에 힘이 점점 빠져갔고, 체중을 지탱하고 있는 못 박힌 손과 발의 고통은 더욱 가중되고 있었습니다. 예수님은 바로 그런 순간에 아주 세심하고 깊은 사랑으로 회개하는 한 사람, 바로 옆 십자가에 달려 죽어 가던 그 강도에게 구원의 은혜를 베푸셨습니다.

그런데 다른 편 십자가에 달렸던 나머지 강도는 어떠했습니까? 그는 주님을 욕하던 마음과 죄를 버리지 않고 죽어갔습니다. 하나님은 그를 내버려 두셨습니다. 이것은 가장 무서운 일입니다. 이 땅을 사는 죄인들에게 가장 무서운 것은 하나님의 무관심과 방임입니다. 다른 한 강도는 내버려 두심 가운데 그저 거기서 떠들다가 죽어갔습니다. 영원한 형벌로 들어가도록 버림받았습니다.

모든 사람을 나누는 십자가 복음

갈보리의 세 십자가는 이 세상이 처한 현실의 중요한 단면을 적나라하게 보여 줍니다. 한 쪽 강도는 그리스도의 십자가 구속의 은혜로 구원을 얻었습니다. 그러나 다른 쪽 강도는 하나님의 내버려 두심 가운데 돌이켜 은혜를 구하지 않고 죄 중에 영원한 형벌로 들어갔습니다.

오늘날에도 세상의 모습은 이와 같습니다. 어디든 그리스도의 십자가 복음이 전파되는 곳마다 주님의 십자가 옆 두 강도가 그랬듯 세상은 양편으로 나뉩니다. 주님의 음성을 듣고 회개하는 자와 거부하는 자로 나뉩니다.

이런 나뉨은 단순히 회개하느냐 거부하느냐의 차이 정도로 끝나지 않습니다. 복음에 대한 엇갈린 반응은 그들의 영원한 운명을 가릅니다. 그리스도의 십자가를 기준으로 이 세상의 모든 사람들이 나뉘는 것입니다. 십자가는 죄인들을 위한 구원의 은혜가 흘러나오는 곳이기도 하지만, 동시에 모든 사람의 영원한 운명을 나누는 곳이기도 합니다. 십자가 앞에서 모든 사람들은 십자가의 주님을 믿고 구원을 얻는 자와 그렇지 못한 자로 나누어집니다(고전 1:18).

십자가 복음이 전파되는 곳에는 그 앞에 나아가 자신의 죄악과 거기에 달리신 분의 구주되심을 깨닫고 그분을 의지하여 하나님께 돌아오는 사람들이 있습니다. 비록 많은 수는 아니라 할지라도 그들은 십자가 앞에 나아와 진실로 애통해하며 죄를 회개하고 이 땅에서부터 구원을 맛봅니다. 그 영혼은 십자가의 은혜로 기뻐하고 뛰며 만족합니다. 이처럼 십자가의 말씀이 전해지는 곳에는 영혼의 구원과 생명을 구하며 하나님 앞에 나아가고 십자가의 은혜를 깨닫는 자들이 있습니다. 그들은 하나님 앞에 더욱 헌신하는 모습을 드러냅니다.

반대로 그런 말씀을 싫어하고 지루해하며 마음을 닫는 사람들도 있습니다. 그들은 하나님 앞에 더욱 냉담한 마음을 품습니다. 예수 그리스도의 십자가를 어리석다고 조롱하며 그것으로 말미암는 구원을 믿지 않습니다. 구원 얻지 못한 다른 편 강도나 십자가 주변에서 머리를 흔들던 사람들처럼 심한 적대감을 나타내기도 합니다.

십자가 복음은 이 순간 복음 앞에 선 우리도 양쪽으로 나눕니다. 여러분 자신은 어떻습니까? 어떤 쪽에 있습니까? 대다수의 사람들이 그리스도의 십자가를 미련하게 보고 업신여기거나 적대하는 세상 속에서 여러분은 어떤 태도를 가지고 있습니까? 그것은 여러분의 영원한 운명이 달린 문제입니다.

회개한 강도는 주님을 만난 후에 얻은 참된 믿음을 삶의 남은 시간 동안 공개적으로 나타내 보였습니다. 그는 시간의 길고 짧음을 논하기에 앞서 가장 결정적인 순간에 숨길 수 없는 믿음의 실체를 드러냈습니다. 여러분은 과연 이 사람과 같습니까? 아니면 여전히 다른 편 강도처럼 주님을 부정하고 십자가의 은혜를 하찮게 보십니까?

잘 생각하십시오. 십자가는 우리를 나눕니다(고전 1:18). 이 나눔은 단순히 윤리적인 차원에서 우열을 나눠 칭찬하거나 비난하는 정도가 아닙니다. 그것은 영원한 나눔, 영생의 나눔, 천국과 지옥의 나눔입니다. 이 나눔이 하나님의 말씀이 선포되는 곳에 지금도 계속되고 있습니다.

여러분은 그리스도의 십자가 복음 앞에 어떻게 반응하십니까? 이것을 점검하십시오. 십자가를 향한 마음의 중심과 믿음의 반응에 따라 영원한 생명이 좌우된다는 사실을 가볍게 여기지 마십시오. 모두가 비웃고 반대하는 십자가의 예수를 저 강도처럼 믿고 의지하며 자신의 구주요 주님으로 고백하는 신앙, 주어진 삶의 시간 동안 그분을 위하고자 하는 그런 참된 신앙을 가진 자에게 주님은 "오늘 네가 나와 함께 낙원에 있으리라"고 확고히 말씀하십니다. 이 말을 가볍게 여기지 마십시오.

함께 생각해 볼 질문

1. 십자가에서 강도가 받은 구원을 오해하는 경우가 많습니다. 그것은 어떻게 오해되곤 합니까?

2. 자신의 뜻대로 살다가 인생의 마지막에 회심하여 구원 얻기를 바라는 사람이 기억해야 하는 바는 무엇입니까?

3. 십자가에서 구원받은 강도가 주님을 믿고 고백할 때, 그를 둘러싼 배경은 어떠했습니까? 그가 변화된 원인은 무엇입니까?

4. 강도에게 일어난 변화의 내용을 하나씩 짚어 봅시다. 여러분은 자신과 주변의 신자들에게서 이런 믿음의 내용을 발견합니까?

5. 여러분은 바른 신앙의 내용을 가지고 있다고 생각합니까? 그렇다면 지금 그 믿는 바를 따라 살고 있습니까?

6. 예수님은 강도의 고백과 간구에 어떻게 반응하셨습니까? 이를 통해 알 수 있는 것은 무엇입니까?

7. 심판과 구원, 사망과 생명 사이에 중간 지대는 없습니다. 여러분은 어디에 속한 자입니까? 그렇게 생각하는 근거는 무엇입니까? 아직 구원을 얻지 못했다면, 지금 당장 필요한 것은 무엇입니까?

08 어린 양의 피 값으로 산 자

어린 양의 피로 생명을 얻은 백성, 이스라엘 | 처음 난 것을 구별하여 드린 의미 | 이스라엘에 대한 하나님의 소유권의 근거 | 구속의 경험 | 그리스도인의 정체성 | 우리를 사신 값 | 거룩하고 고귀한 피를 흘리신 이유 | 하찮게 여겨서는 안 될 피의 가치 | 유일무이한 역사적 사실 | 구원 얻은 백성이라면 | 지금 내 삶의 실제 주인은 누구인가?' | 십자가의 은혜 그 이후 | 십자가를 노래한 찬송 작가들의 공통된 고백 | 구속 백성에게 요구되는 거룩과 헌신

09 거듭난 자의 증거

다시 거듭남을 생각하라 | 바람과 같은 성령의 역사와 그 증거 | 거듭난 사람의 열매 | ① 예수를 구세주로 믿는 믿음 | ② 하나님을 향한 사랑 | ③ 하나님의 자녀들을 향한 특별한 사랑 | ④ 습관적으로 죄를 짓지 않음 | ⑤ 삶의 거룩함 | ⑥ 세상의 방식을 따르지 않음 | ⑦ 자신의 영혼을 소중히 여김 | ⑧ 하나님께서 은혜를 주시는 수단들에 대한 기꺼운 반응 | 거듭남의 문제를 가볍게 여기지 말라

010 예배를 준비하라

거듭난 자와 예배 | 회복되어야 할 예배의 기쁨과 감흥 | 은혜의 걸림돌 | 예배를 위한 마음의 준비 1. 성경의 사례 | 2. 교회 역사의 사례 | 예배 준비의 이유 1. 하나님의 위엄과 영광 | 2. 예배하는 우리의 연약함 | 예배 준비의 내용 1. 삼위 하나님을 의식하고 묵상함 | 2. 죄악을 내어놓고 돌이킴 | 3. 기도 | 4. 시간을 준비 | 예배 중에 말씀을 듣기 위한 준비 | 말씀을 듣는 긍정적인 태도 | 말씀을 듣는 부정적인 태도 | 어떻게 들을까 스스로 삼가라 | 하나님의 말씀을 듣는 데 장애가 되는 것들 1. 자기 기준을 우위에 둠 | 2. 설교자에 대한 편견 | 하나님의 말씀에 대한 바른 태도 1. 하나님의 말씀은 생명이 됨을 기억함 | 2. 오직 믿음으로 반응하라 | 마음의 준비가 안 되어 있으면? | 온전한 예배를 위한 준비

3부
거듭난 자는

08

어린 양의 피 값으로 산 자

여호와께서 모세에게 일러 이르시되 이스라엘 자손 중에서 사람이나 짐승을 막론하고 태에서 처음 난 모든 것은 다 거룩히 구별하여 내게 돌리라 이는 내 것이니라 하시니라 모세가 백성에게 이르되 너희는 애굽 곧 종 되었던 집에서 나온 그 날을 기념하여 유교병을 먹지 말라 여호와께서 그 손의 권능으로 너희를 그곳에서 인도해 내셨음이니라(출 13:1-3).

너희 몸은 너희가 하나님께로부터 받은 바 너희 가운데 계신 성령의 전인 줄을 알지 못하느냐 너희는 너희 자신의 것이 아니라 값으로 산 것이 되었으니 그런즉 너희 몸으로 하나님께 영광을 돌리라 (고전 6:19-20).

어린 양의 피로 생명을 얻은 백성, 이스라엘

이번 장에서는 십자가 복음을 믿어 구속 받은 모든 자들에게 있어야 할 한 가지 중대한 결과에 관해 살펴보고자 합니다. 위의 출애굽기 본문은 유월절 사건과 관련된 말씀입니다. 유월(passover)이 무엇입니까? 그것은 애굽 땅에서 압제당하던 이스라엘이 어린 양의 피로 구속을 경험했던 사건입니다. 즉, 십자가 구속을 암시하는 사건입니다.

하나님께서는 이스라엘을 억압하던 애굽을 심판하시고, 그들의 손에서 이스라엘을 건져내고자 하셨습니다. 그래서 애굽 땅의 모든 처음 난 것들을 죽이는 심판을 내리시기 전, 이스라엘 백성들은 각각 자신이 거하는 집 문설주와 인방에 어린 양의 피를 발라 그 재앙을 피하도록 하셨습니다. 하나님께서 애굽을 두루 심판하실 때에 이스라엘 집 문설주와 인방에 바른 그 피를 보시고 넘어가신(passover) 것입니다. 그때 짐승이든 사람이든 애굽의 모든 처음 난 것이 죽었지만 이스라엘에 속한 처음 난 것은 죽음을 면했습니다. 그들은 온 애굽에 가득한 죽음 가운데 생명을 얻는 경험을 했습니다.

하나님은 태에서 처음 태어난 생명을 그 태에서 난 모든 생명의 대표로 여기셨기 때문에 처음 난 것을 치신 것은 그 대표와 묶인 전부를 치신 것과 같았습니다. 같은 이유로, 이스라엘의 처음 난 것을 살려 주신 것은 이스라엘 전체를 살려 주신 것과 같은 일이었습니다. 즉, 하나님은 이스라엘 전체를 '구별'하심으로써 그들의 생명을 보존하신 것입니다.

처음 난 것을 구별하여 드린 의미

이런 '구별'과 그에 따른 '유월'은 이스라엘에게 결코 잊지 못할 구원의 경험이었습니다. 애굽에 내린 하나님의 크신 심판 가운데서 생명을 보존한 역사적인 경험은 그들에게 놀라운 구원의 감격을 주었습니다. 무엇보다 그들은 이런 경험을 통하여 자신들을 죽음의 재앙 가운데서 살리신 하나님에 대한 분명한 깨달음을 얻게 되었습니다. 이스라엘 사람들은 이렇게 외쳤을 것입니다. "하나님께서 과연 우리를 살리셨도다!", "하나님께서 우리에게 새로운 생명을 허락하셨도다!" 이스라엘 사람들은 하나님께서 생명을 살리신 이 일을 통해 자신들이 하나님의 소유된 것을 생생하게 경험했습니다.

하나님은 유월과 출애굽을 이스라엘이 영원토록 잊지 말아야 할 중요한 경험으로 허락하셨습니다. 하나님은 이스라엘의 후손들이 그 역사적인 경험을 대대로 잊지 않고, 자신들에게 있어서 하나님이 어떤 분이신지를 기억하도록 하셨습니다. 세대를 거듭해도 그때의 경험이 '이스라엘은 하나님의 소유'라는 사실을 인정해야 할 분명한 근거가 되기를 원하셨습니다.

"태에서 처음 난 모든 것은 다 거룩히 구별하여 내게 돌리라"는 명령은 이런 맥락에서 주어진 것이었습니다. 이 규례를 지킬 때, 자녀들이 "왜 이렇게 해야 합니까?" 하고 묻거든 이스라엘이 하나님으로 말미암아 생명을 얻은 생생한 경험을 전하게 하셨습니다. 생명의 대표인 태에서 처음 난 것을 구별하여 여호와께 돌림으로써 이스라엘 민족 전체가 하나님의 소유라는 사실을 확인하도록 하신 것입니다. 이로써 이스라엘은 자신들에 대한 소유권이 그들 자신에게 있지 않다는 사실을 계속 확인하며, 후대에도 그것을 전할 수 있었습니다.

"너는 태에서 처음 난 모든 것과 네게 있는 가축의 태에서 처음 난 것을 다 구별하여 여호와께 돌리라… 네 아들 중 처음 난 모든 자는 대속할지니라 후일에 네 아들이 네게 묻기를 이것이 어찌 됨이냐 하거든 너는 그에게 이르기를 여호와께서 그 손의 권능으로 우리를 애굽에서 곧 종이 되었던 집에서 인도하여 내실 새 그때에 바로가 완악하여 우리를 보내지 아니하매 여호와께서 애굽 나라 가운데 처음 난 모든 것은 사람의 장자로부터 가축의 처음 난 것까지 다 죽이셨으므로 태에서 처음 난 모든 수컷들은 내가 여호와께 제사를 드려서 내 아들 중에 모든 처음 난 자를 다 대속하리니 이것이 네 손의 기호와 네 미간의 표가 되리라 이는 여호와께서 그 손의 권능으로 우리를 애굽에서 인도하여 내셨음이니라 할지니라"(출 13:12-16).

이스라엘에 대한 하나님의 소유권의 근거

하나님께서 온 이스라엘 백성들에게 명하여 지키도록 하신 것은 억지나 강요가 아니라 그들의 경험에 근거한 명령이었습니다. 이스라엘은 하나님께서 자신들을 구별하여 살리신 생생한 역사적인 경험을 가지고 있었고, 처음 난 것을 구별하여 드리라는 하나님의 명령은 바로 그런 경험에 근거하여 기꺼이 지켜야 할 규례였습니다. 이 규례는 무의미한 허례허식이 아니라 그 자체로서 '이스라엘의 모든 생명의 주권자는 하나님'이라는 살아 있는 메시지였습니다.

우리는 하나님께서 이스라엘에 대한 자신의 소유권을 주장하시는 근거를 잘 이해해야 합니다. 그리고 우리 자신의 신앙과 삶에도 그와 같은 확고한 내용이 있는지를 확인해야 합니다.

하나님은 이스라엘의 모든 생명을 대표하는 처음 난 것을 "거룩히 구별하여 여호와께 돌리라 이는 내 것이니라"(출 13:2)고 말씀하셨습니다. 이로써 이스라엘 전체가 "내 것이라"고 주장하시는 것입니다. 여러분은 하나님의 이런 주장이 역사적인 근거를 가진 것임을 인정하십니까? 애굽의 모든 장자들이 심판 아래서 죽어 가던 때에, 어린 양의 피를 문설주와 인방에 바른 이스라엘 백성들은 유월을 경험했습니다. 하나님께서 이스라엘을 구별하여 생명을 주신 것입니다. "너희는 내 것이다"라는 하나님의 주장은 이런 역사적인 사실에 근거한 말씀입니다. 여러분은 이런 근거에 따른 하나님의 선언을 인정하십니까?

우리에게 필요한 것은 하나님의 선언에 대한 단순한 동의 정도가 아닙니다. 신자들에게는 이런 말씀에 대한 마음속 깊은 곳으로부터 우러나오는 인격적인 인정과 실제적이고 신앙적인 반응이 있어야 합니다. '나의 생명'을 구원하신 하나님에 대한 경험이 "너는 내 것이다"라는 그분의 말씀 앞에 진정으로 엎드리게 할 만큼 생생해야 합니다.

구속의 경험

이스라엘 백성들의 생명은 어린 양의 피로써 베푸신 하나님의 은혜로운 행위에 따라 허락된 것이었습니다. 하나님께서는 자신이 행하실 구원의 일을 미리 말씀하심으로써 이스라엘이 그 경험의 의미를 바로 알 수 있도록 하셨습니다.

하나님은 그저 "내가 애굽 사람의 집에는 죽음의 재앙을 내리고 이스라엘 백성에게는 내리지 않겠다"라고만 말씀하지 않으시고, 정확하게 "내가 애굽 땅을 칠 때 그 피가 너희가 사는 집에 있어서 너희를 위하여 표적이 될지라 내가 피를 볼 때에 너희를 넘어가리니 재앙이 너희에게 내려 멸하지 아니하리라"(출 12:13)고 말씀하셨습니다.

하나님은 이 말씀대로 애굽을 치실 때 이스라엘 백성의 집들을 포함한 애굽 온 땅을 두루 다니셨으나 문설주와 인방에 바른 피를 보시고 그들은 넘어가셨습니다. 만일 거기에 피가 없었으면 이스라엘 집이라도 재앙을 내리셨을 것입니다. 하나님은 오직 어린 양의 피가 아니면 살 수 없다는 자신의 분명한 선언에 따라 심판을 행하셨습니다.

이것이 유월입니다. 이스라엘 집에 재앙이 내리지 않았던 것은 다만 어린 양의 피 때문이었습니다. 그들도 얼마든지 죽을 수 있는 상황이었지만 어린 양의 피 때문에 죽지 않은 것입니다. 어린 양의 피가 무엇입니까? 그것은 어떤 주술적인 힘을 가진 피가 아닙니다. 그 피는 장차 있을 예수 그리스도의 피에 의한 구속을 예표하며 상징하는 것입니다. 즉, 이스라엘은 어린 양의 피가 상징하는 예수 그리스도의 희생 안에서 하나님의 살리심을 경험한 것입니다. 그들은 바로 그런 경험 아래서 "너희는 내 것이라"는 하나님의 말씀을 들었습니다.

자기 백성에 대한 소유권을 주장하시는 하나님 말씀에는 이처럼 분명한 근거가 있습니다. 이런 배경을 모르는 사람은 자신의 생명에 대한 하나님의 소유권을 인정하지 못합니다. 이스라엘 백성들 역시 하나님이 베푸신 구원을 경험했던 그 생생한 역사가 없었다면, "너는 내 것이다"라는 하나님의 말씀을 받아들일 수 없었을 것입니다. 또 이후 시내산에서 주어진 십계명을 비롯한 하나님의 많은 규례와 계명들 역시 받아들일 수도, 지킬 수도 없었을 것입니다. 그러나 이스라엘 백성들은 분명한 구원을 경험했습니다. 하나님이 허락하신 생명을 경험했습니다. 그래서 그들은 "너는 내 것이다"라는 말씀을 부인할 수 없었습니다. 하나님의 명령을 듣지 않을 수 없었습니다.

그리스도인의 정체성

하나님께서는 오늘날 예수 그리스도를 믿는 자들에게도 "너는 내 것"이라고 말씀하십니다. 여러분은 어떻습니까? 여러분도 이스라엘 백성들처럼 하나님의 주권적인 구원을 경험한 하나님의 소유입니까? "너는 내 것"이라며 우리에 대한 소유권을 주장하시는 하나님의 말씀에 분명한 근거가 있음을 알고, 이스라엘 백성들이 그랬던 것처럼 그 말씀을 "아멘"으로 받아들이십니까?

예수 그리스도의 피로 베푸신 하나님의 구속의 은혜를 알지 못하는 사람은 자신에 대한 하나님의 주권도 인정하기 어렵습니다. 오히려 하나님의 주권을 못마땅하게 여깁니다.

그러나 출애굽한 이스라엘 백성들처럼, 어린 양의 피로 말미암은 분명한 구속의 경험에 근거한 신앙을 가진 이들은 다릅니다. 바로 그리스도인들이 그렇습니다. 그들은 이스라엘 백성을 구속했던 어린 양의 실체이신 하나님의 아들이 흘리신 피로 구속함을 받은 자들입니다. 그들은 하나님의 아들이 역사 속에 오시어 십자가에 달려 죄인들을 위해 흘리신 피와, 그 피로 인해 받은 구원을 믿습니다. 그들의 믿음의 근거는 이스라엘의 출애굽 경험만큼이나 역사적인 것이고, 그보다 더 놀라운 것입니다. 그러므로 참된 그리스도인은 "너는 내 것"이라는 하나님의 선언을 인정하지 않을 수 없습니다.

그러므로 만일 우리 중에 하나님의 소유권을 믿고 인정하지 못하는 사람이 있다면 그것은 다른 이유 때문이 아닙니다. 그가 어린 양 예수 그리스도의 대속의 피를 믿지 않기 때문입니다. 그는 그리스도인이 아닙니다.

'그리스도인'이란 다름 아닌 '예수 그리스도의 구속의 은혜를 믿어 그의 피로 말미암아 구속함을 받은 자'들을 가리키는 말입니다. 그리스도인은 그러한 사실 때문에 자신이 하나님의 소유임을 압니다. 우리는 그것을 고린도전서 6장 말씀을 통해 확인할 수 있습니다. "너희는 너희 자신의 것이 아니라 값으로 산 것이 되었으니…"(고전 6:19, 20). 바울의 이 말씀처럼 그리스도인의 생명은 더 이상 자기 자신의 것이 아니라 하나님께서 값으로 사신, 하나님의 것입니다. 그는 하나님께서 값으로 산 하나님의 소유입니다.

이런 면에 있어서 출애굽한 이스라엘과 그리스도인은 동일한 조건에 있습니다. 하나님은 어린 양의 피로 구속하여 살리신 이스라엘 백성들에게 자신의 소유권을 주장하셨듯이, 예수 그리스도의 피를 값으로 지불하여 사신 자들에게도 "너희는 너희 것이 아니다. 내 것이다"라고 말씀하십니다. 그러므로 출애굽을 경험한 이스라엘 백성들이 자신들은 하나님의 소유임을 인정하고 믿었듯이 그리스도인들 또한 하나님이 값으로 산 자로서 더 이상 자신은 자신의 것이 아니라 하나님의 것이라는 사실을 분명히 인정하는 믿음으로 살아야 합니다.

우리는 우리 자신의 것이 아닙니다. 이스라엘 백성들이 애굽의 노예였던 것처럼 우리는 죄의 지배를 받는 노예였습니다. 하나님은 애굽과 함께 멸망해야 할 이스라엘을 어린 양의 피로 살리시고 건져 내신 것처럼, 죄의 노예였던 우리를 위해 대가를 지불하여 사셨습니다. 그래서 우리는 더 이상 우리 자신의 것이 아닙니다. 하나님의 소유입니다.

우리를 사신 값

고린도전서 6장의 '값으로 샀다'는 표현은 그저 우리가 어떻게 구원 받았는가에 대해서만이 아니라, 구원 이후 하나님의 백성으로서 우리의 삶이 어떠해야 하는가에 대해서도 상기시켜 줍니다. 주인이 노예를 사면 노예는 자신을 사들인 주인에 대하여 특정한 관계와 의무를 갖는 것처럼, 하나님이 우리를 값으로 사심으로써 우리도 하나님에 대한 특정한 관계와 의무를 갖게 됩니다. 십계명 등 하나님이 정하신 규례들을 자신의 것으로 소유하게 되는 것입니다. 즉 '값으로 샀다'는 표현은 우리가 하나님의 말씀을 따라 살아야 할 하나님의 소유가 되었음을 강조해 줍니다.

그러나 여기서 가장 중요한 것은 무엇이 우리를 사기 위한 값으로 지불되었는가입니다. 하나님이 우리를 사기 위한 값으로 지불하신 것은 다름 아닌 그리스도의 피였습니다. 하나님은 의롭고 거룩하고 죄 없으신 아들의 피를 값으로 지불하셨습니다. 우리는 그 피로 구원을 받고 하나님의 소유가 되었습니다. 어린 양을 죽여 그 양의 피를 문 밖에 바르게 하심으로써 이스라엘 백성을 살려 자신의 소유 삼으셨듯이, 그 양의 피가 예표하는 참되신 하나님의 어린 양 예수 그리스도의 피 값으로 우리를 살려 자신의 소유로 삼으셨습니다.

우리는 구주의 피 값으로 산 자들입니다. 하나님은 다른 어떤 것과도 비교할 수 없는 최고의 가치를 지불하고 우리를 사셨습니다. 우리는 이 사실을 마음에 새기고 살아야 합니다. "(너희가) 대속함을 받은 것은 은이나 금같이 없어질 것으로 된 것이 아니요 오직 흠 없고 점 없는 어린 양 같은 그리스도의 보배로운 피로 된 것이니라"(벧전 1:18-19). 은과 금 같은 보화는 영속적인 가치를 지닌 것 같지만, 그런 것들은 결국 없어지고 말 것입니다. 그러나 어린 양 같은 그리스도의 피는 보배롭고 영구합니다.

바로 그 보배로운 피가 우리와 하나님 사이에 맺어진 관계의 근거입니다. 이것은 머리로만 알 것이 아니라 우리 영혼에 영원히 지울 수 없는 경험으로 새겨져야 합니다. "하나님의 아들의 피가 '나'를 위해 흘려졌다!" 우리에게 베풀어진 구속은 하나님이 육신을 입고 오시어 친히 피 흘려 그 값으로 우리를 사신 결과입니다.

거룩하고 고귀한 피를 흘리신 이유

그런데 우리를 살리기 위한 값으로 다른 것이 아닌 그리스도의 피가 지불된 이유는 무엇입니까? 그것은 우리의 이전 상태 때문입니다. 우리는 죄 아래 있는 죄의 노예로서, 우리가 범한 죄로 인해 그 삯인 사망에 이르게 되었습니다. 죄인은 이 죄와 사망의 문제를 스스로 해결할 수 없고, 다른 죄인을 구할 수도 없습니다. 다만 그는 자기 죄의 삯인 사망을 받아야 할 뿐입니다. 우리의 이전 상태가 바로 이러했습니다. 하나님께서는 그렇게 스스로는 죄를 처리할 수 없는 우리를 친히 구원하시려고 그리스도의 피를 지불하셨습니다.

하나님이 우리를 죄와 사망으로부터 구원하시기 위해 취하신 방법은 대속이었습니다. 하나님의 아들이 친히 죄 없는 인간으로 오셔서 죄 있는 자들의 죄를 대신하신 것입니다.

우리는 이 사실을 충분히 깊이 묵상해 보아야 합니다. 하나님은 우리를 죄로부터 구원하기 위해 독생자 예수 그리스도의 한없이 고귀한 피를 흘리게 하셨습니다. 그 피는 우리와 같이 육신을 입으셨으나 죄는 없으신 예수님, 즉 인간이 되신 완전하신 하나님이 흘리신 유일한 피였습니다. 주님의 십자가와 거기서 흘리신 주님의 이 고귀한 피의 가치를 생각해 보십시오. 이것은 우리가 나면서부터 소유한 죄가 얼마나 무서운 것인지를 분명하게 말해 줍니다. 죄로부터의 구속은 다른 무엇으로도, 다른 어떤 이의 피로도 가능하지 않습니다. 사람이 되신 하나님의 피만이 죄인의 구원을 위한 유일하고 충분한 값입니다. 그만큼 우리의 죄는 무섭고 파괴적인 것입니다.

우리는 죄를 대수롭지 않게 여기곤 하지만, 인간이 되신 하나님이 그 죄를 처리하기 위해 십자가에 달려 피를 흘리심으로 죽으셨습니다. 죄는 죄를 지은 당사자인 우리에게도 많은 고통을 줍니다. 하지만 죄의 무게를 보여주는 보다 확실한 증거는 예수 그리스도의 피입니다. 우리의 죄는 그것을 짊어지셨을 때 하나님의 아들마저 저주 아래 피 흘려 죽게 할 만큼 무섭고 파괴적인 것입니다. 죄는 완전하고 거룩하고 흠과 점과 어두운 그림자도 없으신 하나님의 아들의 피를 값으로 요구할 만큼 강력합니다. 이 얼마나 놀라운 사실입니까?

하찮게 여겨서는 안 될 피의 가치

성경이 이처럼 심각하게 다루는 죄 문제는 오늘날 교회를 다닌다고 하는 이들의 관심에서 멀어지고 있습니다. 사람들이 교회에서 신경을 쓰고 열심을 내는 것은 주로 자신을 드러낼 만한 외적인 섬김과 다양한 행사들입니다. 반면, 자신의 죄에 대해서는 심각하게 생각하지 않고 방치한 채로 그저 살아갑니다. 이는 매우 위험한 신앙 형태입니다.

우리는 죄에 대해서 날카로운 경계심을 가져야 합니다. 물론 적극적인 신앙 태도 역시 필요합니다. 그러나 죄에 대한 이해와 경계는 다른 어떤 열심으로도 대체될 수 없습니다. 신자는 하나님의 아들 예수 그리스도를 십자가에 못 박은 죄의 가공할 파괴력을 기억하고 멀리하는 영적 분별력을 놓지 말아야 합니다.

죄를 가볍게 여기는 것은 우리 구주의 피의 가치를 가볍게 여기는 것과 같습니다. 우리의 죄가 아니었다면 구주께서는 겟세마네에서 그렇게 고뇌하시지 않으셨을 것입니다. 땀방울이 핏방울이 될 만한 고통도, 살이 찢기는 채찍도, 멸시와 굴욕과 천시도 받으실 필요가 없었습니다. 도살장에 끌려가는 어린 양처럼 끌려가 십자가에서 처절한 죽음을 당하며 피를 쏟으실 이유도 없었습니다.

그것은 모두 우리의 죄 때문이었습니다. 죄의 노예였던 우리를 구하기 위함이었습니다. 우리가 자랑하고 기뻐하는 그리스도의 십자가는 우리 죄를 처리하기 위한 것이었습니다. 이것을 바르게 알고 있는 자는 결코 죄를 가볍게 여길 수 없습니다. 죄를 분별하여 경계하고 죄와 싸우지 않으면서 십자가를 자랑하고 기뻐하는 것은 어불성설입니다. 은이나 금보다 더 귀한 예수 그리스도의 피 값은 우리 죄를 위해 지불되었습니다. 그러므로 그 피의 가치를 아는 자는 결코 죄를 가볍게 여길 수 없습니다.

신자에게 있어서 그리스도께서 흘리신 피의 가치는 절대적입니다. 장차 완성될 하나님의 나라에서도 각 나라와 족속과 백성과 방언에서 능히 셀 수 없는 큰 무리가 나와 이렇게 외칠 것입니다. "구원하심이 보좌에 앉으신 우리 하나님과 어린 양에게 있도다!"(계 7:10) 이때 그리스도를 가리켜 "어린 양"이라고 외치는 것은, 온 무리가 우리를 죄에서 구원하시기 위해 그분이 당하신 희생의 절대적인 가치를 알고 기억하기 때문입니다. 하나님께서 우리를 구원하시기 위해 지불하신 대가인 어린 양 예수 그리스도의 피는 우리가 하나님의 보좌 앞에 설 때까지 잊혀지지 않을 만큼 귀합니다.

모든 성도는 바로 그 피로 구원을 받은 자들입니다. 그 피 값으로 하나님의 백성이요, 하나님의 소유가 된 자들입니다. 아무 자격도 가치도 없고, 잠시 있다가 없어질 안개와 같은 자로서 완전하시고 무한하신 하나님의 아들의 피 값으로 구원을 얻어 하나님의 백성이 된 것입니다. 그러므로 성도는 자신의 생명을 위해 하나님의 아들이 흘리신 그 피를 잊을 수 없습니다. 죄 아래 팔린 자신을 구원하는 것은 예수 그리스도의 피밖에 없음을 알기 때문입니다.

여러분은 어떻습니까? 그리스도께서 흘리신 그 피의 가치를 알고 있습니까? 우리를 위해 흘리신 그분의 피의 절대적인 가치를 알고 있습니까? 그것을 알았던 바울은 감옥에 갇혀서도 "살든지 죽든지 내 몸에서 그리스도가 존귀하게 되게 하려"(빌 1:20) 한다고 했습니다.

예수 그리스도의 십자가와 그의 죽으심은 값싼 동정의 대상이 되어서는 안 됩니다. 우리가 주님의 십자가와 희생을 귀히 여긴다면, 우리

주의 귀한 피를 흘리게 한 자신의 죄를 직면하고 인정하며 겸비한 마음을 품어야 합니다. 그리고 보혈의 은혜의 무한한 가치를 우러러 보아야 합니다. 우리에게 그분보다 귀한 분이 없고 그분의 피보다 값진 것이 없음을 고백한다면, 그분의 피 흘리심을 무색하게 하는 우리의 죄악은 무엇이든 미워하고 멀리해야 합니다.

유일무이한 역사적 사실

하나님은 우리의 죄를 위해 은이나 금이 아니라 하나님의 아들의 피를 값으로 지불하시어 우리를 대속하셨습니다. 이것은 또 무엇을 말해 줍니까? 바로 그 아들이 우리의 죄를 대속하실 수 있는 유일한 분이셨으며, 그분의 피 흘리심은 대속을 위한 유일한 값이었다는 것입니다. 의로우신 하나님의 아들 예수 그리스도만이 우리의 죄를 대속할 수 있는 분이셨고, 그가 십자가를 지심으로 당하신 고통은 우리 죄를 위해 대신 지불될 수 있는 유일한 값이었습니다.

예수 그리스도께서 우리를 죄로부터 구원하시기 위해 십자가에서 피를 흘리신 그 고통은 전에도 없었고, 후에도 있을 수 없는 고통입니다. 다시 말하지만 그 고통은 우리가 우리의 손과 발에 못을 박아 보아도 알 수 없는 것입니다. 완전하고 의로우신 분으로서 세상 죄를 홀로 지신 주님이 당하신 그 고통의 깊이는 우리가 아는 어떤 통증이나 괴로움과는 질적으로 다른 것이었습니다.

많은 이들이 주님의 고통을 사람들이 가한 형벌들로 인한 육체적 아픔과, 따르던 사람들의 배신과 외면으로 인한 정서적인 충격 정도로 생각하며 동정합니다. 그것은 주님의 고난을 바르게 묵상하는 것이 아닙니다. 물론 손과 발에 못이 박히고, 옆구리에 창이 찔린 것, 채찍에 가죽과 살이 찢기고, 가시관을 머리에 쓰신 것 등도 견디기 힘든 고통이었을 것입니다. 그러나 주님의 고통은 육체적인 고통을 능가하는 고통이었습니다. 그 누구도 흉내 낼 수도 맛볼 수도 없는, 오직 그분만 당하실 수 있는 고통이 있었습니다. 우리의 죄를 대속하실 수 있는 유일한 분, 즉 하나님의 아들이 세상 죄를 지심으로써 당하신 유일한 고통이었습니다.

우리는 이 사실을 잊어서는 안 됩니다. 구속함을 받은 하나님의 백성이라면, 구주의 십자가와 거기서 흘리신 피를 잊어서는 안 됩니다. 그것은 애굽의 장자들이 죽어갈 때 이스라엘 백성들이 경험했던 유월처럼 분명한 역사적인 구원 사건입니다. 주님의 피로 대속함을 받은 백성은 그 유일하고 고귀한 피, 우리의 죄를 위한 값으로 지불된 피를 잊을 수 없습니다. 이스라엘 백성들처럼 우리도 '그 일'을 잊을 수 없습니다. 하나님은 바로 '그 일'에 근거하여 "너희는 내 것이다"라고 말씀하십니다.

구원 얻은 백성이라면

그러므로 예수 그리스도의 피가 '나'와 관계된 것이며 '나'를 위한 것임을 분명히 기억하고 확신하는 자는 "너는 나의 소유"라는 주님의 말씀에 이의를 가질 수 없습니다. 주님의 피로 구속함을 얻어 이스라엘 백성들처럼 하나님의 자녀, 하나님의 소유가 되었기 때문입니다.

우리는 더 이상 우리의 것이 아니고 하나님의 것이라고 입으로 고백할 뿐만 아니라, 그에 합당한 신앙과 삶도 가져야 합니다.

이스라엘 백성들은 구원의 경험으로 인하여 하나님께서 그들을 하나님의 백성으로 살도록 하시기 위해 주신 모든 명령과 계명들에 조금도 이의를 제기할 수 없었습니다. 특히 모세는 이스라엘의 지도자로서 하나님의 역사를 분명하게 경험했기 때문에 가장 철저한 반응을 보였습니다.

우리도 마찬가지입니다. 우리는 하나님께서 예수 그리스도의 피 값으로 사신 백성으로서 이제 하나님의 말씀을 듣는 자가 되어야 합니다. 하나님께서 우리에게 말씀하시는 것은 무엇이든 들어야 할 근거 위에 서 있기 때문입니다.

'값으로 샀다'는 표현은 이런 사실을 강조합니다. 우리는 우리를 값으로 사신 분을 따를 이유와 의무를 가지고 있습니다. 우리는 이 사실을 생각하며 살아야 합니다. 그리스도께서 십자가에서 흘리신 피 값으로 구속함을 받은 자는 '나는 나의 것이 아니라 하나님의 것'이라는 생각을 분명하게 가지고 살아야 합니다. 우리에게 주어진 모든 생명, 시간, 능력과 기타 여러 가지 삶의 여건 등이 모두 우리의 것이 아니라는 분명한 의식을 가지고 있어야 합니다. 이스라엘 백성들에게나 우리에게나 구원은 바로 그런 의미입니다.

지금 내 삶의 실제 주인은 누구인가?

여러분은 애굽에서 구원을 경험한 이스라엘 백성과 같은 하나님의 소유입니까? 그들처럼 '나'의 존재와 '내'가 가진 모든 것이 하나님의 것이라는 사실을 주저 없이 인정할 근거를 가지고 있습니까? 그런 인정과 믿음이 없는 사람은 아직 하나님과의 관계에서 중대하고도 근본적인 문제를 해결하지 못한 것입니다.

우리는 이스라엘 백성들처럼 어린 양의 피, 곧 예수 그리스도의 피가 아니면 죽을 수밖에 없는 자들입니다. 우리를 둘러싼 죄로 가득한 세상은 하나님께서 죽음의 재앙을 내리신 애굽과 같은 곳입니다. 하나님이 애굽 전체에 사망의 재앙을 내리셨듯, 오늘날 이 세상에도 사망의 그림자가 드리워져 있습니다. 예수님은 자신을 믿지 않는 자에게는 이미 심판이 임하였다고 말씀하셨습니다(요 3:18). 예수님을 믿지 않는 세상은 사망의 저주 아래 있고, 애굽 사람과 같이 정죄와 심판을 받아 죽은 자의 조건을 가지고 있는 것입니다.

반면, 예수님을 믿는 우리에게는 생명이 있습니다. 이스라엘 백성들이 어린 양의 피로 살았던 것처럼 우리도 예수 그리스도의 피로 인하여 생명을 얻었습니다. 하나님은 이런 근거에 따라 우리를 하나님의 소유라고 주장하십니다. 우리는 더 이상 우리 자신의 것이 아니라 하나님의 것입니다. 여러분은 이 사실을 실제적으로 알고 인정합니까? '나의 존재와 소유, 능력을 비롯한 모든 것이 나의 것이 아니다'라는 사실을 분명히 인정합니까?

우리는 먼저 '나는 하나님의 것'이라는 적극적인 면보다 '나는 나의 것이 아니다'라는 분명한 인정이 자신에게 있는지를 분명히 해야 합니다. 이것이 인정되지 않으면 '나는 하나님의 것'이라고 아무리 말해도

다 거짓이 될 수밖에 없기 때문입니다. 여러분은 실제로 '나는 나의 것이 아니다'라는 사실을 기억하고 자신에게 허락된 인생, 곧 모든 인격과 재능과 소유를 사용합니까? 여러분의 신앙과 삶은 실제로 이런 성경의 가르침에 따르고 있습니까?

바울은 고린도전서 6장에서 음행하지 말아야 할 것을 말하며 우리의 몸이 우리 자신의 것이 아니라는 사실을 분명히 밝힙니다. 하나님께서 예수 그리스도의 피 값으로 우리를 사셨으므로 우리의 몸과 시간과 여타의 모든 것은 하나님의 것입니다. 그러나 교회를 다니는 사람들 중에도 얼마나 많은 이들이 이것을 부인하며 살고 있는지 모릅니다. 하나님께서 베푸신 구원에는 감격하며 눈물을 흘리면서도 자신의 존재와 삶이 자신의 것이 아니라는 사실은 철저하게 무시하며 삽니다. 그러나 성경은 분명히 감격적인 구원 이후에 다음과 같은 사실을 연결하여 말합니다. "너희는 너희 자신의 것이 아니다. 값으로 산 것이 되었다." 구원의 감격은 바로 이런 사실에 대한 인정과 순종으로 나아가야 합니다. 그것이 하나님께서 허락하신 새 생명의 실제적인 내용이 되어야 합니다.

우리는 우리의 몸과 영혼과 허락된 모든 것이 더 이상 우리 자신의 것이 아니라는 사실을 기억해야 합니다. 그 사실을 잊고 여전히 자기가 자신의 주인인 양 시간과 물질을 사용하는 데 있어서 자신의 욕구를 앞세우며 사는 길을 거부해야 합니다. 하나님께서 자신을 구원하신 것이 놀랍다고 말은 하면서도 하나님께 자신의 삶을 드리는 데는 소극적인 모순된 신앙에서 벗어나야 합니다.

십자가의 은혜 그 이후

그의 피로 구속 받은 백성은 반드시 "너희는 내 것"이라는 하나님의 말씀에 대한 깊은 인정과 실제적인 반응을 가져야 합니다. 하나님께서는 이스라엘을 어린 양의 피로 구원하신 다음 이런 사실을 기억하게 하시며 후손들에게도 대대로 말하여 전하게 하셨습니다. 그것은 하나님으로 말미암은 생명의 역사를 경험한 우리들에게도 똑같이 그러해야 합니다.

십자가의 크신 은혜를 알고 그것에 감격한다고 하면서 거기에 뒤따라야 할 모습이 없는 것은 이상한 일입니다. 자신의 몸을 자기 정욕과 주변의 영향에 따라 죄에 던지는 것은 하나님이 값으로 사신 백성의 모습이 아닙니다. 값비싼 예수 그리스도의 피로 구원함을 얻은 자는 그럴 권한이 없습니다. 바울의 말대로 자기 정욕을 위해 자기 몸을 마음대로 쓸 권한이 없습니다. 그런 사람은 자신의 몸은 자신의 것이 아니라는 사실을 인정하지 않는 것입니다.

여러분은 애굽의 장자들이 죽는 가운데서 살리심을 받은 것과 같은 경험이 있습니까? 예수 그리스도의 피가 '나'를 구속한 대속의 피라는 것을 믿으십니까? 이것을 대충 얼버무리거나, 믿는다 치고 넘어가면 안 됩니다. 이것이 가장 결정적인 문제입니다. 기독교 신앙의 중심에 있는 십자가를 피상적으로 보거나, 감상적으로 이해하고 넘어가면 안 됩니다. 거기서 주님께서 흘리신 피로 우리를 죄에서 구하셨다는 엄청난 사실을 모르고 스스로를 신자로 여기는 신앙생활은 참된 것일 수 없습니다. 피로 말미암은 구원의 의미를 모르고 하나님을 향한 헌신

없이 살고, 헌신 없이 예수님을 믿으려 해서는 안 됩니다.

모든 하나님의 백성에게는 나는 나의 것이 아니라는 인정과 고백이 필요합니다. 하나님의 아들의 피 값으로 나를 통째로 사셨기에 자신의 몸과 영혼, 능력, 재능, 지혜와 모든 소유는 더 이상 내 것이 아님을 인정하지 않을 수 없습니다. 예수 그리스도의 피 값으로 구속함을 얻은 그리스도인들은 자신이 더 이상 자기의 것이 아니라는 것을 그저 주입된 지식이나 논리로서가 아니라 실제로 부인할 수 없는 사실로서, 즉 잊을 수 없고 대대 후손에까지 말할 수밖에 없는 사실로서 인정하게 됩니다.

십자가를 노래한 찬송 작가들의 공통된 고백

은혜를 아는 그리스도인은 자신을 위해 지불된 예수 그리스도의 피 값 때문에 누가 말하지 않아도 "하나님, 저는 저의 것이 아닙니다. 하나님, 제가 무엇을 드릴 수 있겠습니까? 저는 그 보배로운 피 값을 감당할 수가 없습니다. 주의 소유 삼으신 저의 몸과 제게 있는 모든 것을 주께 드립니다" 하는 결론에 이르게 됩니다.

이런 고백을 각 시대의 찬송 작가들로부터도 발견하게 됩니다. 많은 찬송 작가들이 자신은 더 이상 자신의 것이 아니라는 인정과, 하나님께 자신을 드린다는 고백을 남겼습니다.

조지 버나드는 '갈보리산 위에'(찬송가 150장)라는 찬송가의 3절에서 "험한 십자가에 주가 흘린 피를 믿는 맘으로 바라보니 나를 용서하고 내 죄 사하시려 주가 흘리신 보혈이라"고 고백한 후 마지막 절에서

"주가 예비하신 나의 본향 집에 나를 부르실 그날에는 영광 중에 계신 우리 주와 함께 내가 죽도록 충성하리"라고 말했습니다.

아이작 왓츠는 '만왕의 왕 내 주께서'(찬송가 151장)라는 찬송가 1절과 2절에서 "만왕의 왕 내 주께서 왜 고초 당했나 이 벌레 같은 나 위해 그 보혈 흘렸네, 주 십자가 못 박힘은 속죄함 아닌가 그 긍휼함과 큰 은혜 말할 수 없도다"라고 한 다음, 마지막 절에서 "늘 울어도 그 큰 은혜 다 갚을 수 없네 나 주님께 몸 바쳐서 주의 일 힘쓰리"라고 고백했습니다.

또 왓츠는 다른 찬송 '웬말인가 날 위하여'(찬송가 143장) 4절에서 "나 십자가 대할 때 그 일이 고마워 내 얼굴 감히 못 들고 눈물 흘리도다"라고 한 다음 마지막 절에서 "늘 울어도 눈물로써 못 갚을 줄 알아 몸밖에 드릴 것 없어 이 몸 바칩니다"라고 했습니다. 또 다른 고난의 찬송 '주 달려 죽은 십자가'(찬송가 149장) 3절에서 그는 "못 박힌 손 발 보오니 큰 자비 나타내셨네 가시로 만든 면류관 우리를 위해 쓰셨네"라고 한 다음에 마지막 절에서 "온 세상 만물 가져도 주 은혜 못 다 갚겠네 놀라운 사랑 받은 나 몸으로 제물 삼겠네"라고 했습니다.

또한 다우드는 '영화로운 주 예수의'(찬송가 148장)의 3절에서 "구주 예수 갈보리에 흘린 피와 물 가지고 나의 몸을 영혼까지 구속하여 주셨도다"라고 하고, 마지막 절에 가서 "구주 예수 나를 위해 십자가에 죽었으니 그 사랑에 감격하여 이 몸 주께 드립니다"라고 했습니다.

클레르보의 버나드는 '오 거룩하신 주님'(찬송가 145장)의 2절에서 "주 당하신 그 고난 죄인 위함이라 내 지은 죄로 인해 주 형벌 받았네 내

주여 비옵나니 이 약한 죄인을 은혜와 사랑으로 늘 지켜 주소서"라고 한 후, 끝 절에서 "나 무슨 말로 주께 다 감사드리랴 끝없는 주의 사랑 한없이 고마워 보잘 것 없는 나를 주의 것 삼으사 주님만 사랑하며 살게 하소서"라고 했습니다.

이들의 공통적인 결론은 다 "나는 하나님의 것입니다. 그 사실을 기꺼이 인정하며 내 자신을 드리겠습니다" 하는 것입니다. 그들에게는 구속의 감격으로 인해 자발적으로 우러나오는 헌신의 고백이 있었습니다. 이런 고백은 몇몇 찬송 작가들에게만 아니라 예수 그리스도의 피 값으로 구속 받은 모든 이들에게 있는 반응이요, 또 있을 수밖에 없는 인격적 반응입니다.

구속 백성에게 요구되는 거룩과 헌신

그러면 이제, 여러분은 누구의 것입니까? 여러분이 구속의 은혜를 입은 자라면 여러분은 여러분 자신의 것이 아닙니다. 적극적으로 말해 이제 하나님의 것입니다. 이것은 그저 형식적인 구호가 아니라 생생한 역사의 현장 속에서 하나님의 은혜를 경험한 자에게 요구되는 인격적인 고백입니다. 그리고 이런 인격적인 고백이 있는 자에게는 '거룩'이라는 분명한 특징이 요구됩니다. 하나님은 우리를 자신의 소유로 삼으시기 위해 예수 그리스도의 피로 구원하여 거룩히 구별하셨기 때문입니다.

하나님의 소유된 우리에게 있어야 할 거룩함은 억압적이거나 무거운 것이 아니라, 찬송 작가들의 고백처럼 마음 깊은 곳에서 우러나는 사모함으로 거룩하신 하나님과 동행하는 것입니다. 이스라엘 백성들이 자신들을 구속하신 하나님과 함께 새로운 출발을 했던 것처럼, 우리도 하나님의 소유로서 거룩하신 하나님을 가까이하고 그분의 영광을 위해 사는 것입니다.

하나님의 소유된 백성인 우리는 바울이 말한 것처럼 자신의 몸으로 하나님께 영광 돌리는 자가 되어야 합니다. 그런 생각을 품는 것 정도로는 충분치 않습니다. 우리는 우리를 거룩하게 구별하기 위해 치러진 피 값을 기억하여, 육신의 정욕과 세상의 유혹이 있는 삶 가운데서도 자신의 몸으로 하나님이 원하시는 길을 가며 그분께 영광을 돌려야 합니다. 하나님의 영광은 피 값으로 산 자의 그런 거룩한 모습을 통해 드러납니다.

십자가의 피로 구원을 받은 자는 이렇게 자기 몸을 주님께 드려야 합니다. 그것이 참된 의미의 헌신입니다. 기독교의 참된 헌신은 십자가에 대한 바른 이해로부터 출발합니다. 자신의 생명이 자기의 것이 아니라는 사실을 바로 알 때에야 비로소 참된 헌신이 가능합니다.

하나님은 자신의 소유로 거룩히 구별된 우리에게 십계명을 비롯한 많은 규례들을 주셔서 거룩함을 나타내도록 하셨습니다. 우리에게 이런 말씀이 주어진 것은 우리가 생명을 소유하여 헌신할 수 있게 된 '산 자'들이기 때문입니다. 죽은 자들은 헌신할 수 없습니다. 우리는 예수 그리스도의 피 값으로 구속함을 받아 하나님의 생명을 소유하게 되었기 때문에, 주님의 말씀을 듣고 거룩하라는 하나님의 모든 규례를 즐거워하며 자기 몸을 드릴 수 있는 것입니다.

아직 자신에게 하나님의 소유된 자로서의 모습이 분명히 나타나지 않는 사람이 있다면, 이제 분명하게 답을 내리셔야 합니다. 다른 무엇보다 신앙의 기초가 되는 이 문제를 깊이 생각하고 명확하게 해야 합니다. 십자가의 능력은 결코 미지근하게 나타나지 않습니다. 십자가의 은혜를 믿는 자는 그 엄청나고 분명한 사실로 인해 마침내 하나님의 영광을 위해 사는 구체적인 변화를 갖게 됩니다. 십자가의 은혜로 인하여 이제 자신은 자기의 것이 아니고 하나님의 것이라는 인격의 분명한 승복과 확신을 갖게 되고, 그런 믿음에 따라 자신을 하나님 앞에 드려 영광을 돌리는 삶으로 나갑니다. 거룩과 헌신이라는 결론으로 나아가지 않는 십자가에 대한 이해와 감동은 참된 것일 수 없습니다.

여러분 자신은 어떻습니까? 여러분의 신앙에는 이런 실제성이 있습니까? 십자가에 대해 여러 번 설교를 듣고, 성경 공부를 하고, 많은 지식이 있다고 하더라도 실제 삶에서 성도로서의 모습이 없다면, 다시 십자가 앞에 서야 합니다. 그 앞에 서서 높은 마음을 버리고 아이처럼 겸손히 구속의 은혜를 알기를 구하고 그것을 참으로 소유하는 데까지 나아가야 합니다. 십자가에서 흘리신 피로써 허락하시는 구원의 은혜에 참여하는 자가 되어야 합니다. 그리하여 우리 모두가 자발적으로 하나님의 소유된 백성의 삶을 살 수 있기를 소망합니다.

함께 생각해 볼 질문

1. 이스라엘이 애굽에서 나오기 직전에 하나님께서는 그들에게 어떤 일을 행하셨습니까? 하나님은 그 사건을 근거로 이스라엘에게 어떤 명령을 내리셨습니까? 이 명령의 의미는 무엇입니까?

2. 하나님이 애굽을 심판하실 때 이스라엘 집에 재앙을 내리지 않으셨던 것은 무엇을 보셨기 때문입니까? 그것이 상징하는 바는 무엇입니까?

3. 그리스도인들이 "너는 내 것이다" 하는 하나님의 선언을 인정하지 않을 수 없는 근거는 무엇입니까? 여러분에게는 이런 인정이 있습니까?

4. 바울이 말하는 "값으로 샀다"는 표현이 우리에게 상기시켜 주는 바는 무엇입니까?

5. 우리의 삶에서 죄에 대한 태도와 우리를 대속하시기 위한 구주의 희생에 대한 믿음은 어떤 상관관계를 갖습니까?

6. 여러분의 삶에서 주님께서 흘리신 피는 다른 것으로 대체 불가한 절대적인 의미를 가지고 있습니까? 혹은 경우에 따라서는 다른 것으로 대체되거나 다른 것이 더 우위에 놓일 수 있는 상대적인 가치를 가진 것입니까? 현재의 삶을 돌아보며 이에 대해 생각해 봅시다.

7. 자신이 '내'가 아닌 '하나님'의 소유임을 알고 인정하는 자의 삶에 뒤따르는 분명한 특징은 어떤 것들이 있습니까? 여러분의 삶에는 이런 모습이 있습니까?

09

거듭난 자의 증거

바람이 임의로 불매 네가 그 소리는 들어도 어디서 와서 어디로 가는지 알지 못하나니 성령으로 난 사람도 다 그러하니라(요 3:8).
예수께서 그리스도이심을 믿는 자마다 하나님께로부터 난 자니 또한 낳으신 이를 사랑하는 자마다 그에게서 난 자를 사랑하느니라(요일 5:1).

다시 거듭남을 생각하라

책의 서두에서 이야기한 바와 같이 사람이 하나님 나라에 들어가려면 거듭나야 합니다. 그런데 거듭남의 역사는 저절로 일어나지 않습니다. 우리는 말씀이라는 방편을 통하여 거듭남의 역사를 경험합니다. 그렇다고 말씀 자체가 거듭나게 한다는 것은 아닙니다. 거듭남의 역사는 말씀을 도구로 하여, 하나님의 성령께서 우리 영혼에 행하시는 일입니다. 말씀이 방편으로 사용되지만 실제로 우리를 거듭나게 하시는 분은 성령이십니다. 그래서 거듭난 영혼은 성령으로 말미암은 분명한 증거를 갖습니다. 이번 장에서는 성령으로 말미암은 거듭남의 증거들에 대해 살펴보고자 합니다.

여기서 살펴보려는 거듭남의 증거는 우리가 거듭나기 위해 취해야 할 조건이 아니라, 다만 성령으로 말미암아 거듭난 자에게 나타나는 생명의 증거입니다. 즉, 이것은 성령께서 생명을 주실 때 우리에게 요구하시는 조건이 아니라, 오히려 성령이 우리에게 주신 생명으로 인해 얻는 열매입니다.

이미 거듭난 자들은 이런 내용을 살펴봄으로써 자신의 영혼을 거듭나게 하시고 변화시켜 주신 하나님의 은혜를 더욱 분명히 볼 수 있을 것입니다. 그런 사람들은 자신의 영혼과 삶에 이런 열매들을 더욱 풍성하게 더하여 주시기를 구하는 겸손한 마음으로 이 내용을 묵상해 볼 필요가 있습니다. 또 지금껏 거듭남의 문제에 무지하고 무관심했거나 거짓된 확신을 가지고 있던 사람이 있다면, 이 내용을 통해 거듭남의 참된 의미와 절실한 필요를 깨닫고 거듭남의 은혜를 진정으로 구하게 될 수 있기를 바랍니다.

바람과 같은 성령의 역사와 그 증거

요한복음 3장에서 주님은 성령으로 거듭나는 일을 설명하기 위해 성령을 바람에 비유하십니다. 우리는 이 놀랍고도 완전한 비유의 의미를 잘 이해해야 합니다.

첫째, 이 비유는 바람이 임의로 불듯이 거듭남은 성령의 주도하심 속에서 일어난다는 것을 밝혀 줍니다. 둘째, 바람이 불 때 나는 소리를 듣고 바람이 분다는 사실을 알 수 있듯이 성령으로 거듭나는 일도 당사자나 다른 사람이 어느 정도 인식할 수 있음을 말해 줍니다. 셋째, 그러나 그 바람이 어디서 오며 어디로 가는지는 알지 못하듯 우리는 이 새 생명의 신비스러운 작용을 일일이 파악하거나 설명할 수는 없음을 말해 줍니다.

우리 육체의 생명도 이와 비슷한 설명이 가능합니다. 우리는 사람이 생각하고 말하고 몸을 움직이는 등의 모습을 보고 그에게 생명이 있음을 감지할 수 있습니다. 그러나 인간 생명의 근원과 시작, 그것을 유지하고 작동하는 힘과 원리, 생명의 끝 등은 지극히 신비스러워 설명의 한계를 갖습니다.

성령으로 난 새 생명도 이와 같습니다. 그것은 바람이 부는 것처럼 분명히 있는 사실입니다. 바람이 보이지는 않아도 실제로 불기 때문에 소리가 나고 사물이 흔들리는 것처럼, 성령께서 사람에게 행하시는 거듭남의 역사도 직접 볼 수는 없지만 사람에게서 나타나는 성령의 증거로써 그 실재를 알 수 있다는 것입니다. 물론 우리는 바람이 어디서 왔는지 알 수 없듯, 성령으로 거듭난 사람을 볼 때에도 성령께서 그 영혼에 역사하시어 그의 옛 본성을 꺾으시고 새 생명을 창조하시는 과정을 정확히 알지 못합니다. 그것은 오직 하나님께 속한 참으로 신비롭고 심오한 일입니다.

성령의 역사는 이처럼 신비롭고 사람의 눈에 직접 보이지는 않지만, 항상 가시적인 결과를 냅니다. 거듭난 자는 옥토와 같은 마음으로 30배, 60배, 100배의 눈으로 보아 알 수 있는 결실을 맺습니다. 하지만 성경은 거듭나게 하시는 성령의 신비를 벗겨 보고자 하는 우리의 호

기심에 더 이상 어떤 설명이나 상상의 단초도 제공하지 않습니다. 즉, "성령으로 거듭난 자는 반드시 거듭난 증거로서의 열매를 맺게 된다. 그것으로써 성령께서 행하신 거듭남의 역사를 알 수가 있다. 그러나 그 이상은 알 수도 말할 수도 없다"는 것입니다.

마치 나무가 싹을 내고 꽃을 피우고 열매를 맺을 때 그 속에 생명이 있음을 알 수 있는 것처럼, 또 배가 일정한 항로대로 운행하는 것을 보면 그 안에 키를 잡고 있는 사람이 있다는 사실을 알 수 있는 것처럼, 어떤 사람이 새 생명의 열매를 맺을 때 우리는 성령께서 그의 삶에 영향을 미치고 있음을 알 수 있습니다. 주님께서 그 열매로 그 나무를 안다고 말씀하신 것처럼, 거듭난 사람이 맺는 열매를 통해 그가 성령으로 거듭난 자임을 알 수 있다는 것입니다.

거듭난 사람의 열매

그럼 성령으로 거듭났음을 알 수 있게 해주는 열매란 무엇입니까? 우리는 이 문제를 신중히 생각해 보아야 합니다. 물론 수학 공식을 풀듯이 "이런 열매가 있으면 곧 거듭난 사람이다"라고 딱 떨어지는 몇 가지 내용을 정답으로 제시하기는 어렵습니다. 그러나 성경은 분명히 거듭난 사람에게서 나타나는 삶의 방식이나 태도와 같은 것들을 말해 줍니다.

특히 사도 요한은 하나님께로 난 자, 즉 거듭난 자에 대해서 집중적으로 다루었습니다. 우리는 요한복음에서 거듭남의 원리에 해당하는 내용을, 그리고 요한일서에서 거듭남의 열매와 관련된 내용을 찾아볼 수 있습니다. 성경의 그런 내용에 따라 거듭남의 증거의 가장 근본적이고 중요한 특징 몇 가지를 정리해 살펴보려고 합니다. 이를 통해 자신을 돌아보며 자신의 거듭남을 확고히 할 수 있기를 바랍니다.

① **예수를 구세주로 믿는 믿음**

거듭남의 첫 번째 증거요 열매로 들 수 있는 것은 예수님을 구세주로 믿는 믿음입니다. 사도 요한은 "예수께서 그리스도이심을 믿는 자마다 하나님께로부터 난 자니"(요일 5:1)라고 했습니다. 이것은 예수가 그리스도이심을 그저 알고 있다거나 그런 가르침에 무리 없이 동의한다는 의미가 아닙니다. 이 말은 당시의 시대 배경 속에서 이해되어야 합니다.

1세기 당시 예수님은 목수의 아들로 사셨고 사람들은 그 사실을 잘 알고 있었습니다. 게다가 유대 사회나 이방 사회 모두 그분을 메시아로 믿고 따르는 자들을 적대하고 박해했던 것이 일반적인 분위기였습니다. 초대 교회 성도들은 그런 배경 가운데서 예수님을 "그리스도"라 고백하며 자신의 '유일한 구원자'로 믿었던 것입니다.

이런 신앙은 우연히 생기지 않습니다. "예수께서 나의 유일한 구원자이시다"라는 진실한 믿음, 단순한 입술의 고백이 아닌 마음의 중심으로부터 우러나오는 분명한 믿음은 성령으로 인한 것입니다. 이 믿음은 세상의 지혜로 얻는 것이 아닙니다. 당시 세상의 관원들과 나름대로 지혜 있다 하는 자들은 예수를 구원자로 믿지 못했습니다. 거듭나지 않고는 누구도 예수님을 자신의 유일한 구원자로 믿을 수 없습니다.

거듭난 자에게 성령이 허락하시는 믿음은 단순히 하나님의 존재를 믿는 것이 아닙니다. "하나님은 존재하시고 살아 계신다. 하나님은 좋은 분이시고 능력이 많으시다"는 것을 알고 고백한다고 해서 모두 거듭난 자라고 할 수는 없습니다. 기독교 신앙은 하나님에 관해서 어느 정도 알고 있고, 나름대로 확신하는 바가 있는 것 정도를 말하지는 않습니다.

기독교 신앙은 그보다 훨씬 특별한 믿음입니다. 그것은 무엇보다 예수께서 자신을 구원하시고 영원한 생명을 주시는 분이심을 확실히 알고 의지하는 믿음입니다. 이 땅에 사셨던 예수님이 하나님의 기름부음을 받은 메시아로서 우리 영혼의 구원자요 영생의 수여자이심을 믿는 믿음이 "하나님께로부터 난 자", 곧 거듭난 자에게 성령께서 허락하시는 증거입니다. 이것이 참된 기독교 신앙입니다.

이런 믿음은 우리 임의대로 얻을 수 있는 것이 아닙니다. 예수께서 우리를 죄에서 구원하실 구주이신 것과, 오직 그분 안에서 그리고 그분을 통해서만 죄를 사함 받고 구원 얻을 수 있음을 믿고 그분을 의지하는 믿음은 우리 스스로 만들어 낼 수 없습니다. 거듭난 자만이 이런 믿음을 갖습니다. 거듭나지 않으면 예수께서 하나님이 보내신 독생자요 그리스도로서 우리를 구원하신다는 것을 확고히 믿고 그분을 의지할 수 없습니다.

요한일서의 증언처럼 예수께서 그리스도이심을 믿는 자가 하나님께로부터 난 사람입니다. 거듭난 자는 그리스도 대신 다른 어떤 것을 믿거나 의지하지 않습니다. 1세기 당시 거듭난 성도들은 예수 그리스도를 주(Lord)로 믿을 것인지, 가이사(Caesar)를 주로 고백할 것인지를 공적으로 선택해야 하는 위협적인 현실 속에서 "오직 예수 그리스도만이 나의 구주시요 나의 주이십니다. 그분께만 나의 소망이 있습니다. 설사 나를 죽인다 해도 그 사실은 변하지 않습니다"라는 믿음의 고백을 했습니다. 1세기에는 그런 신앙 고백으로 인해 순교에 이르는 성도들이 많았고, 그로 인해 사자의 밥이 되거나, 화형을 당하기도 했습니다. 그들이 그럴 수 있었던 것은 거듭난 자로서 성령께서 주시는 믿음과 확신을 소유했기 때문입니다. 그들은 거듭난 자들이었기에 죽음의 위협 앞에서 "온 세상을 다 주어도 예수께서 그리스도이시라는 사실을 부인할 수는 없다"는 믿음을 지켰습니다. 그분 안에서 부인할 수 없는 최고의 가치를 발견했던 것입니다.

여러분은 어떻습니까? 누군가 죽음으로 위협하며 또 강력한 유혹으로 예수 그리스도 믿는 것을 부인하기를 강요한다면 여러분은 어떻게 하겠습니까? 만일 거듭난 사람이 아니라면 그는 주님을 향한 자신의 신앙 고백을 지킬 수 없을 것입니다. 그러나 거듭난 자에게 그리스도는 그저 세상의 많은 주인, 호감을 느끼는 많은 대상 중 하나일 수 없습니다. 그에게 주님은 유일한 소망이요 구세주요 전부이십니다. 어떤 위협과 유혹에도 그분을 인정하지 않을 수 없고 자랑하지 않을 수 없으며 예수님이 자신의 주님이심을 나타낼 수밖에 없습니다.

② 하나님을 향한 사랑

두 번째로 언급될 수 있는 거듭남의 증거요 열매는 하나님을 사랑하는 마음입니다. 요한은 참된 신자를 "(자신을) 낳으신 이를 사랑하는 자"라고 말합니다.(요일 5:1) 즉, 하나님께로부터 난 자, 거듭난 자는 자신을 구원하여 거듭나게 하신 하나님을 사랑한다는 것입니다. 그는 만일 아들을 보내어 구원하신 하나님의 크신 사랑이 없었다면 자신은 지옥에 던져질 수밖에 없는 죄인이라는 것을 압니다. 그래서 그런 자신에게 베푸신 하나님의 은혜와 사랑으로 인해 하나님께 대한 경외심과 사랑을 갖게 됩니다.

그러나 거듭나지 않은 사람은 하나님을 사랑하지 않습니다. 거듭나지 않은 자는 일반적으로 하나님보다 자신을 더 사랑하고, 자신의 힘과 행위를 의지합니다. 자신을 부인하기보다 오히려 믿을 만한 존재로 여기며, 하나님을 의지하고 하나님께 감사하기보다 자신의 공로를 크게 여깁니다.

거듭남은 사람의 이런 본성을 뒤바꾸어 놓습니다. 거듭난 자는 현재 자신이 아무리 선한 삶을 살고 있다고 해도 자신이 하나님께 빚진 자라는 사실을 기억하고 하나님 앞에 마음을 낮춥니다. 현재 자신의 모습은 오직 하나님이 먼저 베푸신 사랑으로 말미암은 것임을 알기 때문입니다. 그는 이전에 있던 하나님에 대한 반감과 적대감 대신 하나님을 향한 깊은 감사와 경외심을 갖게 됩니다. 한낱 피조물일 뿐 아니라 지옥에 떨어져 마땅한 죄인인 자신을 살리시고 현재의 이 모든 것을 주셨다는 사실 때문에 마음에 깊은 감격과 그 앞에서 스스로를 낮추는 겸비한 태도를 갖게 됩니다. 거듭난 자는 자신에게 새 생명을 주신 하나님, 자신을 은혜로 낳아 주신 하나님을 사랑하게 되는 것입니다.

이처럼 하나님을 사랑하는 것은 거듭남의 결정적인 증거입니다. 그저 정해진 시간에 교회에 잘 나오고, 직분을 맡고, 신앙생활 중 이런 저런 체험과 많은 활동을 한 것 등은 그 자체로서 거듭남의 유력한 증거가 될 수 없습니다. 그런 것들은 진실한 신앙으로 말미암은 것일 수도 있고 아닐 수도 있기 때문입니다. 우리는 거짓된 믿음으로도 그런 모습을 가질 수 있습니다. 정말 중요한 것은 하나님을 사랑하는 마음이 있는 것입니다. 아무리 화려한 신앙 활동의 이력을 가졌어도, 하나님에 대한 사랑이 없는 자는 거듭나지 못한 것입니다.

③ 하나님의 자녀들을 향한 특별한 사랑

세 번째로, 거듭난 사람은 하나님의 자녀들에 대한 특별한 사랑을 갖습니다. 요한일서 5장 1절은 앞선 내용에 이어서 "낳으신 이를 사랑하는 자마다 그에게서 난 자를 사랑하느니라"고 기록하고, 또 다른 구절에서는 "우리는 형제를 사랑함으로 사망에서 옮겨 생명으로 들어간 줄을 알거니와 사랑하지 아니하는 자는 사망에 머물러 있느니라"(요일 3:14)고 기록합니다. 형제를 사랑하는 것을 통해서 사망에서 생명으로 들어간 것, 즉 거듭난 것을 안다는 말입니다. 이렇게 우리의 거듭남은 형제를 사랑하는 것으로 드러납니다.

물론 그리스도인의 사랑은 그리스도인 동료들만을 향하지 않습니다. 그리스도인은 예수님처럼 죄인의 영혼을 위해 슬피 우는 자들입니다. 이웃을 사랑하라는 주님의 명령은 신자와 불신자를 막론한 모든 사람을 향한 것입니다. 그러나 거듭난 자는 특히 하나님을 섬기며 믿음의 교제를 나누는 동료 그리스도인들을 향한 사랑을 더욱 분명하게 드러낼 수밖에 없습니다. 그들은 다른 성도들과의 교제를 무척 좋아하고 행복하게 여깁니다. 세상 사람들은 학식 있고, 재력 있고, 지위가 높은 사람들과의 시간을 영광스럽게 생각하지만, 성령으로 거듭난 사람들은 거룩하고 진실한 하나님의 백성들과 함께하며 믿음의 교제를 나누는 것을 더 기뻐합니다. 그들의 마음은 장차 영원한 하나님 나라에서 영원토록 내내 함께할 형제와 자매들을 사랑하며, 이 땅에서부터 그들과의 친밀한 교제하고 즐거워합니다.

거듭난 자들은 하나님을 믿는 다른 형제와 자매들과 서로 같은 은혜와 소망을 가지고 삽니다. 심지어 그들은 인생 중에 같은 적과 맞서 싸웁니다. 거듭난 성도들은 모두 죄를 미워하고 마귀를 대적하는 영적인 싸움을 하는 동료 군사입니다. 그런 영적인 공감대로 인하여 그들은 서로 대화가 통합니다. 믿음이 없는 자들과는 통하지 않는 대화가 하나님의 자녀들 사이에서는 통합니다. 그들은 같은 것을 기뻐하고, 같은 것을 미워합니다. 같은 신앙의 여정과 목적지를 갖고 살기에 늘 공통의 화제를 갖습니다.

반면, 하나님을 믿는 다른 지체들을 사랑하지 못하고 그들과의 교제를 기뻐하지 않는 사람은 거듭남의 증거를 갖지 못한 것입니다. 거듭난 사람은 반드시 형제를 사랑하고 가까이 합니다. 성경은 형제를 사랑하는 것이 사망에서 옮겨 생명으로 들어간 증거, 곧 거듭남의 증거라는 사실을 분명히 말합니다. 교회 안에 거듭난 자들이 많아지면 교회에 형제 사랑의 분위기가 생겨납니다. 사랑이 없는 교회 공동체는 거듭나지 못한 자들로 구성되어 있을 확률이 높습니다. 같은 하나님을 믿는 사람도 사랑하지 못한다면 외인들에 대해서는 말할 것도 없습니다. 그런 사람들은 주님의 명령과 무관한 자들입니다.

그러면 무엇이 형제를 사랑하는 것일까요? 그리스도인들의 사랑은 세상적인 방식을 따른 사랑, 자기 감정과 욕구에 충실한 사귐과는 다릅니다. 우리는 오직 그리스도와 그의 진리 안에서 사랑합니다. 오늘날 사랑에 대한 왜곡되고 변질된 개념을 교회 안으로 가지고 들어와 죽이 맞는 사람들끼리 어울려 서로의 죄를 공감하고 정당화하며 그것을 '사랑'으로 착각하는 경우가 많습니다. 우리는 이런 그릇된 교회의 현실을 심각하게 회개하며 참 사랑을 회복하기 위해 기도해야 합니다. 오직 그리스도께로 향하고, 진리를 위하는 사랑의 교제가 우리에게 있어야 할 참된 사랑의 모습입니다.

거듭남의 증거를 보이지 못하는 교회의 현실은 다른 누군가의 이야기가 아니라 바로 교회 안에 있는 각 사람에 대한 것입니다. 우리 한 사람 한 사람이 교회이기 때문입니다. 우리에게 거듭남의 증거와 열매가 없는 것, 형제 사랑이 없는 것을 대수롭지 않게 여겨서는 안 됩니다. 이것은 심각한 문제입니다. 참으로 우리는 거듭남이 없이는 하나님 나라에 들어가지 못합니다. 그러나 거듭난 사람은 형제 사랑을 알게 되고 또한 하게 됩니다.

④ 습관적으로 죄를 짓지 않음

네 번째로 언급할 거듭남의 증거는 죄를 습관적으로 짓지 않는 것입니다. 요한은 "하나님께로부터 난 자마다 죄를 짓지 아니하나니 이는 하나님의 씨가 그의 속에 거함이요"(요일 3:9)라고 말합니다. 또 요한일서 5장 18절에서는 "하나님께로부터 난 자는 다 범죄하지 아니하는 줄을 우리가 아노라"고 말합니다. 다시 말하면 거듭난 사람은 죄를 짓지 않는다는 것입니다. 그런데 '죄를 짓지 않는다'는 말은 죄를 한 번도 짓지 않게 된다는 말이 아닙니다. 거듭난 사람이라고 해서 죄를 전혀 안 짓는 것은 아닙니다. 다만 거듭난 자에게는 죄를 향한 기꺼움과 자발성이 없다는 것입니다. 거듭난 후로는 죄가 죄인 줄 알면서 거리낌 없이 습관적으로 죄를 짓거나 의도적으로 죄를 짓지 않는다는 것입니다.

거듭나기 전에는 누구나 자신의 행동이 죄인지 분별도 없고, 또 죄를 지어도 그것으로 인해 슬퍼하지도 않습니다. 그때는 죄와 친구처럼 지내며 죄에 대해 정확하게 깨닫지 못합니다. 어느 정도 양심상의 거리낌이 있더라도 하나님이 싫어하시는 죄에 대한 명확한 분별은 없었습니다. 그러나 거듭난 사람은 죄를 싫어하며 죄를 피하고 죄와 싸우게 됩니다. 그 이유는 요한복음 16장의 가르침처럼 성령께서 죄를 드러내어 하나님을 거스르며 대적하는 죄의 실체를 깨닫게 하시기 때문입니다(요 16:7-11).

그러므로 거듭난 사람은 죄에 대해 이전과는 다른 반응을 보이게 됩니다. 죄를 싫어하고, 혹 죄를 짓게 되면 그로 인해서 신음하며 애통해합니다. 죄와 화목한 죄악된 상태에 안주하지 않고 우리 안에 거하시는 거룩한 영의 역사하심을 따라 하나님의 도우심을 구합니다. 죄로부터 구속되기를 열망하는 것입니다.

물론 우리는 이 육신의 장막을 입고 있는 한 죄로부터 완전히 자유로워지지는 못합니다. 거듭난 사람이라도 그는 여전히 쉼 없이 일어나는 온갖 악한 생각들에 흔들릴 수 있으며, 결점이 있는 모습을 보일 수 있습니다. 야고보가 지적한 대로 우리는 다 실수가 많은 사람들입니다(약 3:2). 우리는 이런 사실을 무시하고 거듭났다는 이유로 죄에 대한 경계를 늦추는 교만에 빠져서는 안 됩니다. 거듭난 자는 죄를 경계합니다. 죄를 지으면서도 전혀 깨닫지 못하고 계속 방종하며, 자신의 영혼을 위해 근심하지 않는 사람은 하나님이 보시기에 죽은 사람입니다. 그런 사람은 성령과 무관한 사람이요 거듭나지 않은 사람입니다.

⑤ 삶의 거룩함

거듭난 사람의 삶에 있는 또 다른 열매는 거룩함입니다(롬 6:22). 이전까지는 거룩함에 대해서 전혀 감각이 없던 사람이 거듭난 후에는 자기 안에 있는 성령, 곧 거룩한 영의 속성을 나타내게 됩니다. 바울은 예수 믿는 자들은 "영으로써 몸의 행실을 죽이며"(롬 8:13), "성령을 따라 행함으로써 육체의 욕심을 이루지 아니한다"(갈 5:16)고 하면서 예수 믿는 우리들, 즉 거듭난 우리들이 "성령으로 살면 또한 성령으로 행할지니"(갈 5:25)라고 했습니다. 결국 거듭난 사람은 거룩하신 영의 인도를 따라 거룩하신 하나님의 뜻을 따라 살기 위해서 힘쓰게 된다는 것입니다. 그는 하나님이 기뻐하시는 것을 하고자 하고 하나님께서 싫어하시는 것을 피하고자 하는 태도를 보입니다. 그의 삶에는 전에 없던 새로운 목표가 생깁니다. 그에게는 주님께서 말씀하신 최고의 계명대로, 목숨과 마음과 힘과 뜻을 다하여 하나님을 사랑하고, 이웃을 자신의 몸처럼 사랑하고자 하는 새로운 열정이 생깁니다.

이와 같이 거룩하신 하나님께서 원하시는 것을 따라 살게 되는 것이 거듭난 자의 거룩한 열매입니다. 신자의 거룩함이란 그저 윤리, 도덕적인 개선만을 말하지 않습니다. 우리의 거룩함은 일차적으로 거룩하신 하나님과의 관계에 대한 것입니다. 거룩하신 하나님이 원하시는 것을 좇는 것이 우리의 거룩함입니다. 도덕성은 그로부터 따르는 부차적인 결과입니다.

거듭난 자는 무엇보다 자신의 주님이신 그리스도께서 이 땅에서 보이신 거룩한 모범을 따라 살고자 하는 마음을 갖습니다. 비록 자신의 삶에 죄악된 요소들이 남아 있고 그로 인해 혼란을 겪기도 하지만 주님의 뒤를 좇아 하나님이 원하시는 삶을 살기 위해서 힘쓰는 삶의 태도를 갖습니다. 그로 인해 거듭난 자는 늘 완전하진 않지만 늘 거룩한 살능을 가지고 삽니다. 하나님을 기쁘게 해 드리고자 하는 거룩한 소욕을 가지고 삽니다. 이전에 따르던 죄의 소욕을 거스르고 싸우며, 거룩한 것을 좇고자 하는 마음과 소원으로 하나님을 향하고 위하는 의지의 결단과 행동을 나타냅니다(갈 5:19). 이것이 거듭남의 열매입니다.

⑥ 세상의 방식을 따르지 않음

또 거듭난 사람은 세상의 방식을 따르지 않고 오히려 그것을 거스릅니다. 사도 요한은 "무릇 하나님께로부터 난 자마다 세상을 이기느니라"(요일 5:4)라고 가르칩니다. 즉, 거듭난 자는 이 세상의 방식과 개념, 관습 등에 따르지 않는다는 것입니다. 거듭난 자는 세상이 말하는 것이 아니라 하나님께서 말씀하시는 것, 주께서 우리에게 제시하시는 것에 민감하게 반응하고 그것을 따라 삶을 삽니다.

거듭난 사람은 세상에서 말하는 행복을 행복으로 여기지 않습니다. 그는 세상의 즐거움을 계속 좇지 않습니다. 그런 것들은 오히려 자신의 영혼을 상하게 하고 피곤하게 하는 줄 알고 세상의 길을 거스릅니다. 거듭난 자는 세상의 길이 헛되고 무익하며 그 종국이 죽음과 멸망인 것을 압니다. 그는 세상과 사람들의 인정과 칭찬을 얻기보다 하나님의 칭찬을 얻기를 원합니다. 또 사람과 세상의 비난과 분노보다 하나님의 진노하심을 더 두려워합니다. 하나님의 영원하심과 세상의 유한함을 알기 때문입니다.

거듭난 사람은 이런 태도로써 세상으로부터 자신을 구별합니다. 세상에서의 인정과 성공을 배설물처럼 여기고, 하나님을 기쁘시게 하고자 하는 목적으로 삽니다. 거듭난 자에게는 하나님을 기쁘시게 하는 것, 주님을 영화롭게 하는 것에 대한 이해와 열의가 생깁니다. 이렇게 분명하고 구체적인 새로운 삶의 목표를 갖는 것은 거듭남의 가장 결정적인 증거들 중 하나입니다.

⑦ 자신의 영혼을 소중히 여김

그뿐 아니라, 거듭난 사람은 자신의 영혼도 소중히 여깁니다. 사도 요한은 그의 서신에서 "하나님께로부터 나신 자가 그를 지키시매 악한 자가 그를 만지지도 못하느니라"(요일 5:18)라고 기록합니다. 거듭난 자는 자신을 구원하신 하나님께서 자신을 지금도 악한 자로부터 지키시는 것을 압니다. 악한 자가 자신을 완전히 굴복시키지 못하도록 하나님께서 자신의 영혼을 계속 지키시는 것을 알고 행한다는 것입니다.

거듭난 자는 그것을 알고, 그것을 믿고 안일하게 사는 것이 아니라, 오히려 하나님께 속한 자로서 그의 지키심 안에서 살고자 합니다. 즉, 자신의 영혼이 죄에 물드는 것을 매우 민감하게 경계합니다. 나쁜 교제나 좋지 않은 영향을 미칠 수 있는 세속적인 문화를 통해 자신의 영혼이 오염되는 것을 피하려 합니다. 자신의 영혼을 해이하게 하고 해롭게 하는 데 시간을 보내는 것을 원치 않습니다.

⑧ 하나님께서 은혜를 주시는 수단들에 대한 기꺼운 반응

거듭난 사람에게 있는 마지막 증거는 하나님께서 은혜를 주시는 수단들에 기꺼운 반응을 갖는 것입니다. 즉, 그는 하나님의 은혜를 얻기 위한 대표적인 수단인 예배, 기도와 하나님의 말씀을 소홀히 여기지 않습니다. 거듭난 사람은 분명히 하나님의 은혜를 사모하게 되며, 그에 따라 하나님께서 은혜를 주시는 수단들도 사모하는 것입니다.

분명, 거듭난 사람은 예배를 통해 하나님을 만나 그 앞에서 우리가 하나님의 자녀인 것을 발견하고 확인하는 것을 소중히 여깁니다. 물론 참된 신자들도 마귀의 유혹으로 인해 예배에 대해 게으르고 소극적인 마음이 들 때가 있을 수 있습니다. 그러나 일시적으로 그런 것이 아니라 근본적으로 예배드리기를 싫어하고 대수롭지 않게 여기는 사람은

자신의 신앙을 점검해 보아야 합니다.

무조건 예배에 열심을 내는 사람을 모두 거듭난 것이라고 말할 수는 없지만, 거듭난 자가 새로운 영적 성향에 따라 예배를 사모하고 갈망하는 것은 부인할 수 없는 사실입니다. 거듭난 자는 자신이 하나님의 은혜로 인해 산다는 것을 알기에 그의 은혜를 사모하고 하나님의 은혜가 임하는 방편인 예배 또한 사모합니다.

성경은 우리에게 모이기를 힘쓰라고 가르칩니다(히 10:25). 주님께서 이렇게 명하시는 이유는 그 모임을 통해서 하나님과 교통하고 하나님의 은혜를 경험하도록 하기 위해서입니다. 신자가 모여 예배하기를 원하는 것은, 부모를 떠나기 싫어하는 아이의 마음과 같은 거듭난 자의 영적인 본능입니다.

예배드리기를 게을리하고 모이기를 싫어하는 것은 결코 가벼운 문제가 아닙니다. 주님과 교제하는 이 거룩한 의무를 싫어하는 자는 결코 하나님 나라에도 들어갈 수 없습니다. 왜냐하면 하나님 나라는 하나님과 기쁨으로 교제하며 예배하는 곳이기 때문입니다.

그래서 홉킨스(Samuel Hopkins, 1721~1803)라는 청교도 목사는 예배와 같은 은혜의 수단을 싫어하는 자들을 향해 이렇게 말했습니다. "거룩한 의무들에 대해 말하면 불평하는 당신, 또 공예배에서 행해지는 모든 설교들을 불쾌하게 생각하는 당신, 그리고 '언제쯤 안식일이 끝나고 참여해야 하는 의식들이 없어질까?' 하고 생각하는 당신, 당신에게 묻습니다. 당신은 천국에 가면 무엇을 할 것입니까? 거룩한 의무를 행하는 잠깐 동안의 안식일을 영원 그 자체만큼이나 길게 느끼는 불경한 마음으로, 오직 거룩한 의무들만 있을 천국에서 무엇을 하겠습니까?"

그렇습니다. 하나님 나라에 들어갈 자들은 모이기를 힘쓰고 하나님을 예배하는 것을 좋아합니다. 그러나 지금부터 하나님께 예배하기를 싫어하는 자에게 천국은 지루하고 고통스러운 곳일 수밖에 없습니다. 은혜의 하나님을 대면하는 것에 대한 사모함이 없는 심령은 거듭나지 않은 것이 분명합니다.

거듭난 사람은 하나님의 은혜를 얻는 가장 근본적인 수단인 기도 또한 등한히 하지 않습니다. 거듭난 사람은 분명히 기도합니다. 하나님께 도움을 구합니다. 하나님을 아바 아버지라 부르며 갓 태어난 아이가 어머니의 젖을 먹기 위해서 부르짖는 것처럼 하나님의 은혜를 구합니다. 공예배 시간에 기도하는 것 외에 하나님께 개인적으로 기도하는 것을 모르는 사람은 신자로서 정상적인 상태에 있는 것이 아닙니다. 거듭난 사람은 자신이 하나님의 도우심으로 살며 그렇게 살 수밖에 없음을 알기에 기도를 통해 그분을 찾고 도우심을 구하는 영적 본능을 드러내지 않을 수 없습니다.

거듭난 사람은 은혜의 수단이 되는 하나님 말씀 역시 사모하고 경외합니다. 베드로가 말한 것처럼 거듭난 영혼은 갓난아이가 젖을 사모하는 것같이 신령한 젖인 하나님의 말씀을 사모합니다(벧전 2:2). 거듭난 자는 하나님의 말씀이 자신의 삶의 등불임을 알고 그 말씀을 통해서 자기 자신의 삶을 비춰 보고자 합니다. 하나님 말씀 듣기를 몹시 사모합니다.

이렇게 하나님의 은혜의 수단인 예배와 기도와 말씀을 사모하고 귀하게 여기며 큰 열심을 내는 것은 거듭난 자에게 나타나는 분명한 증거입니다. 거듭난 사람은 자신이 은혜의 방편으로부터 멀어지는 것만으로도 마음이 상하고 아파합니다. 그는 이 세상에서의 어떤 손해도 은혜로부터 멀어지는 것보다 더 큰 손실로 여기지 않습니다.

거듭난 사람은 결코 끌려다니는 신앙생활을 하지 않습니다. 그는 자신에게 주어지는 모든 기회에 자원함과 사모함으로 참여합니다. 한국 교회들은 주일 오전 예배를 대예배라고 말하곤 합니다. 어떤 의미와 의도로 이런 말이 사용되어 온 것인지는 모르겠지만, 하나님께 드리는 예배에 더 크고 중요한 예배가 따로 있는 것은 아닙니다. 혹 그런 의식이 우리에게 있다면 그것은 잘못된 전통에 따른 것입니다. 그런 전통은 외식된 신자들을 양산해 내는 전통입니다. 거듭난 사람이라면 임의로 하나님의 은혜의 수단에 경중을 두어 결국 그것을 소홀히 하는 길을 거부해야 합니다.

거듭남의 문제를 가볍게 여기지 말라

주님께서는 열매로 그 나무를 알 수 있다고 하셨습니다(마 7:20). 그럼 여러분은 어떻습니까? 지금까지 살펴본 이런 거듭남의 열매들이 있습니까? 사람마다 그 깊이나 정도에 차이가 있을 수는 있습니다. 그러나 하나님께로부터 난 자, 곧 성령으로 거듭난 자는 지금까지 말한 열매들을 공통적으로 갖게 됩니다.

여러분은 어떻습니까? 예수님께서 자신의 유일한 구원자이심을 믿습니까? 오직 그분만이 여러분 자신의 죄를 대속하고 죽음과 심판에서 건지실 자이심을 믿습니까? 또 지옥에 이를 수밖에 없는 우리를 위해 독생자를 보내어 죽게 하기까지 하신 하나님의 사랑을 깨닫고 여러분도 그분을 사랑하고 있습니까? 하나님뿐만 아니라 하나님의 자녀들도 특별히 사랑하며 그들과 함께 하나님의 은혜 나누기를 좋아합니까? 죄에 대해서는 어떻습니까? 죄를 분별하여 자신의 죄를 슬퍼하고 죄 짓지 않기 위하여 힘써 싸우고 있습니까? 거듭난 사람의 삶 속에 있어야 할 거룩함은 어떻습니까? 하나님의 성품을 닮고자하는 거룩한 삶이 있습니까? 또, 세상의 방식을 거스르며 이기는 증거는 어떻습니까? 세상과 세상의 것들보다 하나님이 기뻐하시는 것을 행하고자 합니까? 이 땅의 삶이 전부가 아니라는 것을 알고 자신의 영혼을 소중히 여기며 지키고 있습니까? 하나님이 은혜를 주시는 수단들을 사모하는 마음이 있습니까?

앞서 설명한 대로 우리가 이런 모습을 가지면 거듭나게 된다는 것은 아닙니다. 그러나 거듭난 자는 결국 이런 열매들을 맺게 됩니다. 이 여덟 가지의 증거들은 거듭난 사람들에게 기본적으로 나타나는 열매입니다. 성경은 "이 같은 증거와 열매가 없는 자는 하나님께 속하지 아니한 자이다"라고 말합니다(요일 3:10, 4:6). 여러분 중에 이와 같은 거듭남의 열매가 없는 사람이 있다면, 그는 자신의 거듭남을 인생의 가장 중요하고 결정적인 문제로 생각해야 합니다. 그리고 하나님의 긍휼을 구해야 합니다. 영혼을 거듭나게 하시는 하나님 앞에 무릎을 꿇고 은혜를 구해야 합니다. 반드시 그래야 합니다.

반면 지금까지 말한 거듭남의 증거를 가진 자는 참으로 행복한 사람입니다. 그는 이 땅에 살지만 대속의 은혜로 심판으로부터 자유하고 이미 영생을 소유하고 사는 하나님의 자녀입니다. 하지만 그런 사람 역시 이 육신의 장막을 벗고 마침내 하나님 앞에 서기까지 하나님의 은혜를 더욱 사모하며 신앙의 여정을 가는 중에 더 많은 열매들을 맺고자 해야 합니다. 또한 마귀의 궤계로 인해 변절하지 않도록 하나님 앞에 깨어 있도록 수고하며 하나님께서 허락하신 거듭난 생명의 역사가 더욱 풍성히 드러나는 신앙의 여정을 갖고자 해야 합니다.

하나님 나라에 들어가려면 거듭나야 합니다. 거듭남은 인생살이 중에 있으면 좋고 없어도 괜찮은 하나의 신선한 경험 정도의 문제가 아닙니다. 그것은 자신의 영원한 운명과 삶과 관련된 것입니다. 그러므로 하나님 앞에서 자신을 살펴 자신에게 이런 열매가 있는지를 정직하게 돌아보십시오. 그리고 오직 하나님만이 우리를 거듭나게 하시는 분이심을 인정하고 그 앞에 진지하게 무릎을 꿇으십시오. 거듭나게 하시는 분도, 거듭난 자로서의 열매를 맺게 하시는 분도 하나님이십니다.

열매 없이 스스로 그리스도인임을 자처하며 거짓된 신앙에 만족하는 자는 하나님 나라에 들어갈 수 없습니다. 오직 거듭난 자만이 들어갈 수 있습니다. 그러므로 하나님 나라에 들어가려는 자는 거듭난 자의 참 믿음과 참 생명을 소유해야 합니다. 이 땅에 가치 있는 다른 무엇보다 그것을 먼저 소유해야 합니다. 이 책을 손에 든 독자 모두에게 거듭남과 그로 인한 풍성한 열매가 있기를 기도합니다.

함께 생각해 볼 질문

1. 주님께서는 성령으로부터 나는 거듭남의 역사를 바람이 부는 것에 비유하셨습니다. 이 비유가 의미하는 바는 무엇입니까?

2. 1세기 당시의 정황에서 예수를 그리스도로 믿는 것이 어떤 특별한 의미를 갖습니까? 현재 여러분에게 예수를 믿는다는 사실은 어떤 의미를 차지하고 있습니까?

3. 여러분에게는 하나님께서 베푸신 은혜와 사랑 때문에 자신을 낮추고 하나님을 높이며 사랑하게 된 변화가 있습니까?

4. 거듭난 자들이 하나님을 믿는 다른 형제 자매들에게 특별한 사랑을 갖게 되는 이유는 무엇입니까? 그리스도인들의 사랑은 세상적인 방식을 따른 사랑과 어떻게 다릅니까?

5. 거듭난 사람은 죄를 짓지 않는다는 성경의 가르침은 어떤 의미입니까? 여러분은 자신에게서 그런 성향을 발견하십니까?

6. 여러분은 그리스도인으로서 믿지 않는 주변의 사람들과 원하는 바와 추구하는 바, 소중하게 생각하는 것 등에 있어서 어떤 차이가 있습니까?

7. 이번 장의 내용을 통해 새롭게 깨닫게 된 점이나, 느낀 점을 정리해 봅시다.

10

예배를 준비하라

여호와께서 모세에게 이르시되 너는 백성에게로 가서 오늘과 내일 그들을 성결하게 하며 그들에게 옷을 빨게 하고 준비하게 하여 셋째 날을 기다리게 하라 이는 셋째 날에 나 여호와가 온 백성의 목전에서 시내 산에 강림할 것임이니(출 19:10-11).

이르되 평강을 위함이니라 내가 여호와께 제사하러 왔으니 스스로 성결하게 하고 와서 나와 함께 제사하자 하고 이새와 그 아들들을 성결하게 하고 제사에 청하니라(삼상 16:5).

그러므로 너희가 어떻게 들을까 스스로 삼가라 누구든지 있는 자는 받겠고 없는 자는 그 있는 줄로 아는 것까지도 빼앗기리라 하시니라(눅 8:18).

거듭난 자와 예배

이제까지 살펴본 것처럼 거듭난 자는 성령으로 말미암은 새 생명의 증거를 여러 가지로 나타냅니다. 거듭난 자의 인격과 삶에 일어나는 새로운 변화들 중 가장 근본적인 것은 창조주요 구속주이신 하나님과의 인격적인 관계의 회복입니다. 이전에 하나님 앞에서 영적으로 죽었던 자가 거듭남의 은혜를 통해 하나님 앞에 산 자가 된 것입니다. 그는 생명의 근원이신 하나님과의 교제를 회복함으로써 참 생명을 소유하고 경험합니다. 그리고 그 생명에 따라 자신의 인격과 삶에 새로운 변화들을 갖게 됩니다.

여기서 우리가 잊지 말아야 할 중요한 사실이 한 가지 있습니다. 그것은 우리가 아니라 하나님이 이 은혜로운 교통의 주도자이시라는 것입니다. 이 교통을 시작할 뿐 아니라, 그것이 지속되게 하는 이는 다름 아닌 하나님이십니다. 우리는 하나님과 교제하고 영적 생명을 누림에 있어서 이런 사실을 겸손히 인정해야 합니다. 하나님이 주도하시는 길을 버리고 하나님과의 풍성한 교통을 누리게 되는 법은 없습니다.

하나님은 자신이 정하신 방법을 따라 자기 백성과 교통하시며 생명과 은혜를 베푸십니다. 하나님께서는 자신의 백성들을 예배 공동체로 부르시고 예배 중에, 예배를 통해 자기 백성에게 생명의 은혜를 베푸시기를 기뻐하십니다. 그러므로 자신은 하나님의 은혜가 필요한 자요, 하나님이 베푸시는 생명과 은혜 안에 살아가는 하나님의 백성이라 하면서 예배에 소홀한 것은 정상적인 모습이 아닙니다.

거듭난 자는 곧 하나님을 경외하는 자입니다. 하나님을 경외하는 자는 무엇보다 그분께 겸손히 드리는 예배를 통하여 자신에게 있는 경외와 사랑의 마음을 드립니다. 뿐만 아니라 그는 하나님이 예배를 동하여 베푸시는 은혜를 힘입어 살아갑니다.

회복되어야 할 예배의 기쁨과 감격

그런데 근래에 한국교회의 교인들은 예배를 준비하고 예배에 참여하는 태도에서 점점 진실함과 겸손함을 잃어가고 있습니다. 예배를 하나님께 드린다는 사실이 무색할 정도로 경솔하게 예배에 임하는 이들이 많아지고 있습니다. 이렇게 예배가 무너지고 경시되는 것은 가볍게 생각할 수 없는 문제입니다. 예배에 대한 태도가 바르지 않은 공동체와 개인은 참된 신앙과 영적인 진보를 가질 수 없고, 그로 인한 예배의 변질과 균열은 결국 교회 전체와 성도 개개인에게 치명적인 영향을 미치게 됩니다.

무너진 예배는 하나님께서 은혜를 주시는 통로가 막힌 것을 뜻합니다. 하지만 어리석게도 많은 사람들이 그런 상태를 방치한 채 신앙생활을 합니다. 진정한 사모함과 경외함이 없는 예배로 종교적 겉치레를 하며 하나님께로부터 무엇인가를 얻기만을 바랍니다. 하나님께서 정해 놓으신 은혜의 길로 가지는 않으면서 하나님의 선하심과 그분으로부터 오는 유익은 원하고 기대합니다. 그러나 이런 모습은 하나님을 기만하는 것입니다. 예배를 통한 하나님과의 참되고 인격적인 교제 없이 자기 정욕대로 하나님을 이용하려는 태도이기 때문입니다.

무너진 예배는 반드시 회복되어야 합니다. 특히 우리의 예배에는 다른 어떤 형식보다 하나님을 온전히 예배하는 가운데 그의 임재 속에서 알게 되는 '예배의 감격과 기쁨'이 회복되어야 합니다. 예배 속에서 누리는 감격과 기쁨은 우리가 하나님과의 거룩한 친교를 맛보며 은혜를 경험하고 삶의 생기와 영적인 풍요를 얻게 하는 중요한 요소입니다. 그것은 하나님께서 정하시고 허락하신 것으로써 수천 년 동안 그 정하신 바에 따라 친히 자기 백성들에게 행해 오신 것입니다.

그러므로 우리는 그것을 간절히 사모하고, 진정으로 구해야 합니다. 예배 중에 누리는 감격과 기쁨은 우리가 인위적으로 만들어 낼 수 없습니다. 없는 것을 있는 것처럼 가장하여 대신할 수 있는 것도 아닙니다. 그것은 오직 성령님의 감동하심에 의해서만 있는 것입니다. 그 때문에 예배하는 자는 그것이 있기를 항상 하나님께 구해야 합니다.

은혜의 걸림돌

예배 가운데 성령의 감화 감동하게 하는 은혜를 구하는 동시에 우리는 또 한 가지 사실을 유념할 필요가 있습니다. 그것은 우리의 강퍅한 심령이 예배의 기쁨과 감동을 주시는 성령의 역사를 제한할 수 있다는 것입니다. 하나님께 드리는 예배는 예배자의 전인격적인 반응을 요구합니다. 따라서 우리의 굳은 마음은 성령의 은혜로운 역사의 방해물이 될 수 있습니다.

하나님은 영원부터 영원까지 영존하시는 분이십니다. 천지를 창조하시고 우리의 생명을 주관하시며 온 우주의 역사를 다스리시고 심판하실 분이십니다. 특히 하나님은 우리 죄인들을 죄에서 구원하시는 선하시고 거룩하신 분이십니다. 그런 하나님께 드리는 예배에 마음의 준비와 시모함 없이 임하면서 성령의 역사를 기대하는 것은 그분의 인격을 모독하는 일입니다.

하다못해 우리와 같은 사람인 대통령을 만나러 청와대에 가려고 해도 미리 가서 준비하고 예의를 갖추는 것이 도리입니다. 왜냐하면 대통령에게는 국가를 다스릴 권위가 위임되어 있고 그것은 존중 받아야 하기 때문입니다. 그렇다면 온 우주에 미치는 모든 권위의 근원이신 하나님을 뵈옵는 일은 어떻겠습니까? 하나님을 뵙는 예배에 준비 없이 임한다는 것은 당찮은 일입니다.

우리가 예배 속에서 은혜를 받지 못하는 이유, 예배 속에 마땅히 있어야 할 성령의 역사와 은혜의 감격을 누리지 못하는 이유, 우리의 예배가 하나님을 향한 온전한 경배와 찬양보다 그저 인간의 잔치가 되고 마는 이유는 다른 것이 아닙니다. 우리가 하나님께 마땅한 태도를 갖지 않음으로써 하나님을 온전히 예배하지 않기 때문입니다.

우리가 하나님의 백성으로서 하나님께서 베푸시는 생명의 풍성함을 온전히 누리기 위해 우선적으로 힘써야 할 것은 다른 데 있지 않습니다. 우리는 무엇보다 예배를 준비해야 합니다. 여기서는 예배를 위한 일반적인 마음의 준비와, 특별히 예배 가운데 선포되는 말씀을 듣기 위해 필요한 마음의 준비에 대해서만 살펴보려고 합니다.

예배를 위한 마음의 준비 1. 성경의 사례

출애굽기 19장 10-11절 말씀은 하나님께서 이스라엘 백성들 가운데 강림하시기에 앞서 모세를 통해 이스라엘 백성들을 미리 준비시키시는 장면을 담고 있습니다. 하나님께서는 모세에게 "오늘과 내일 그들을 성결하게 하며 그들에게 옷을 빨게 하고 준비하게 하여 셋째 날을 기다리게 하라"고 명하셨습니다. 출애굽하여 마침내 시내산에 이른 약 200만 이상의 이스라엘 백성들은 이 명령을 따라 이틀 동안 스스로를 성결하게 하며 하나님께서 그들의 목전에 친히 강림하실 셋째 날을 준비했습니다.

하나님 앞에 서서 하나님을 뵈옵는 것은 이렇게 준비가 필요합니다. 이후에도 하나님은 출애굽기 후반부와 레위기, 민수기를 통해서 하나님의 백성들이 하나님 앞에 어떻게 나가야 하는지를 더욱 체계적으로 말씀해 주십니다. 성막을 짓는 것과 거기서 구별되어 섬겨야 하는 사람에 대한 내용, 제사 때 구별하여 드릴 제물, 구별된 예복에 대한 내용 등을 구체적으로 가르쳐 주셨습니다. 하나님 앞에 나아갈 때는 마음의 준비를 철저하게 해야 하며 행여 경솔하게 행해서는 안 된다는 사실을 가르쳐 주신 것입니다.

사무엘상 16장 5절도 같은 맥락의 말씀입니다. 여기서 사무엘은 이새의 온 집안 식구들에게 "내가 여호와께 제사하러 왔으니 스스로 성결하게 하고 와서 나와 함께 제사하자"고 말합니다. 하나님께 제사하기에 앞서 먼저 스스로 성결하게 해야 함을 말한 것입니다. 이런 말씀들을 통해 우리 역시 하나님께 나아가기 위한 마음의 준비가 필요하다는 사실을 알게 됩니다.

히브리서 기자도 신약의 성도들에게 이것을 분명하게 강조합니다. "그러므로 형제들아 우리가 예수의 피를 힘입어 성소에 들어갈 담력을 얻었나니 … 참 마음과 온전한 믿음으로 하나님께 나아가자"(히 10:19, 22). 여기서 참 마음으로 나간다는 것은 준비된 마음을 말합니다. 하나님께서 시내산의 이스라엘 백성들에게 명하신 것과 같이 준비된 진실한 마음으로 하나님께 나아가야 한다는 것입니다. 우리는 예배에 이런 마음의 준비와 바른 태도를 가지고 나아가는지 스스로를 점검해 보아야 합니다.

예배를 위한 마음의 준비 2. 교회 역사의 사례

교회의 역사에서도 예배를 위한 마음의 준비는 매우 중요한 주제였습니다. 특히 16세기의 종교개혁자들은 예배가 하나의 의식으로 전락하여 형식적으로 예배에 임하게 된 중세시대 교회의 예배를 개혁하는 일에 큰 관심을 가졌습니다. 그 이후 청교도들도 하나님께 드리는 예배를 매우 중요하게 생각했습니다. 종교개혁자들과 청교도들의 예배 개혁에서 가장 큰 강조점은 하나님께 나올 때 마음을 준비하는 것이었습니다.

웨스트민스터 회의(1643. 7. 1~1649. 2. 22) 때 정한 예배의 규칙서(The Book of Public Worship)는 "회중이 공적 예배를 드리기 위해 모일 때 그들은 먼저 이에 맞는 마음의 준비를 한 후에 와야 한다"라고 명시하고 있습니다. 청교도들은 이처럼 예배 준비를 예배의 규칙으로 정해서 권면할 만큼 중요하게 생각했습니다.

제임스 패커(James Packer, 1926~)는 청교도들의 예배의 준비에 관하여 이렇게 말하기도 했습니다. "마음의 준비는 반드시 우선되어야 한다. 그렇지 않으면 영적으로 우리의 예배는 아무것도 이루지 못한다."

그러나 오늘날 개신교회의 예배는 점점 마음의 준비를 잃어버리고 또 다른 형식주의를 경험하고 있습니다. 깨어 있는 마음으로 준비하고 예배를 드리는 모습을 상실하고 로마 가톨릭 교회만큼이나 성경으로부터 이탈한 죽은 예배의 모습을 갖게 된 것입니다. 이제는 예배자가 예배를 준비하는 것 자체를 매우 생소하게 느끼는 시대가 되었습니다. 심지어 하나님께 드릴 예배를 준비하는 것을 율법주의로 취급하는 사람들까지 있습니다. 그러나 경건한 예배 준비는 율법주의가 아닙니다. 성경과 교회의 역사는 하나님께 예배하는 데 우리의 삶과 마음의 준비가 있어야 함을 분명하게 가르쳐 줍니다.

예배 준비의 이유 1. 하나님의 위엄과 영광

혹자는 이렇게 묻고 싶을지도 모릅니다. "우리가 하나님과 화목하게 된 하나님의 자녀로 거듭났으면 된 것 아닙니까? 아버지 하나님께 나아가고 예배하는데 그것 이상의 무슨 준비가 필요합니까?" 우리는 이런 안일함을 버려야 합니다. 하나님께 예배할 때 특별히 우리 마음을 준비해야 하는 이유는 크게 두 가지를 들 수 있습니다. 예배를 위한 마음의 준비가 필요한 첫 번째 이유는 예배를 받으시는 하나님의 위엄과 영광스러움입니다. 그리고 두 번째 이유는 예배를 드리는 우리들의 연약함 때문입니다.

먼저 우리는 성경이 말하는 하나님이 어떤 분이신지를 의식해야 합니다. 하나님의 존재를 바르게 알고 그분의 영광스러우심을 인정하는 자로서 그분께 나아가고 예배해야 합니다. 거룩하고 존귀하고 위대하신 하나님께 예배하는 자는 준비 없이 그분께 나아갈 수 없습니다. 히브리서 기자는 이와 관련해서 "우리가 흔들리지 않는 나라를 받았은즉 은혜를 받자 이로 말미암아 경건함과 두려움으로 하나님을 기쁘시게 섬길지니 우리 하나님은 소멸하는 불이심이니라"(히 12:28-29)고 했습니다. 하나님 나라를 유업으로 받은 그리스도인들은 소멸하는 불이신 하나님을 기억하고 은혜를 받기 위해서 경건함과 두려움으로 하나님을 기쁘시게 섬겨야 한다는 것입니다. 하나님은 죄에 대해서 소멸하는 불처럼 거룩하시고 완전하십니다. 인간과는 달리 죄도 흠도 전혀 없는 지존자이십니다.

하나님께 예배한다고 하면서 마음의 준비도 없고 겸비한 태도도 취하지 않는 것은 하나님이 어떤 분이신지를 알지 못하거나, 하나님을 업신여기는 태도입니다. 참 하나님에 대한 앎과 믿음을 소유한 사람은 반드시 그분에 대한 합당한 태도를 보여야 합니다. 위엄과 영광과 거룩의 하나님을 예배하는 일에는 성경이 명한 바와 같은 마음의 준비를 갖추는 것이 마땅합니다.

예배 준비의 이유 2. 예배하는 우리의 연약함

예배를 위한 마음의 준비가 필요한 또 다른 이유는 우리 자신에게 있습니다. 우리는 매일 우리의 몸과 마음을 안팎으로 뒤흔들고 혼란스럽게 하는 여러 가지 유혹과 죄악이 있는 세상을 살아갑니다. 그래서 우리 마음은 이리 저리로 나뉘기도 하고 죄의 유혹에 빠지기도 합니다. 오늘 좋았던 상태를 내일까지 유지하지 못하고 갖은 죄와 타협하고 식어 버린 마음을 품기 십상입니다. 그렇기 때문에 우리는 하나님께 나아올 때 반드시 마음의 준비가 필요합니다.

우리는 매일의 삶 속에서 사탄의 유혹을 받으면서 살아갑니다. 뿐만 아니라 원하든 원하지 않든 타인과 외부적인 환경으로부터 마음을 흔드는 많은 일들을 경험하며 살아갑니다. 가정과 직장 안에서의 문제로, 그리고 친구들과의 일이나 다른 어떤 경로를 통해서도 죄의 유혹을 받을 수 있습니다. 우리는 이 땅을 사는 날 동안 적지 않은 시간을 세상적인 욕망과 사상이 담긴 이야기를 보고 들으며 보냅니다. 우리 마음을 빼앗고 오염시키는 TV와 영화, 그 외에도 다양한 오락과 도박이 우리의 삶을 둘러싸고 있습니다. 그런 환경 속에 살아가는 우리에게 예배의 준비는 절실하게 요구됩니다.

우리가 예배를 준비해야 할 이유는 밖으로부터 오는 유혹에만 국한되지 않습니다. 우리 안에도 분냄과 미움, 음란과 탐욕, 온갖 더러운 생각들이 수시로 일어납니다. 이런 마음을 그대로 품고 거룩하신 하나님 앞에 나아가 예배드릴 수 있겠습니까? 이런 조건을 가진 우리가 의식적으로 시간을 드려 하나님의 말씀을 묵상하고 그분께 우리의 삶을 의탁하는 기도를 드리는 법도 없이, 세상과 뒤섞여 세상의 방식대로 자기 뜻을 따라 살다가 덜렁덜렁 나와서 드리는 예배가 하나님께 온전히 열납될 수 있겠습니까?

마음에 속되고 추한 것들을 가득 채운 상태에서는 경건함과 두려움으로 바르게 하나님을 섬길 수 없습니다. 예배에 참여하기 전까지는 마음대로 살다가 예배 시간에만 정신을 차리면 될 거라는 생각은 버려야 합니다. 준비 없이 드리는 예배는 하나님 앞에 결코 온전한 것이 될 수 없습니다.

우리는 이 땅을 살 때 안팎으로 유혹과 악함에 둘러싸여 있습니다. 그런 우리가 하나님께 예배하기 위해서는 반드시 마음의 준비를 위한 시간과 의지적인 노력이 필요합니다. 주님께서도 "네 형제에게 원망들을 만한 일이 있는 것이 생각나거든 예물을 제단 앞에 두고 먼저 가서 형제와 화목하고 그 후에 와서 예물을 드리라"(마 5:23-24)고 말씀하셨습니다. 예수님도 우리가 하나님 앞에 나와서 무엇인가를 하기에 앞서, 예배를 위해 자신을 살펴 정결하게 하는 준비가 필요한 존재임을 아셨던 것입니다.

예배 준비의 내용 1. 삼위 하나님을 의식하고 묵상함

이제 예배를 어떻게 준비해야 하는지에 대하여 말씀드리겠습니다. 예배를 준비함에 있어서 무엇보다 중요한 것은 예배를 받으시는 대상이신 하나님의 존귀와 영광에 대한 분명한 인식입니다. 하나님께 나아가는 자가 하나님의 존엄하심에 대한 아무런 의식이 없다면 첫걸음부터 잘못된 것입니다.

계시록에는 하늘에서 천사들과 성도의 허다한 무리가 하나님께 영광과 존귀와 찬양을 하나님께 돌리는 장면이 종종 나타납니다. 여기서 그들이 하나님에 대해서 취하는 태도를 보십시오. 하나님 앞에 서게 된 그들의 마음은 하나님이 어떤 분이신지에 대한 이해로 가득했음을 엿볼 수 있습니다. 우리도 그와 같이 예배의 대상이신 하나님에 대한 분명한 이해를 가지고 하나님을 의식하고 묵상하며 예배하고자 해야 합니다.

예배에서 가장 중요한 것은 삼위 하나님을 의식하는 것입니다. 우리는 장차 온 세상을 심판하시고 우리의 모든 깊은 것까지 아시고 판단하실 하나님, 또 그리스도 안에서 우리를 사랑하시되 끝까지 사랑하시는 하나님을 의식하며 예배드려야 합니다. 또, 우리를 죄에서 구원하여 하나님의 영원한 자녀로 삼으시기 위해, 우리에게 참된 예배의 길을 열어 주시기 위해 친히 십자가에서 죽으시고 다시 사신 예수 그리스도를 기억해야 합니다.

우리를 예배의 자리로 이끄시기 위해 자신의 생명을 기꺼이 버리신 주님의 사랑을 기억하며 준비하지 않은 예배는 형식적으로 것으로 전락하기 쉽습니다. 마치 교양 강의를 듣듯 감사와 사모하는 마음 없이 흥미로운 찬양이나 설교 내용에만 반응하여 고개를 끄덕이는 것은 참된 예배가 아닙니다. 나아가 우리에게는 성령께서 우리를 이끌어 하나님께 온전히 예배드릴 수 있게 도우시고 감동 주시기를 구하는 준비 또한 필요합니다. 이렇게 삼위 하나님을 의식하고 기도하고 의지하는 것은 가장 중요하고 필요한 예배 준비입니다.

예배 준비의 내용 2. 죄악을 내어놓고 돌이킴

두 번째로 우리에게는 마음과 생활 가운데 있는 죄악들을 내어놓고 그로부터 돌이키는 준비가 필요합니다. 마음의 준비는 예배 시간 몇 분 전에 와서 눈을 감고 있는 것 정도를 말하지 않습니다. 앞서 살펴본 출애굽기와 사무엘서 말씀처럼 우리는 예배를 위해 자신을 성결하게 해야 합니다. 이 예배 준비는 예배 시간 이전에 우리의 삶에서부터 있어야 하는 것입니다.

공적인 예배가 삶과 분리될 수 없습니다. 죄를 내어 놓고 그로부터 돌이키는 것은 예배 시작하기 조금 전 예배당에 도착하여 대뜸 "무엇이든지 말씀하십시오. 제가 듣겠습니다" 하거나 "잘못했습니다. 나는 부족한 것이 많습니다" 하는 것을 말하지 않습니다. 우리는 먼저 삶 속에서부터 죄를 버리고 돌이켜 예배를 준비해야 합니다.

예배 준비의 내용 3. 기도

세 번째는 기도입니다. 기도로 예배를 준비한다는 것은 하나님께 예배하기에 부적합한 상태에 이르지 않도록 우리들의 일상적인 생활 속에서 항상 기도하는 것과 더불어 예배 시간에 앞서 자기 자신을 살펴 하나님께 자신의 상태를 고하고 은혜를 구하는 것까지 말합니다.

하나님의 은혜를 사모하여 기도하며 드리는 예배와 그런 기도 없이 드리는 예배는 같을 수 없습니다. 예배를 사모하는 마음으로 기도할 때에 우리는 성령의 비추심 안에서 자신의 부족을 보게 됩니다. 그렇게 삐뚤어진 마음과 공동체에 속한 지체에 대한 편견이나 미운 감정 등을 가지고 예배하러 나온 자신의 모습을 봄으로써 하나님께 간절히 용서를 구하고 더 진실한 마음으로 하나님께로 나아갈 수 있습니다.

예배 준비에 기도가 필요하고 유효한 것은 그 행위 자체에 있는 어떤 주술적인 힘 때문이 아닙니다. 기도의 능력은 실제로 기도할 때 성령께서 우리의 마음을 밝히 조명하시고 회개하여 정결케 되도록 도우시는 은혜에 있습니다. 예배 중에 하나님의 크신 은혜와 감격을 경험하기 위해서는 미리 기도로 예배를 준비하는 습관을 가져야 합니다.

예배 준비의 내용 4. 시간을 준비

예배 준비에서 언급하지 않을 수 없는 또 다른 한 가지는 시간의 준비입니다. 이것은 간과하기 쉬운 내용이지만 사실 다른 무엇보다 기본이 되어야 합니다. 상식적으로 생각해 보아도 예배 시간을 지키고 미리 와서 준비하는 것 없이 하나님께 온전한 예배를 드리는 것은 불가능합니다. 영화나 공연조차 '제대로' 보려면 미리 표를 예매하거나 가서 줄을 서 표를 구하고 시작되기까지 기다려야 합니다. 사적인 만남이나 직장에서 중요한 사람과의 미팅에서도 시간을 지키는 것은 기본입니다. 특히 귀하고 중요한 대상과의 만남은 더욱 그렇습니다. 하물며 지존하신 하나님께 드리는 예배는 어떠해야 하겠습니까?

예배는 만군의 여호와, 우리를 창조하셨고 다스리시고 심판하실 모든 것의 주인이신 하나님께 나아가는 것입니다. 이런 예배를 위해 시간을 준비하는 것은 당연한 일입니다. 시간도 지키지 않으면서 말로만 하나님께서 우리를 구원하시고 영원한 생명을 주신 것을 감사하고 찬양한다고 하는 예배가 진실한 것일 수 있겠습니까? 그런 신앙 고백은 부끄러운 것입니다.

우리가 정말 하나님께 온전한 예배를 드리기 원한다면, 우리는 최소한의 가장 기초적인 내용들만이라도 반드시 기억하고 지켜야 합니다. 이런 마음의 준비 없이는 하나님께 영광을 돌리는 예배도 불가능합니다. 또 그분의 은혜를 감격하며 크게 경험하는 일도 기대할 수 없습니다. 우리는 도박하듯이 요행을 기대하며 적당히 하나님을 대하고 예배할 수 없습니다. 부모도 아내도 남편도 모두 속일 수 있지만, 하나님은 아닙니다. 하나님은 모든 것을 아시고, 우리의 마음까지 가장 정확하게 헤아리시는 분이십니다. 우리는 진실하지 못한 마음으로 그분께 은혜를 구하는 위선을 버려야 합니다.

예배 중에 말씀을 듣기 위한 준비

여기에 덧붙여 살펴볼 내용은 특별히 '하나님의 말씀을 듣기 위하여' 필요한 마음의 준비입니다. 우리는 공적인 예배 가운데 찬양도 하고 기도도 합니다. 하지만 예배 시간 중에 가장 중요하고, 보편적으로 성령께서 가장 크게, 그리고 선명하게 역사하시는 시간은 말씀이 선포되는 시간입니다. 우리는 하나님께서 우리에게 주시는 말씀을 준비되지 않은 굳은 마음으로 듣지 않도록 해야 합니다.

주님께서는 누가복음 8장의 씨 뿌리는 비유에서 하나님의 말씀을 듣는 마음의 중요성을 말씀하셨습니다(눅 8:4-15). 이어지는 등불 비유를 통해서도 하나님의 말씀을 듣고 실천하여 빛을 비추어야 함을 강조하셨습니다(눅 8:16-17). 그리고 이 두 비유에 이어 결론적으로 "너희가 어떻게 들을까 스스로 삼가라"(눅 8:18)고 말씀하셨습니다.

중요한 것은 교회를 얼마나 오래 다녔고, 하나님의 말씀을 얼마나 많이 들었느냐가 아닙니다. 어떤 마음으로 예배를 드렸고, 어떤 마음으로 어떻게 말씀을 들었느냐가 더욱 중요합니다. 마가복음 4장의 주님의 두 가지 비유와 그 결론에 해당하는 말씀은 우리가 하나님의 말씀을 듣는 데 있어서 준비된 마음의 상태가 필요하다는 것을 시사해 줍니다.

말씀을 듣는 긍정적인 태도

그럼 우리는 어떤 마음으로 말씀을 들어야 할까요? 우리는 성경에서 이에 관한 긍정적인 사례를 찾아볼 수 있습니다. 누가는 바울이 베뢰아에 가서 말씀을 전했을 때 베뢰아 사람들이 말씀을 어떻게 들었는지를 기록합니다. "베뢰아에 있는 사람들은 데살로니가에 있는 사람들보다 더 너그러워서 간절한 마음으로 말씀을 받고 이것이 그러한가 하여 날마다 성경을 상고하므로"(행 17:11). 베뢰아 사람들은 준비된 '간절한 마음'으로 말씀을 받았습니다.

여기서 베뢰아 사람들의 비교 대상으로 언급된 데살로니가 교회의 성도들의 태도도 성경의 다른 곳에서 확인해 볼 수 있습니다. "이러므로 우리가 하나님께 끊임없이 감사함은 너희가 우리에게 들은 바 하나님의 말씀을 받을 때에 사람의 말로 아니하고 하나님의 말씀으로 받음이니 진실로 그러하다 이 말씀이 또한 너희 믿는 자 가운데서 역사하느니라"(살전 2:13). 데살로니가 교회의 성도들은 바울이 전하는 말씀을 사람의 말이 아니라 하나님의 말씀으로 받았고, 결과적으로 그들이 바울에게서 듣고 믿은 말씀이 그들 가운데서 역사한다는 것입니다.

말씀을 듣는 부정적인 태도

반면 성경에는 하나님의 말씀을 듣는 것에 관한 부정적인 사례도 많이 언급됩니다. 그중 가장 인상적인 내용은 예루살렘이 바벨론에 의해 멸망하게 된 이유에 관한 역대기의 기록입니다.

"시드기야가 왕위에 오를 때에 나이가 이십일 세라 예루살렘에서 십일 년 동안 다스리며 그의 하나님 여호와 보시기에 악을 행하고 선지자 예레미야가 여호와의 말씀으로 일러도 그 앞에서 겸손하지 아니하였으며 또한 느부갓네살 왕이 그를 그의 하나님을 가리켜 맹세하게 하였으나 그가 왕을 배반하고 목을 곧게 하며 마음을 완악하게 하여 이스라엘 하나님 여호와께로 돌아오지 아니하였고 모든 제사장들의 우두머리들과 백성도 크게 범죄하여 이방 모든 가증한 일을 따라서 여호와께서 예루살렘에 거룩하게 두신 그의 전을 더럽게 하였으며 그 조상들의 하나님 여호와께서 그의 백성과 그 거하시는 곳을 아끼사 부지런히 그의 사신들을 그 백성에게 보내어 이르셨으나 그의 백성이 하나님의 사신들을 비웃고 그의 말씀을 멸시하며 그의 선지자를 욕하여 여호와의 진노를 그의 백성에게 미치게 하여 회복할 수 없게 하였으므로"(대하 36:11-16).

역대기 기자가 이스라엘의 멸망에 대해 이렇게 논평하기 훨씬 이전부터 하나님은 이미 예레미야를 통해 이스라엘 백성들이 지난 역사 속에서 보인 완고함을 경고하셨습니다. "너희 조상들이 애굽 땅에서 나온 날부터 오늘까지 내가 내 종 선지자들을 너희에게 보내되 끊임없이 보내었으나 너희가 나에게 순종하지 아니하며 귀를 기울이지 아니하고 목을 굳게 하여 너희 조상들보다 악을 더 행하였느니라"(렘 7:25-26).

멸망하게 된 이스라엘 백성들은 어떤 태도를 가지고 있었습니까? 하나님께서 보내신 선지자들을 비웃고 그들을 통해 전해지는 하나님의 말씀을 멸시했습니다. 그들에게는 하나님의 말씀을 들을 때 조금의 겸손과 경외심도 없었습니다. 하나님의 말씀을 마음의 준비 없이 우스갯소리처럼 들었습니다. 선지자들이 하나님께서 전하라 하신 말씀을 부지런히 전했지만 그들은 굳은 마음을 움직이지 않았습니다. 목을 곧게 하고 완악한 마음으로 하나님의 말씀을 듣지 않았다는 것이 이스라엘의 오랜 역사를 지켜보신 하나님의 평가입니다.

하나님은 비슷한 맥락의 내용을 에스겔에게 더욱 풍자적으로 말씀하신 바 있습니다. "인자야 네 민족이 담 곁에서와 집 문에서 너에 대하여 말하며 각각 그 형제로 더불어 말하여 이르기를 자, 가서 여호와께로부터 무슨 말씀이 나오는가 들어 보자 하고 백성이 모이는 것 같이 네게 나아오며 내 백성처럼 네 앞에 앉아서 네 말을 들으나 그대로 행하지 아니하니 이는 그 입으로는 사랑을 나타내어도 마음은 이익을 따름이라"(겔 33:30-31).

이스라엘 백성들은 하나님의 말씀을 들으러 나아오는 태도부터 오만불손하였습니다. "자, 가서 여호와 하나님께로부터 무슨 말씀이 나오는가 한번 들어 보자" 하는 마음으로 에스겔에게 나아샀습니다. 오늘날로 말하면 '오늘 저 목사가 뭐라고 설교하나 한번 들어 보자' 하는 것과 같습니다. 하나님은 그들이 마치 "내(하나님의) 백성인 것처럼 네(에스겔) 앞에 앉아서 네 말을 듣지만 말씀대로 행하지는 않고 그저 자기 욕심을 따른다"고 지적해 주십니다. 하나님의 백성처럼 말씀을 들으러 나온 그들이 사실은 하나님의 백성이 아니라는 것입니다. 오만한 마음으로 하나님의 말씀을 듣고, 들은 말씀대로 행하지도 않는 자는 하나님의 백성일 수 없습니다. 진실함도, 겸비함도 없이 "한번 들어 보자"

하는 마음으로 하나님의 말씀을 듣고 자기 욕심을 따라 이익이 될 듯하면 받고 자존심을 건드리거나 자기 욕심에 도움이 되지 않는 듯하면 버리는 자들은 하나님의 백성처럼 나오더라도 실상은 백성이 아니라는 것입니다.

하나님의 말씀을 듣는 마음과 태도는 이처럼 중요합니다. 예배 중에 말씀을 듣는 시간은 하나님과 교통하는 아주 중요한 시간입니다. 예배 때 선포되는 말씀을 통해 하나님은 우리를 향한 자신의 뜻이 무엇인지, 원하시는 바가 무엇인지를 나타내고자 하십니다.

그런데 오늘날 점점 말씀을 가볍게 듣는 분위기가 형성되고 있습니다. 특히 청소년이나 청년들이 주로 모이는 집회에서는, 찬양에는 열심을 내도 설교 시간에는 집중하지 못하는 모습을 흔하게 볼 수 있습니다. 이것은 하나님 백성 같지 않은 정말 안타까운 모습입니다.

어떻게 들을까 스스로 삼가라

주님은 누가복음 8장에서 하나님의 말씀을 들을 때 어떤 마음으로 듣는지 스스로를 돌아보고 조심해야 한다고 말씀하십니다(눅 8:18). 말씀을 듣는 자가 스스로 삼가며 준비된 마음을 갖지 않으면 하나님의 말씀을 통한 진정한 은혜의 역사가 일어나지 않고, 좋은 결론에 이르지 못한다는 것입니다. 말씀을 듣기 위한 마음의 준비는 그 말씀을 따른 삶 속에서의 실천과 밀접하게 관련되기 때문입니다. 준비된 진실한 마음으로 말씀을 들을 때 말씀에 따라 행하는 데까지 나아가 열매를 맺게 됩니다.

우리는 예배 속에서 하나님과 교통하며 참된 은혜를 얻고 깊은 감격과 기쁨을 맛보기 위해서 스스로 삼가며 마음을 준비해야 합니다. 씨 뿌리는 비유에 언급된 '좋은 땅'과 같은 마음을 가져야 합니다. 좋은 땅은 그 앞에 언급된 길 가, 바위 위, 가시떨기로 덮인 땅과는 대조됩니다. '길 가'는 사람들이 많이 다니기 때문에 굳은 땅입니다. '바위 위' 얇은 흙에는 뿌리가 튼튼히 내릴 수 없습니다. '가시떨기'로 덮인 땅은 싹이 자라는 데 장애가 됩니다. 좋은 땅은 이런 제약과 장애물이 없이 기경된 땅입니다. 하나님의 말씀을 듣는 자의 마음은 이렇게 잘 경작된 땅처럼 준비되어야 합니다.

하나님의 말씀을 듣는 데 장애가 되는 것들 1. 자기 기준을 우위에 둠

우리가 하나님의 말씀을 듣기 위해 마음에 장애가 되는 것을 제거하기 위해서는 무엇이 장애가 될 수 있는지부터 알아야 합니다. 선포되는 하나님의 말씀 앞에서 영혼에 어떤 유익도 얻지 못하고 감격과 은혜를 경험하지 못하게 하는 장애물들은 여러 가시가 있을 수 있습니다. 여기서는 그 중 두 가지 내용만 살펴보고자 합니다. 이 두 가지는 단순히 이론적인 것이 아니라, 매우 실제적이고 경험적인 것들입니다.

첫 번째는 하나님의 말씀을 판단하는 자리에서 듣는 것입니다. 곧 '자기'를 하나님보다 우위에 두고 하나님의 말씀을 듣는 것입니다. 오늘날 하나님 말씀의 절대적인 권위와 우위를 인정하지 않는 채 자신의 이성을 판단자의 자리에 앉혀 놓고 하나님의 말씀을 듣는 일이 점점 많아지고 있습니다. 자기 생각과 자기의 기호를 따라 하나님의 말씀을 판단하는 것입니다. 심지어 교회에서 배운 지식들을 자기식대로 변형해 받아들여 자기 방어를 위한 근거와 수단으로 사용하기도 합니다. 그러나 이런 식으로 하나님의 말씀을 듣게 되면 거기서 어떤 역사도 일어나지 않습니다. 말씀을 통한 생명의 역사를 경험할 수 없습니다. 이런 태도는 매우 실제적이고 치명적인 문제입니다.

필자도 신학을 배우기 시작했을 때 얄팍한 지식 때문에 높은 마음으로 말씀을 판단하는 어리석음을 범하기도 했습니다. 신학생 시절에 한동안 그런 태도로 말씀을 듣다가 그것이 몸에 배어 그 습관에서 벗어나기까지 무척 힘들고 메마른 세월을 제법 오랫동안 보냈습니다. 그런데 저뿐 아니라 교회 안에 이런 사례가 수도 없이 많습니다. 우리는 이것을 경계해야 합니다.

여러분, 분명히 아십시오. 자기 주관, 자기 형편, 자기 욕심을 따라 말씀의 판단자가 되어서 어떤 이유로든 하나님의 말씀을 차단하며 있는 그대로 받지 못하는 사람은 하나님께서 말씀을 통하여 주시는 은혜를 받지 못합니다. 말씀을 들어도 오히려 마음만 더 단단해지게 됩니다. 그런 사람은 "어떻게 들을까 스스로 삼가라"는 주님의 말씀을 깊이 되새겨 보아야 합니다. 자신이 얼마나 큰 중병을 앓고 있는지를 알아야 합니다. 마치 수도 배관이 막힌 것 같은 자신의 상태를 알고 하나님께 도움을 구하며 그런 태도를 버려야 합니다.

하나님의 말씀을 듣는 데 장애가 되는 것들 2. 설교자에 대한 편견

또 한 가지 말씀을 듣고 은혜를 받는 실제적인 장애가 되는 것은 말씀을 전하는 자에 대한 편견과 선입관입니다. 설교자에 대한 그릇된 인식은 그를 통해서 전달되는 하나님의 말씀을 제대로 듣지 못하고 말씀으로부터 마음 문을 닫아 은혜를 받지 못하게 합니다.

이것 역시 심각하고 치명적인 장애입니다. 하나님의 말씀을 전하는 자에 대한 불신은 그를 통해 전해지는 하나님의 말씀까지 불신하게 하고 무시하게 합니다. 설교를 들어도 그것을 하나님께서 자신에게 말씀하시는 것으로 인식하지 못하고 우리 멋대로 들어도 되는 그저 사람의 이야기로 듣게 됩니다.

이 역시 제게도 있었던 경험입니다. 신학생 시절, 설교자들에 대한 많은 편견들로 인해 분명히 그분들을 통해서 하나님의 말씀이 전해지고 있음에도 불구하고 마음이 닫혀 있었고 거기에 진심으로 귀 기울이지 않았습니다. 다른 사람을 통해 들은 소문들로 제 마음에 형성된 그들에 대한 편견과 판단이 하나님의 말씀을 향한 귀를 닫게 했습니다. 그 결과 영혼에 어떤 유익도 얻지 못하는 메마른 시절을 보내게 되었습니다.

제가 이렇게 개인적인 이야기를 하는 이유는 오늘날 한국교회 전반에 이런 모습이 흔하게 있기 때문입니다. 특별히 큰 교회로 이동해 가는 교인들이 많은 현상도 이런 문제와 관련이 있습니다. 하나님의 말씀 자체보다 하나님의 말씀을 전하는 자와의 관계에서 불신과 편견이 생겨나 유익을 얻지 못하고 은혜를 경험하지 못하는 사람들이 많아지고 있는 것입니다. 이것은 정말 안타까운 모습입니다. 오직 사탄만 기뻐할 일입니다. 우리에게는 아무 유익이 없습니다. 우리는 우리 마음의 이런 편견도 기경해야 합니다.

　실제로 말씀을 전하는 자들에게 어떤 문제가 있을 수 있습니다. 그러나 우리는 지나치게 쉽게 그들을 판단하고 그들에 대해서 이야기합니다. 신학생 시절, 저도 다른 이들에게 들은 이야기들을 여과 없이 가족과 친구들에게 말했던 적이 있습니다. 어리석은 행동이었습니다. 그런 이야기들은 듣는 사람들의 경건에 전혀 도움이 되지 않았습니다. 오히려 전해지는 말씀에 더 경솔한 태도를 보이는 결과를 초래했습니다. 가족이나 친지 중에 목사가 있는 사람들이 의외로 하나님의 말씀에 은혜를 못 누리는 이유가 바로 그런 것입니다. 하나님의 말씀 자체보다 외적인 다른 가십거리들이 말씀 앞에서의 우리의 마음을 흐리게 하는 것입니다. 여러분 중에도 과거에 그러했던 경험이 있거나, 현재 그런 마음으로 영적 유익을 누리지 못하는 사람이 있다면 그 마음은 분명 가시덤불과 같은 것입니다. 그런 가시덤불은 제거해야 합니다.

　분명히 말씀을 전하는 자의 온전함은 매우 중요합니다. 그러나 그들은 때때로 지나치게 냉혹한 판단의 대상이 됩니다. 물론 하나님의 말씀을 전하는 자와 그가 전하는 말씀을 분리할 수는 없지만 한 가지는 분명히 해야 합니다. 어떤 말씀 증거자도 자신이 전하는 말씀대로 완벽하게 사는 사람은 없다는 것입니다. 사도 베드로에게도 약함이 있었습니다. 갈라디아서에서 바울은 베드로를 책망했던 일을 이야기합니다. 그러나 그렇다고 베드로가 전하는 말씀이 무효한 것은 아닙니다. 심지어 주님께서는 자신이 화를 선언하셨던 서기관과 바리새인의 행실은 본받지 말라고 하시면서도 그들이 모세의 율법을 따라 전하는 바는 지켜 행하라고 하기도 하셨습니다.

우리는 하나님의 말씀이 전해질 때 설교자에 앞서서 자신의 마음을 먼저 중요하게 살펴야 합니다. 설교자가 거짓 복음을 전하는 것이 아니라면, 예수 그리스도의 이름으로 전해지는 모든 진리의 말씀에 선지자들이 가졌던 태도를 취하고자 해야 합니다.

그릇된 마음과 편견으로 인한 오랜 영적 메마름에서 저를 벗어나게 한 것은 선지자들이 하나님의 말씀을 받는 모습이었습니다. 그것은 저에게 큰 충격과 도전이 되었습니다. 대표적으로 이사야는 "화로다 나여 망하게 되었도다"(사 6:5)라고 하며 자신을 낮추어 하나님의 말씀을 들었습니다. 이런 선지자들의 모습은 편견과 오만한 마음으로 말씀을 듣는 우리의 태도가 얼마나 어리석은 것인지를 비추어 줍니다. 우리는 선지자들이 하나님의 말씀 앞에서 취했던 태도를 떠올리며 계속해서 우리의 높아진 마음과 싸워야 합니다.

하나님의 말씀에 대한 바른 태도 1. 하나님의 말씀이 생명이 됨을 기억함

뿐만 아니라 하나님의 말씀을 들음에 있어 보다 적극적인 태도와 마음도 필요합니다. 무엇보다 우리는 자신에게 전해지는 하나님의 말씀이 그냥 좋은 소리 정도가 아니라 생명이 되는 말씀이란 사실을 기억해야 합니다. 우리가 가진 다른 무엇을 지키는 것보다 생명을 지키고자 하듯이 우리에게 생명이 되는 하나님의 말씀을 소중히 여겨야 합니다. 모세는 가나안 땅에 들어가기 전에 이스라엘 백성들을 모아 놓고 이렇게 말했습니다. "내가 오늘 너희에게 증언한 모든 말을 너희의 마음에 두고 너희의 자녀에게 명령하여 이 율법의 모든 말씀을 지켜 행하게 하라 이는 너희에게 허사가 아니라 너희의 생명이니"(신 32:46-47).

모세가 전한 하나님의 말씀을 듣고 지키는 것이 그들에게 생명이었습니다. 우리는 하나님의 말씀이 영혼의 양식과 우리의 생명이 되는 줄 알아야 합니다. 하나님의 말씀은 생명과 같아서 그것 없이 우리의 영혼은 살 수 없음을 기억하고, 그 생명의 양식을 매일 받으려 해야 합니다. 하나님의 말씀을 들을 때 우리는 나의 생명을 위한 양식을 얻는 마음으로 들어야 합니다.

하나님의 말씀에 대한 바른 태도 2. 오직 믿음으로 반응하라

여기에 또 한 가지를 덧붙여 말할 수 있는 것은 하나님의 말씀을 주저함이나 거부감 없이 믿음으로 들어야 한다는 것입니다. 자신에게 전해지는 하나님의 말씀에 다른 제한을 두지 않고 오직 믿음으로 반응해야 합니다. 이에 대해서 히브리서 기자는 구약의 이스라엘 백성들을 거울삼아 이렇게 말합니다. "그들과 같이 우리도 복음 전함을 받은 자이나 들은 바 말씀이 그들에게 유익되지 못한 것은 듣는 자가 믿음과 결부시키지 아니함이라"(히 4:2). 이스라엘 백성들이 구원하시는 하나님의 말씀을 들었음에도 가나안에 들어가지 못하고 광야에서 죽은 이유는 하나님의 말씀을 믿음으로 듣지 않았기 때문입니다.

우리가 말씀을 통해 영혼의 유익을 얻고 그 은혜를 경험하며 살기 위해서는 '나는 나에게 말씀하시는 하나님을 믿습니다. 그렇기에 하시는 말씀을 조금도 주저함 없이 믿겠습니다. 주여, 말씀하옵소서, 종이 듣겠습니다' 하는 심정으로 하나님을 신뢰하며 그의 말씀을 믿음으로 받아야 합니다. 제레미야 버로우즈(Jeremiah Burroughs, 1599~1646)는 하나님의 말씀에 대해서 "(그것은) 생명의 양식이다. 거기에 믿음으로 화합하지 않으면 안 된다. 이것이 하나님의 말씀인데 믿음 외에 다른 것이 무엇이 필요한가?"라고 했습니다.

우리는 "어떻게 들을까 스스로 조심하라"는 주님의 말씀을 기억하고, 선지자들처럼 겸비함으로 하나님의 말씀을 듣고자 해야 합니다. 특히 그것이 생명의 양식을 얻는 것인 줄 알고, 오직 믿음으로 말씀을 들을 준비를 해야 합니다. 여러분은 예배에서 하나님을 온전히 경배하며 은혜와 감격을 누리는 데 방해가 되는 장애물을 가지고 있지 않습니까? 그것을 살펴보시고 마음을 준비하십시오. 그리고 항상 하나님의 말씀을 어떤 마음으로 듣고 있는지 점검해 보십시오.

마음의 준비가 안 되어 있으면?

어떤 사람은 시금까지의 내용을 근거로 "하나님께 마음의 준비가 되어 있지 않으니, 나는 예배를 드릴 수 없겠네요. 은혜를 기대할 수도 없는 상태에서 예배를 드리느니, 차라리 예배에 빠지는 편이 낫지 않겠습니까?"라고 할지 모르겠습니다. 실제로 마음이 상하고 어려운 형편에 처한 이들 중에 '하나님은 우리의 중심을 보시는 분이신데, 이렇게 예배의 준비가 없는 상태로는 하나님께 온전한 예배를 드릴 수 없다. 이런 상태로 예배드리는 것보다 아예 예배를 안 드리는 것이 더 낫다'고 판단하여 예배를 드리지 않는 경우도 있습니다. 예를 들어, 예배하기 위해 가는 중에 부부싸움이 생겨 불편한 마음 상태를 근거로 예배를 포기하기도 합니다.

그러나 이것은 하나님의 말씀을 따르는 것을 자기 감정에 따라 결정하며 기만하는 것입니다. 얼핏 보면 제법 경건한 판단 같지만 그렇지 않습니다. 그저 자기 멋대로 행동하기 위해 아는 지식을 억지로 당겨와 사용하고 있을 뿐입니다. 지금 준비되어 있지 않기 때문에 예배드리지 않는다면 그럴 때마다 하나님을 예배하지 않는 것이 바른 행동이라는 말이 되는데 정녕 그것이 바른 것입니까? 또 그렇지 않을 때는 얼마나 되며 과연 다음에는 잘 준비될 것이라고 장담할 수 있을까요?

아닙니다. 마땅히 드려야 하는 예배의 의무를 이런 식으로 소홀히 하는 것은 겸손이 아니라 심히 교만한 것이고 자기 기만에 빠지는 것입니다. 성경은 마음을 준비하여 예배하라는 것이지, 마음의 상태에 따라 예배를 드릴 만하면 드리고 아니면 말라는 것이 아닙니다.

우리는 경건을 가장한 사탄의 논리에 속지 말아야 합니다. 예수님께서 공생애를 시작하실 때 광야에서 시험 받으신 일을 떠올려 보십시오. 사탄은 성경 말씀을 사용해서 주님을 시험하기도 했습니다. 사탄은 진리를 왜곡하여 삐뚤어진 깨달음으로 하나님께로 향하지 않고 반대로 향하도록 충동질합니다. 하나님의 진리는 오직 우리를 하나님께로 나아가도록 하기 위해 주신 것입니다.

그러므로 비록 지금은 마음이 엉망이고 준비가 되어 있지 않다는 생각이 들어도 그것을 핑계로 예배드리지 않으려 해서는 안 됩니다. 그것은 솔직한 신앙이 아니라 교묘한 위선이요, 불신앙입니다. 마음이 불편하다면 그것을 극복하고 또 회개하고 주님께 나아와 은혜를 구하며 여전히 하나님을 예배하고자 해야지, 그저 뒤로 미루며 시간을 보내는 것은 유익이 되지 않습니다. 모든 일이 그렇지만 특별히 신앙의 영역에 속한 일들은 더더욱 그렇습니다.

우리는 어떤 상태에서든 하나님을 예배하기를 포기하지 말아야 합니다. 오히려 자신의 실상을 하나님 앞에 드러내고 대면하며 은혜의 기회를 붙들어야 합니다. 미루면서 하나님 앞에서 죄를 다루지 않는다면, 거기서 끝나지 않고 그 다음의 죄로 나아가게 되는 것이 보통입니다. 그러므로 다른 선택이 없습니다. 오직 하나님 앞에 나아와 예배 가운데 자신의 죄를 회개하고 거기서 돌이키는 길을 택하는 것뿐입니다.

온전한 예배를 위한 준비

지금까지 살펴본 대로 예배를 온전히 하나님께 드리고 예배 중에 우리에게 주시는 실제적인 은혜를 경험하기 위해 우리에게는 분명한 마음의 준비가 필요합니다. 하나님은 그의 강림을 기다리는 우리의 준비된 마음을 원하십니다. 준비된 마음 없이는 충만한 은혜를 경험할 수 없습니다. 사람들은 예배가 길다느니, 설교가 어떻다느니 하며 이런 저런 이유로 자신이 은혜를 누리지 못하는 핑계를 댑니다. 그러나 은혜의 감격을 경험하지 못하는 이유는 무엇보다 우리의 마음이 준비되어 있지 않기 때문입니다.

스펄전이 회심을 경험했던 예배 때 강단에는 평신도 설교자가 서 있었습니다. 원래 서기로 했던 예정된 목사가 폭설로 오지 못하게 되어 그 교회의 집사가 올라와 설교를 했던 것입니다. 그런데 스펄전은 그의 설교를 듣고 회심했습니다. 그리고 그 배경에는 스펄전의 갈망하는 마음이 있었습니다. 예배에 준비된 마음의 상태에 있었기에 더욱 성령께서 역사하셨습니다.

신령과 진정으로, 경건함과 두려움으로, 참되고 온전한 마음으로 예배를 드려야 한다고 외쳐도 예배를 위한 아무런 준비를 하지 않는 사람들은 예배를 통해 하나님과의 교통 그리고 그 가운데서 얻는 은혜와 유익을 경험하기가 매우 어렵습니다. 그들은 하나님과의 교통 없이 그저 형식적인 차원에서 예배에 참여하고, 다른 사람들이 은혜 받는 것을 이상하게 보며 예배당을 배회할 것입니다.

마음의 준비 없이 하나님 앞에 나아가 자기중심적인 태도로 예배드리면 참으로 하나님 앞에 영광을 돌리는 예배에 성공할 수 없습니다. 당연히 거기에는 참된 은혜의 감격도 있을 수 없습니다. 대신 조작된 흥분과 일시적이고 피상적인 깨달음이 참된 은혜로 채워져야 할 자리를 차지하게 되는 것입니다.

주의 영께서는 예배를 통하여 역사하시고 우리에게 은혜를 주십니다. 우리가 그것을 얻지 못하고 누리지 못하는 중요한 이유는 우리에게 예배를 위해 준비된 마음이 없기 때문입니다. 우리는 예배에 대한 거룩한 기대를 회복하고 예배 때에 은혜를 얻기 위해 준비해야 합니다.

마지막으로 조지 스윈녹(George Swinnock, 1627~1673)이 말한 예배 준비에 대한 교훈의 말을 인용하고 마치도록 하겠습니다. 우리는 이렇게 예배를 준비해야 합니다.

그리스도인이여, 그대의 하나님을 만날 준비를 하라. 토요일 밤에 그대의 침실로 가서 하나님의 명령에 신실치 못함을 고백하고 애통해 하라. 그대의 죄를 부끄러워하며 자신을 책망하라. 신앙적인 일들을 행하기 위해 그대의 마음을 준비하고 마음을 붙들어 달라고 하나님께 간구하라. 하나님의 무한하신 위엄과 거룩하심과 열심과 선하심을 묵상하며 상당한 시간을 보내라. 하나님의 거룩한 의식들의 중요성을 숙고하고 그대가 맞이할 안식일의 짧음에 대해서 묵상하라. 그리고 불이 붙을 때까지 계속 묵상하라. 그러한 심사숙고에 의해 그대가 얻을 수 있는 유익은 그대가 상상할 수 없을 정도이다. 이렇게 밤새워 달구어진 그대의 심령의 솥은 그 다음날 아침, 쉽게 뜨거워질 것이다. 그대가 자러 갈 때 그렇게 잘 보살펴 놓은 불은, 그대가 잠을 깼을 때 곧 크게 타오를 것이다. 만일 토요일 밤에 그대의 마음을 하나님께 맡긴다면 주일 아침에 그 마음이 하나님과 함께 있음을 발견할 것이다.

함께 생각해 볼 질문

1. 우리가 예배하는 대상은 어떤 분이십니까? 여러분은 예배할 때 예배를 받으시는 분을 의식하십니까?

2. 우리가 예배 속에서 은혜를 받지 못하는 이유, 예배 속에 마땅히 있어야 할 성령의 역사와 은혜의 감격을 누리지 못하는 이유로 지적하는 것은 무엇입니까? 이것을 실감합니까?

3. 출애굽기 19장 10-11절과 사무엘상 16장 5절은 예배에 있어서 어떤 교훈을 줍니까?

4. 이번 장에서 이미 하나님을 예배할 수 있는 성도가 된 자도 예배를 준비해야 할 이유를 두 가지로 말합니다. 무엇과 무엇입니까? 여러분은 두 가지 이유에 충분히 공감하십니까?

5. 예배 준비의 내용으로 제시된 내용들 중 현재 자신에게 부족한 부분이 무엇이 있는지 생각해 봅시다. 실제적으로 가장 걸림이 되는 것은 무엇입니까?

6. 여러분은 예배 중에 선포되는 말씀이 얼마나 중요한지를 충분히 알고 있습니까? 그리고 그에 합당한 태도로 청종하십니까? 장애가 되는 것이 있다면 그것이 무엇인지 생각해 봅시다.

7. 하나님의 말씀을 온전히 듣기 위해서 취해야 할 바른 태도는 어떤 것들이 있습니까?

8. 만일 우리가 예배를 드릴 준비가 안 되었다면 어떻게 해야 합니까?

9. 앞으로 하나님께 온전히 예배를 드리기 위해서 어떻게 준비할 것인지 구체적으로 생각해 보고 적어 봅시다.

| 나가는 글 |

그저 지나칠 수 없는, 지나쳐서는 안 될 생명 샘물

이전부터 전한 그 말씀 앞에 다시

　많은 사람들이 머지않아 한국 교회의 규모가 급격하게 줄어들 것이라는 예상을 내놓고 있습니다. 전체 기독교인들의 숫자 자체가 중요한 것은 아니지만 그런 예상들이 작금의 교회의 여러 가지 쇠퇴 징후들과 맞물려 있기에 그냥 흘려들을 수만은 없습니다. 교회 안에 하나님의 영광스러운 임재의 흔적은 사그라졌고, 대신 껍데기뿐인 기만적 흥분과 얄팍한 처세술과 행복론을 외치는 인간의 지혜가 그 자리를 대신하고 있습니다. 이런 교회의 현실을 목도할 때마다, 그리고 교회의 미래를 비관하는 목소리를 들을 때마다 한 사람의 성도로서, 또 목회자로서 무척 마음이 아픕니다.

　물론 이 땅에 교회들이 다 사라져 버린 것은 아닙니다. 아직도 이 땅

곳곳의 예배당에는 주일마다, 예배 시간마다 수많은 사람들이 몰려듭니다. 그럼에도 불구하고 한국 교회가 위기에 봉착해 있다는 사실은 부인할 수 없습니다. 그것은 무엇보다 예배당을 꽉꽉 채운 수많은 사람들이 실제로는 기독교의 진리 안으로 들어오지 못하고 있기 때문입니다. 복음, 회개, 믿음, 십자가, 구원 등 기독교의 용어들은 익히 들어 알고 있더라도 그것을 진지하게 자신의 것으로 소유한 신자들은 많지 않습니다. 오히려 역설적이게도 이단 집단들에서 이런 내용에 더 큰 열심을 보입니다.

우리에게 필요한 것은 다른 무엇이 아닙니다. 이제까지 얼렁뚱땅 지나쳐 왔던 바로 그 진리 앞에 진지하게 서야 합니다. 다른 길은 없습니다. 다른 방식으로는 성도 개인의 삶의 회복도, 한국 교회 전체의 갱신도 가능하지 않습니다. 우리는 기독교 진리의 핵심이 되는 내용을 성경이 말하는 바에 따라 바르고 깊이 있게 알아 가며 그것이 우리 믿음의 기초요 중심이 되도록 해야 합니다. 특히 성경에 담긴 거듭남에 대한 가르침과 그리스도의 십자가에 대한 농밀한 묘사와 증언을 깊이 묵상해야 합니다.

이전에 이 책의 내용을 공부했던 이들 중에는 그동안 교회를 오래 다녔음에도 불구하고, 여태껏 자신의 죄에 대해서도, 예수님이 죄인들을 위해 행하신 일에 대해서도, 그로 인해 우리가 얻은 은혜에 대해서도 이렇게 깊이 생각해 본 적이 없었다고 고백하는 사람들이 많았습니다. 이 진리가 전혀 새로운 것이 아님에도 불구하고 이제 낯선 내용이 되어 버린 것입니다. 이것이 이 세대의 현주소입니다. 오늘날 우리는 선배들로부터 들어 온, 꼭 알아야 할 복음의 정수를 잃어버리고 다른 것들을 찾기에 바쁩니다. 기독교의 원래 가르침이 무엇인지도 잘 모르면서 최근의 더 새롭고 더 세련된 것을 더 가치 있다고 착각하며 그런 것만을 좇습니다. 우리는 근거 없이 스스로를 높이는 어리석음을 버리고 이전부터 기독교를 기독교 되게 한 진리가 무엇인지 겸손히 헤아려 보아야 합니다. 이 책이 기독교의 옛 복음에 대한 무지와 편견을 깨고 다시금 그 진리 앞에 서게 하는 도구가 되기를 소망합니다.

거듭남의 방법?

이제까지 이 책의 내용을 통해 도전을 받고 어느 정도의 영적인 각성을 경험한 사람들이 공통적으로 고민하며 씨름하던 것들 중 하나는 '그럼 구체적으로 어떻게 해야 거듭날 수 있는가?', '나는 어떻게 진실한 신자가 될 수 있는가?' 하는 문제입니다.

이것은 과거부터 진지하게 구원의 은혜를 바라고 찾던 이들을 괴롭히던 문제였습니다. 그래서 어떤 이들은 그런 고민을 가진 사람들을 돕기 위해 참된 신자가 되기 위한 회심의 과정을 도식화하여 설명하기도 하였습니다. 그러나 성령의 은밀한 역사인 거듭남과, 그에 따른 우리의 인격적인 반응인 회심은 일정하게 정해진 방법이나 도식을 따라 일어나지 않습니다. 우리는 성경이 말하는 사례들을 신중하게 살피되, 지나치게 규격화된 전형으로 이해하지 않도록 주의해야 합니다.

우리는 사도행전 2장에서 베드로의 설교를 듣고 신자가 되었던 삼천 명의 이스라엘 사람들이나, 사도행전 16장에 바울이 전하는 주의 말씀을 듣고 신자가 되었던 빌립보의 간수 등을 잘 살펴볼 필요가 있습니다. 이들에게서 어떻게 거듭날 수 있는가, 어떻게 회심할 수 있는가를 이해하는 데 큰 도움이 되는 중요한 공통점이 발견되기 때문입니다.

먼저, 그들에게는 구원을 얻고자 하는 간절한 바람과 함께 자신이 어떻게 하면 구원을 얻을 수 있는가에 대한 진지한 질문이 있었습니다(행 2:37, 행 16:30). 이런 그들의 마음을 결코 가볍게 보아 넘겨서는 안 됩니다. 먼저 거듭나야 한다는 필요를 깨닫고, 거듭나고자 하는 마음을 갖는 것이 중요합니다. 예수님 승천 이후 첫 오순절 날 천하 각국으로부터 예루살렘으로 모여든 경건한 유대인들과, 빌립보의 감옥에서 일하고 있던 간수는 전혀 다른 배경과 삶의 정황 속에 있었습니다. 하지만 그들은 공통적으로 현재 자신의 상태에 대해 절망하며 절박하게 "이제 나는 어떻게 해야 하는가?" 하는 질문을 했습니다.

다음으로 주목해 볼 것은 그들이 그런 진지한 질문에 대한 대답으로 주 예수 그리스도에 대한 말씀을 들었다는 것입니다. 물론 사도행전 2장의 베드로와 16장의 바울이 완전히 똑같은 문장을 말하지는 않았습니다. 바울의 말에는 회개하라는 말이 구체적으로 언급되지 않았고(행 16:31), 베드로의 말에는 예수님을 믿어야 한다는 구체적인 표현이 없습니다(행 2:38). 그러나 의심의 여지없이 그들은 서로 같은 내용을 말했습니다. 즉, 두 사도 모두 거듭남의 필요를 깨닫고 진지하게 "어떻게 해야 하는가?"를 묻는 자들을 위한 답으로서 "주 예수 그리스도"를 제시했습니다.

이 책을 읽고 '거듭나기 위해서 어떻게 해야 하는가'를 고민하게 된 이들은 반드시 이 두 가지를 기억해야 합니다. 거듭나고자 하는 절실하고 진지한 마음을 가지고, 성경이 구원을 찾는 자들에게 전해 주는 주 예수 그리스도에 대한 말씀에 귀를 기울이고 그것을 붙들어야 합니다. 주 예수와 그분의 십자가가 여러분을 살리는 진리의 핵심입니다. 그 안에서 여러분이 구하는 답을 얻어야 합니다.

이를 위해 거듭남을 진지하게 구하는 마음으로 이 책의 십자가에 대한 장들을 다시 한 번 읽어보는 것도 큰 도움이 될 것입니다. 진실한 마음으로 주님께 나아가 구속의 은혜를 구하고 그 거룩한 희생을 의지하려는 자를 우리 주님께서는 결코 뿌리치지 않으십니다. "아버지께서 내게 주시는 자는 다 내게로 올 것이요 내게 오는 자는 내가 결코 내쫓지 아니하리라"(요 6:37).

변할 수 없는 십자가의 중심성

거듭나기 위한 유일한 길은 주 예수 그리스도께만 있습니다. 특히 우리를 위해, 우리의 죄를 해결하시기 위해 담당하신 십자가의 은혜가 우리를 살리고 우리를 의롭다하고 우리를 정결하게 합니다.

그런데 근래에 나름대로 '복음'을 강조하면서도 이런 십자가의 중심성에 강하게 의문을 제기하거나, 은근히 복음의 중심에서 십자가를 배제시키는 이들이 있습니다. 그 중에 어떤 이들은 초대 교회 때부터 사도들이 전했던 메시지에 주님의 부활이 매우 강조되었다는 것에 착안하여 자신들의 논리를 전개합니다. 주 예수 그리스도에 대한 복음에는 십자가보다 부활이 중심이며, 결국 진짜 신자가 되는 것은 '십자가보다는 부활의 메시지를 통해서'라는 것입니다.

얼핏 듣기에 이런 주장은 그럴 듯해 보이지만, 사실은 상당히 당혹스러운 주장입니다. 원래부터 기독교 복음 메시지의 핵심인 주님의 십자가와 부활은 서로 분리될 수 없는 것이기 때문입니다. 즉, 사도들이 그들의 복음에서 부활을 주로 강조할 때는 이미 죄인들의 구주로서 그들을 위해 죽으신 십자가 사건을 전제하고 있는 것입니다. 사도들이 전했던 부활은 이로써 십자가에서 그리스도께서 이루신 일을 하나님께서 확증하여, 그리스도의 모든 희생과 구속의 사역이 우리에게 참 소망이 되도록 하셨다는 의미를 담은 것입니다.

반대로 부활을 별도로 말하지 않고, 십자가에 대해서만 전할 때도 사도들의 복음 메시지에는 십자가에 못 박혀 죽으신 주님의 부활이 늘 전제되어 있었습니다. 사도들은 주께서 십자가에서 죽으셨다는 자신들의 메시지를 늘 좋은 소식이라고 믿었는데, 그것은 그 소식이 주님의 죽음으로 끝나지 않고 부활하심으로써 우리를 위하신 그분의 모든 일이 효력 있게 되었음을 알았기 때문입니다. 십자가를 전하며 굳이 부활을 언급하지 않더라도 십자가의 메시지는 부활의 메시지와 별개로 존재하는 법이 없다는 뜻입니다.

복음의 이런 명백한 통일성과 유일성에도 불구하고 마치 새로운 발견이라도 한 듯이 부활을 따로 떼어 강조하며 '이것이 성경이 말하는 진짜 복음'이라는 식으로 선전하는 것은 건전하지 못한 태도입니다. 우리는 복음을 전할 때 '이것은 이전에 전해지던 것보다 좀 더 나은 것'이라는 신선한 매력을 발산함으로써 거기서 오는 효과를 기대해서는 안 됩니다.

  예나 지금이나 십자가는 변함없이 우리를 구원하여 생명을 얻게 하는 복음의 중심 메시지입니다. 예나 지금이나 신자의 참된 생명의 중심에는 십자가에 대한 앎과 믿음이 있습니다. 그것을 건너뛰고는 참된 그리스도인이 될 수도 없고, 신자로서 누려야 할 부요한 삶도 불가능합니다.

  이 책을 넘어 이곳저곳에서 십자가의 복음이 바르게 선포되어 거듭남과 회심의 역사가 일어날 수 있기를 소망합니다. 구원이나 영생과 같은 영적인 일들에 대한 관심이 이단들의 전유물처럼 여겨지지 않기를 바랍니다. 조국의 많은 교회들이 진리를 풍성하게 소유하여 누릴 수 있기를 기도합니다.

사명선언문

너희가 흠이 없고 순전하여……세상에서 그들 가운데 빛들로
나타내며 생명의 말씀을 밝혀 _ 빌 2:15-16

1. 생명을 담겠습니다
만드는 책에 주님 주신 생명을 담겠습니다.
그 책으로 복음을 선포하겠습니다.

2. 말씀을 밝히겠습니다
생명의 근본은 말씀입니다.
말씀을 밝혀 성도와 교회의 성장을 돕겠습니다.

3. 빛이 되겠습니다
시대와 영혼의 어두움을 밝혀 주님 앞으로 이끄는
빛이 되는 책을 만들겠습니다.

4. 순전히 행하겠습니다
책을 만들고 전하는 일과 경영하는 일에 부끄러움이 없는
정직함으로 행하겠습니다.

5. 끝까지 전파하겠습니다
모든 사람에게, 땅 끝까지, 주님 오시는 그날까지
복음을 전하는 사명을 다하겠습니다.

서점 안내

광화문점   서울시 종로구 새문안로 69 구세군회관 1층
            02)737-2288 / 02)737-4623(F)

강남점   서울시 서초구 신반포로 177 반포쇼핑타운 3동 2층
            02)595-1211 / 02)595-3549(F)

구로점   서울시 동작구 시흥대로 602, 3층 302호
            02)858-8744 / 02)838-0653(F)

노원점   서울시 노원구 동일로 1366 삼봉빌딩 지하 1층
            02)938-7979 / 02)3391-6169(F)

일산점   경기도 고양시 일산서구 중앙로 1391 레이크타운 지하 1층
            031)916-8787 / 031)916-8788(F)

의정부점 경기도 의정부시 청사로47번길 12 성산타워 3층
            031)845-0600 / 031)852-6930(F)

인터넷서점 www.lifebook.co.kr